解開死亡謎團的206塊拼圖

搜尋骸骨中的致命線索，

英國爵士勳章級法醫人類學家在解剖室、災區與戰地的工作紀實與生死沉思

ALL THAT REMAINS：A LIFE IN DEATH

by SUE BLACK

蘇．布萊克——著

林曉欽——譯

獻給湯姆，我一生永遠的摯愛

獻給貝絲、葛蕾絲和安娜——妳們都是我最愛的女兒

謝謝你們讓我生命中的每一刻，都是如此值得

目次 CONTENTS

序言

死亡不是生命最大的損失
最大的損失是我們在世時，內心死去的種種

——諾曼．卡森斯（Norman Cousins）
政治記者（一九一五年—一九九〇年）

大約兩歲時的我

死亡和她周遭環繞的刺激奇觀，所創造出的老生常談也許遠遠多過於人類生活的其他面向。她被形容為：惡兆、痛苦與不幸的信使、潛伏在陰影中隨時準備狩獵的掠食者、夜晚中最危險的盜賊。我們替她取了不祥而殘酷的稱號——無情的收割者、偉大的平等者[1]、黑暗的天使和蒼白的騎士——人類將她描繪成憔悴的骷髏，穿著漆黑的連帽斗篷，揮舞致命的鐮刀。她的使命就是揮舞鐮刀，讓我們的靈肉分離。有時候，她則是長滿羽毛的烏黑幽靈，潛伏在人類四周，我們都是她刀下瑟瑟發抖的受害者。雖然在許多有性別名詞區分的語言中，她屬於陰性（拉丁語、法語、西班牙語、義大利語、波蘭語、立陶宛語和北歐語），但也經常被描繪為男性。

我們若以冷漠的態度看待死神，會比較輕鬆，因為在現代世界，她已經變成一位充滿敵意的陌生人。縱使人類文明進步甚鉅，我們對於生死之間的複雜羈絆仍然毫無頭緒，與數百年前相比幾乎毫無進展。然而，從某些層面而言，我們對她的理解確實更勝以往。我們似乎已經忘了死神是誰，她的目標又是什麼。我們的祖先可能認為死神是人類的朋友，我們卻選擇將她視為不受歡迎又窮凶極惡的敵人，必須盡可能地迴避或打倒她。

人類看待死亡的預設立場，不是誹謗她、就是供奉她，有時候游移在兩者之間。無論採取何種立場，我們總是盡量不提到她，以免她受到言語的鼓舞，靠我們太近。生命充滿光明、良善和喜樂；死亡則是黑暗、邪惡與悲傷。善與惡、賞與罰、天堂與地獄、黑與白——

人類的林奈[2]二分法傾向讓我們俐落地將生死視為對立面，於是我們得到了虛幻的慰藉，以為自己毫無疑慮地區分了是非，也可能有失公允地將死亡驅趕至黑暗的一側。

因此，我們開始害怕死亡的存在，彷彿她是一種可怕的傳染病，擔憂自己引起死亡的注意，在我們尚未準備好離開人世之前，她就會帶我們離開。我們可能虛張聲勢，隱藏自己的恐懼，或者開她的玩笑，希望麻痺死亡螫刺的痛楚。雖然我們都知道，當自己的名字出現在死者名單上、當她終於呼喚我們的名字時，誰都笑不出來。所以，我們在年紀輕輕時，就開始用虛偽的態度面對死亡。用一種表情開玩笑，轉過身，再用另外一種表情，流露對死亡的敬畏。我們也學會一種新的語言，想藉此磨去死亡尖銳的刀鋒，降低死亡帶來的痛苦。我們談論「失去」的摯親朋友，悄聲說起他們的「去世」，在親人「離開」之後用肅穆的口吻表達憐憫。

我從未「失去」父親——因為我知道他在哪裡。他埋葬在因佛內斯（Inverness）的湯納胡瑞奇（Tomnahurich）墓園。父親躺在比爾・弗雷澤提供的精美木製棺材中。他是承辦我

1 譯註：「偉大的平等者」英文為The Great Leveller（亦作The Great Leveler）意指人類死後皆平等，或指在死神面前人人平等。

2 譯註：卡爾・馮・林奈（Carl von Linné）被譽為現代分類學之父，奠定現代生物學命名二分法的基礎原則。

們家殯葬事宜的工作人員。父親或許會喜歡這個棺材，也可能會嫌棺材太貴了。我們在地面挖出一個洞，將父親的棺材放在祖父母已經腐朽碎裂的棺材之上，祖父母的棺材裡現在存放著的，也不過就是他們的骨頭以及死前所剩不多的牙齒。我的父親並未「去世」，不曾「離開」，我更沒有「失去」他。他只是死了。事實上，我希望他哪都不要去，否則會造成麻煩，而且對他來說也是有欠思量的行為。他的生命已經死滅，這個世界上沒有任何華麗的辭藻可以挽回他、或是他的生命。

我出生在拘謹嚴肅、信奉長老教派的蘇格蘭家庭。在我們家，必須謹慎地將鍬子稱為鏟子，同情心和多愁善感被視為個性脆弱的表現。我相信，我的成長背景造就了我的務實和堅強，讓我既能承受壓力，也成為一位現實主義者。論及生死，我不會包藏任何錯誤的觀念，竭盡所能地誠實以對，但這不代表我不在乎，我也不會因此免於痛苦和悲戚，或者不同情他人。我只是不會因為死亡和死者而萌生脆弱的情感。鄧迪大學（Dundee University）的牧師費歐娜曾經精闢地說：站在安全距離之外空口而談的溫柔話語，無法讓人獲得慰藉。

現在已經是二十一世紀，人類有了如此深邃複雜的哲思，為什麼依然選擇用從眾且拒絕面對現實的態度築起熟悉而安全的高牆、躲藏在牆後，而不是敞開心胸相信，死亡也許不是我們害怕的惡魔？她未必駭人、殘忍、粗暴，而可以是寧靜、安詳且慈悲的。我們之所以不信任她，可能是因為我們從來沒有選擇好好認識她，仔細思量人生旅途中的種種波折，嘗試理解死亡。倘若我們能做到這些，或許也就可以接受她是生命過程中不可或缺的一環。

我們將出生視為生命的開端，死亡則是理所當然的終點。但如果死亡只是另一種生活方式的開端呢？這當然是大多數宗教的假設，教導我們不必如此害怕死亡，因為死亡只是一個入口，通往超越現世的更美好生活。這種信仰讓許多人經歷在衰老時獲得慰藉，而或許在現代社會日漸世俗化、宗教信仰色彩降低後，出現了一種真空，反而重新掀起了人類古老而稍縱即逝的直覺，轉而厭惡死亡和一切與之相關的附屬物。

無論我們的信仰為何，生與死同樣都是生命光譜不可分離的環節。生與死不會、也不能缺少彼此。無論現代醫學用盡多少力量，想要介入生死之事，人終將一死。既然我們無法避免死亡，或許更應該妥善運用時間，專注提升並品味出生和死亡之間的時光——也就是我們的人生。

法醫病理學和法醫人類學的根本差異就在此處：法醫病理學尋找能夠證明死亡原因和死亡方式的證據——也就是生命旅途的終點；法醫人類學的目標則是重新建構生命旅途，探究一個人活在世上時經歷的種種一切。我們的工作是在人類死亡之後，利用遺留的肉身殘骸，重新整合所有跡證特質，建構一個人的完整人生。因此，在死亡的世界中，法醫病理學和法醫人類學是夥伴，同時也是犯罪調查的搭檔。

在英國，法醫人類學家和法醫病理學家不同，他們是科學家，而不是醫師，不太可能擁有足夠的醫學能力，能夠證明死亡或找出死亡原因。同樣地，在科學知識蓬勃發展的現代，法醫病理學家也不可能是包山包海的專家。調查涉及死亡的重大犯罪時，法醫人類學家的角色至關重要。法醫人類學家協助釐清足以證明受害者身分的線索，也會幫助法醫病理學家判定死者的死亡原因和死亡方式。在驗屍台上，法醫人類學家和法醫病理學家發揮各自的專業技能，相輔相成。

舉例來說，我曾經在驗屍解剖台上，和一位法醫病理學家一起面對一具已經進入後期腐化階段的人體殘骸，頭骨裂成四十餘塊碎片。身為一位合格的醫學從業人員，法醫病理學家的職權就是決定死亡原因，而她非常篤定死者遭到槍擊。然而，她必須百分之百確定。她在灰色的金屬桌上細細調查白色的骨頭碎片之後說：「我沒有辦法認出這些骨頭，更別提將它們拼湊回原本的形狀，這件工作只能交給妳了。」

法醫人類學家的第一個任務是協助釐清死者生前的身分。死者是男性或女性？高或矮？老邁或年輕？黑人或白人？骨頭上是否有任何傷口或疾病的痕跡，可以導向醫療或牙醫紀錄？我們能否從骨頭、頭髮、指甲的成分，得知死者的居住地點以及飲食習慣？在這個案例中，我們能夠解開頭骨拼圖之謎，找出死亡原因（確實是頭部遭到槍擊）和死亡方式嗎？蒐集相關資訊，解開拼圖之謎之後，我們終於能夠確定年輕男性死者的身分，經由目擊證人的說詞，也確定槍傷的入口彈道是死者的後腦，出口槍傷位於前額的兩眼上方之間。這是行刑式的開槍處決，代表死者當時跪在地上，凶手直接將槍口抵住他的後腦皮膚。死者只有十五歲，唯一的罪是就是他的宗教信仰。

另外一個能夠說明法醫病理學家和法醫人類學家共生關係的指標性案例，則是一位不幸的年輕男子。他家門外有一群年輕人，意圖破壞他的汽車，他與對方正面衝突之後，遭到毆打致死。他的身上有踢傷和拳頭毆打的傷痕，頭部也承受致命的衝擊傷害，頭骨呈現多處碎裂。在這個案例中，我們已經知道受害者的身分，法醫病理學家也可以確定死亡原因是鈍器毆打傷害引發的大量內出血。但是，她想在報告中載明受害者的致死過程，以及凶手最有可能使用的凶器為何。我們可以檢驗死者的頭骨碎片，重建頭骨之後，法醫病理學家確定死者前額遭到一次重擊，凶器可能是榔頭或者類似形狀的工具，導致頭骨發生凹陷骨折以及多處放射性骨折，引起致命的顱內出血。

對於有些人來說，生命的開端與終結相隔很長，時間可能超過一個世紀，但對另外一些人而言，例如謀殺案的受害者，生命的開端與終結就比較接近。有時候，可能就在短短幾秒鐘內、轉瞬之間就消失了。從法醫人類學的角度而論，生命愈長久，愈是好消息，因為更多的傷痕經驗會寫入、儲存在身體中，也會在遺骸上留下更清楚的印記。解開身體的資訊，就像閱讀一本書，或者從隨身碟中下載資料。

大多數的人相信，人生旅途最糟糕的結局，就是短暫地戛然而止。但誰又能判斷另一個人的生命過於短暫呢？毫無疑問的是，我們出生以後活得愈久，生命終止的機率就會愈高，而不是降低；換言之，在大多數的情況下，我們九十歲時的死亡機率遠遠高於二十歲。用一般的邏輯思考也知道，我們和死亡之間的距離，只會愈來愈近，絕對不會比此刻更遙遠。

因此，我們為什麼要因為一個人的死亡而驚訝？每一年，這個世界都會失去五千五百萬人口——每秒鐘就有兩個人失去生命——而我們非常清楚，每個人都必須面對死亡。雖然親近的人死亡之後，這個事實無法抹滅我們的悲傷與痛楚，但死亡的必然性，也要求我們以務實入世的方式看待死亡。既然我們無法影響生命的誕生，更無法逃脫生命的結束，就應該專注在自己能夠控制的層面，也就是如何看待生與死之間的距離。或許，這就是為什麼我們應該試著用更有效率的方法管理自己的生命，準確地測量、理解並且歡慶生命的價值，而不是生命的長短。

過去的人較難推延死亡的到來，或許這讓他們更擅長正面看待生命。例如，在維多利亞時代，嬰兒的死亡機率很高，如果孩子活不到周歲生日，也沒有人會驚訝。事實上，父母甚至會替好幾個小孩取同一個名字，確保這個名字可以活下去，即使某個擁有這名字的孩子無法倖存。在二十一世紀，嬰兒死亡變得比較令人意外，但如果因高齡九十歲的人死亡而感到驚訝，則完全不符合邏輯。

預期壽命是每位醫學專家的戰場，他們的目標就是讓死亡知難而退。他們最高的期望則是爭取時間，拉長人生兩次重大事件的間隔。縱然醫學專家最後必定敗北，也不該放棄努力，而他們確實沒有——在全世界的醫院和診所，每一天都有無數生命獲得延長機會。雖然從現實的角度而言，某些醫學成就其實只是延後死亡的行刑時間。死神終將來臨，如果不是今天，可能就是明天。

數個世紀以來，人類社會已經學會如何記載並且測量生命的週期長短，也就是尋找我們在統計學上可能死亡的年紀——若以更積極正面的角度形容，也可說是我們希望揮灑生命的時間長短。生命表[3]是非常有趣且實用的工具，也十分危險，因為生命表創造了某種期待，有些人可能無法實現如此長久的生命，也有另外一些人的壽命超過了生命表的預期。我們沒有任何方法確定自己是不是符合標準預期的平凡人，或者成為生命鐘擺曲線兩端的離峰值。

如果真的成為生命曲線兩端的離峰，我們會產生個人情感。超過預期壽命讓我們自豪，因為我們認為自己打敗了機運。倘若我們無法活到預期壽命，留在人世者可能會覺得親朋好友的生命遭到了剝奪，因此感到憤怒、痛苦或沮喪。但這就是生命曲線的本質，常態數字只是常態數字，大多數的人都是常態數字周圍的變異數。責備死亡或指控她過於殘忍，甚至偷

3 譯註：生命表（life table）來自精算學，用於顯示一個人在每個年齡的預期壽命、下一個生日到來前的存活機率等等數字，經常用於保險產品定價。

走人生，都有失公允。因為她只是誠實地展現人類生命週期可能座落的範圍。

歷史上明文記載的最長壽人物是一位法國女士，珍妮・卡爾門（Jeanne Calment）。她在一九九七年去世時，高齡一百二十二歲又一百六十四天。一九三〇年，我的母親出生，當時的女性預期壽命為六十三歲。母親七十七歲過世時，已經比預期壽命多了十四年。我的祖母更厲害；她在一八九八年出生，當時的女性預期壽命只有五十二歲，但我祖母七十八歲才辭世，遠勝平均壽命二十六年。部分可能是反映她在世時，人類醫學所取得的長足進展——雖然她的菸癮無益健康。我在一九六一年出生，女性預期壽命是七十四歲。我只剩下十七年而已了。我的天啊，時間怎麼會這麼快？然而，根據現在的年紀和生活方式，我可以務實地期待自己活到八十五歲，可能還有二十九年或更久的時間，真是萬幸。

在我人生的進程中，女性的預期壽命從七十四歲增加到八十五歲，多了十一年。這應該是很好的消息，但事實並非如此。誠如各位所見，我沒有在二十歲的時候獲得那段額外壽命，四十歲時也沒有。我必須活到七十四歲，才能真正「獲得」那些預期壽命。我希望增加的壽命能夠延續青春年華，讓年輕人恣意揮灑青春。

預期壽命的估算愈來愈精準。我們也非常清楚，在我的子女和孫子女這兩個世代，會出現人類有史以來最多的百歲人瑞。然而，人類的壽命極限並沒有增加，產生劇烈改變的只是平均死亡年齡，因此我們看到大量人口進入生命鐘擺曲線最右邊的區域。換言之，人口統計分佈圖的形狀正在轉變。延續健康的能力急速進步、以及人口老化創造的社會問題，都讓我們一窺上述因素所造成的社會衝擊。

雖然延年益壽值得慶祝，我有時不禁思忖，不惜一切代價追求更長久的生命，是否只是延後死亡降臨的腳步。人類的預期壽命可能會改變，但死亡的機率維持原貌。如果我們真的可以戰勝死亡，人類和地球都會陷入麻煩。

我每天的工作都要與死亡相伴，讓我懂得尊敬她。死亡不曾讓我畏懼她的存在或職責。因為我選擇用直接、坦率且單純的語言和死亡溝通，所以我認為自己理解她。在死亡完成她的工作之後，我才能獲得許可，發揮自己的使命。也因為她，我才可以享受如此長久、充滿創造力又有趣的職業生涯。

這本書的主題並非以傳統的方式討論死亡，不是繁雜學術理論的探索、不是奇特文化風俗的討論，更不會提供溫馨的老套說詞。我看過死亡的多種面貌，我希望能夠單純地探索這些樣貌，包括她帶給我的各種生命視角，以及三十年後（若她願意給我那麼長的時間）死亡終究會在某個時間點對我展現的真正樣貌。正如法醫人類學的目標是在死後重新建構死者的生涯，生與死對人生而言同樣至關重大——因為在生命的旅途中，生與死無法分離。

我只想要求讀者一件事：暫時放下你對死亡既有的感受，例如猜忌、恐懼和厭惡，或許你將開始用我的角度觀看死亡，可能也會覺得她的陪伴非常溫暖，變得更理解她、不再感到害怕。就我個人經驗而言，與死亡同行既難以抗拒，也讓人神魂顛倒，總之從不枯燥乏味。但是死亡非常複雜，有時候甚至神奇得無法預測。認識死亡並不會讓我們蒙受任何損失——而且，到了必須面對死亡的時刻，多一些了解總是比較好。

第一章

沉默的老師

Mortui vivos doecent
（死者是生者的老師）

出處不詳

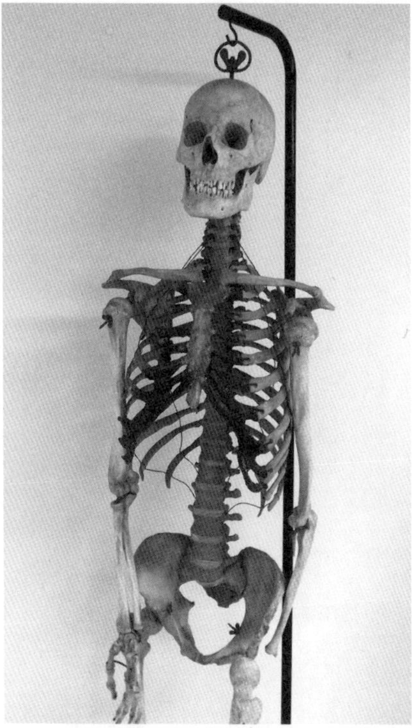

懸掛在我實驗室的成人人體骨架模型。

從十二歲開始，長達五年的時光裡，每個星期六和學校假期，我都在深入瞭解肌肉、骨骼、血液和內臟的構造。我的雙親遵守長老教會的嚴苛工作倫理，希望我到達一定年紀後，能找兼職工作賺錢，所以我在因佛內斯郊外的波納費塔克（Balnafettack）農場肉店找了一份工作。這是我在學時期的第一份、也是唯一一份打工，而我每分每秒都熱愛這份工作。我完全不在意大多數的朋友都偏好在藥妝店、超級市場或服飾店工作，她們認為在肉店工作是一個詭異的選擇，更別提店內的難聞氣味。在那段日子裡，我從來沒有想過法醫科學的世界正在等候我。如今回想起來，這段經歷是我人生圖像的一部分，只是當時我和同儕們並未發現。

對於未來的解剖學家和法醫人類學家而言，肉店是非常實用的訓練場所，也是快樂迷人的工作地點。我喜歡切肉工法中宛如臨床醫學的精確，也學到許多技能：製作絞肉、綁香腸，還有最重要的——如何替店內的肉販泡茶。我看著他們俐落熟練地在形狀不規則的骨頭上用刀，削開深紅色的肌肉，露出底下淨白的骨頭，也明白了銳利刀具的價值。他們總是精準地知道要在哪裡下刀，才能以宛如藝術的手法切出胸肉，或者大小平均的肉塊。他們穩定的刀法有一種撫慰人心的效果，每次的解剖都是同樣的均勻，或者該說，幾乎每次都是如此。我還記得偶爾會有肉販低聲咒罵某塊肉「不太對」。牛和羊有不同的解剖學特徵，人類亦然。

我學會了什麼是「腱」，又為何要切除肉腱，也認識了肌肉之間必須割開的血管，知道如何除去腎門上的匯流組織（太難吃），甚至瞭解怎麼打開兩塊骨頭的關節，排掉關節之間透明黏稠的液體。我也知道雙手冰冷的時候——待在肉店時，雙手幾乎永遠都是冷的——會令人期待觸摸剛從屠宰場送來的新鮮溫暖肝臟。雙手放入盒子中的剎那之間，你會再度感受到手部的知覺，因為牛的暖血正在替你的手解凍。

我學會了不要咬指甲、絕對不要將刀鋒朝上的刀子放在砧板上、而鈍刀造成的意外比利刀更多——雖然利刀造成的傷害比鈍刀更可觀。看見肉店整齊俐落的解剖成果精準擺放，恰如其分地切割和準備好，聞到空氣裡微弱的刀鐵味，這些種種依然令我心滿意足。

不得不辭去肉店的工作時，我很難過。當時我非常崇拜生物學老師阿齊・弗雷澤博士（Dr. Archie Frazer）。他要我做什麼，我都言聽計從；他要我念大學，我就念了大學。我不知道自己想念什麼科目，於是追尋他的腳步選擇生物學，似乎變成了一個好主意。我在亞伯丁大學（University of Aberdeen）的前兩年，是一趟非常無趣、猶如置身迷霧中的旅程，念了心理學、化學、土壤科學、動物學（第一次修的時候被當了）、普通生物學、組織學以及植物學。到最後，我發現自己最擅長植物學和組織學，但我完全不想一輩子研究植物。我的選項只剩下組織學，研究人類的細胞。完成大學的組織學學程之後，我再也不想低頭觀看顯微鏡——萬物似乎都是由粉紅色和紫色的圈圈泡泡所構成。但組織學還是成了我通往解剖學的道路，在這個學科裡，我將有機會解剖人類遺體。我當時只有十九歲，從來沒有看過屍體。但對於一個在肉店工作五年、負責切割動物屍體的女孩來說，解剖人類屍體又有何難度？

或許當初的這份週六打工，用非常隱晦的方式讓我為未來做好了準備。然而，每個人在人生第一次進入大體解剖房時，仍然會不禁卻步。沒有人會忘記那個時刻，因為這個經驗會攻擊你所有的感官。當時班上只有四名學生，而我至今依然能夠聽見那間巨大宏偉房間中迴盪的聲音，房內有著大片不透明的玻璃以及花樣繁複細緻的維多利亞風格拼貼地板，甚至連拿來作為溫室也不奇怪。福馬林的化學氣味依舊濃厚得彷彿能在嘴裡嘗到，巨大的玻璃金屬解剖桌以及桌上剝落的綠色油漆也歷歷在目——房間裡有四十張以上的解剖桌，緊密地排列著，桌上覆蓋著白布。其中兩張桌子的白布底下，就躺著兩具正在等候我們的屍體，每具屍體由兩名學生負責解剖。

解剖的經驗會立刻挑戰你對自己和他人的認知。當你發現某個人在世時就決定捐贈自己的遺體好讓其他人學習知識，你會覺得自己渺小且微不足道。這種高貴的行為永遠在我心中激起強烈的感動。如果我對這般宛如奇蹟的饋贈失去感恩之心，那就該是我高掛解剖刀、改行他就的時候了。

葛拉漢（Graham）是我的解剖課搭檔，我們被隨機分配到其中一位無私的捐贈者——這具大體已經由解剖技術人員專業處理，將成為我們這一整個學年探索觀察的對象。我們不知道死者的本名，毫無創意地稱呼他為「亨利」。這個名字來自亨利．格雷[1]，《格雷解剖學》（*Gray's Anatomy*）的作者——這本教科書影響了我的一生。「亨利」來自亞伯丁地區，七十歲時離開人世，死前決定將屍體捐給亞伯丁大學，作為教育和研究用途，最後成為我和葛拉漢的教材。

亨利做出這個重大決定，我身為他未來的「學生」，卻完全不知道他偉大的無私慷慨會成就我的一生，這個念頭讓我嚴肅了起來。如果沒有亨利，我可能會選修動物學，忙著抱怨解剖老鼠，而我根本就討厭動物學。

亨利過世時，我可能正在忙著切除大學裡無窮無盡的植物莖葉、研究細胞組織，渾然不知亨利已經離開人世。每一年，我都會告訴準備在三年級修習解剖的大一、大二學生，未來和他們一起探索解剖世界的對象、他們即將學習的對象，此時仍然活在世間。或許就在這一天，某個人決定死後捐贈自己的屍體，幫助學生的教育。看到少數學生聽聞此事後，會因為這個沈重的事實而倒抽一口氣，我內心的疑慮也會消失。有些學生會無可避免地想到，自己

1 譯註：Henry Gray（一八二七年—一八六一年），英國外科醫師和解剖學家，因撰寫經典教科書《格雷解剖學》而聞名，二十五歲時即獲選成為英國皇家學會成員，三十四歲時因感染天花過世。此教科書為解剖學界的權威作品，知名影集《實習醫師》（*Grey's Anatomy*）的英文劇名就是致敬《格雷解剖學》。

早上在街頭遇到的某個人，以後可能會躺在他們的解剖桌上——而他們確實應該這樣想，因為我們絕不該將一個陌生人如此慷慨的舉動視為理所當然。

亨利的正式死因是心肌梗塞（心臟病），他在醫院死亡之後，大體由殯葬人員送到解剖系處理。亨利有沒有家人、家人是否支持他捐贈遺體，以及他們對於亨利死後沒有正式葬禮這件事又作何感想，我永遠不會知道。

在馬修學院（Marischal College）解剖系地下室，一間幽暗、毫無生氣又冰冷生硬的磁磚牆面房間裡，停屍間的技術員亞歷克（Alec）為已經死去數個小時的亨利脫除衣物與個人物品，清理頭部毛髮，分別在雙手和雙腳的小指頭，穿上四個黃銅製的身分標示圓牌——每個圓牌上都有一條細繩和標籤印製的序號。亨利待在大學解剖系時，身上會全程留著這四個標示牌。隨後，亞歷克在亨利的鼠蹊部切下六公分左右的皮膚，切開層層堆疊的肌肉和脂肪組織，直到他能夠在人類大腿上所謂的「股三角」區域找到股動脈和靜脈。亞歷克在靜脈血管上割出縱切口，又在動脈上割出另一個縱切口，安裝插管，再用細繩固定。將插管密封之後，亞歷克打開插管上的開關，亨利遺體上方的溶液罐利用重力原理，將福馬林液體緩緩注入亨利全身如同樹枝分布的動脈系統。

防腐用的福馬林液體經由亨利的血管，滲透至每一個細胞——包括他生前用於思考所有重要事物的腦細胞、他曾與親友相牽握的雙手、可能幾個小時前才說出他人生遺言的喉嚨。

福馬林溶液緩慢地在亨利的身體中運行，不像人體血液一樣會進行循環，只會單向清洗血管，將血管內大部分殘留的血液清除乾淨。安靜祥和的防腐過程進行兩到三個小時之後，亨利的屍體就會放置在塑膠袋中，等到有需要時才拿出來；這可能是幾天之後，或者是幾個月之後。

在短短的時間之內，亨利按照自己的意願，從一個有正常社交生活且受到家人愛護的男人，變成只有數字的無名屍體。「無名」是非常重要的概念，能夠為學生提供保護，讓他們分離理性和情感，不會因為自己正在「處理」人類同胞的屍體而產生悲傷的情緒。第一次解剖屍體的學生若要避免同情心過度氾濫，就必須在對死者保持敬意、保護死者尊嚴的同時，也訓練自己的心智將屍體視為不具個人特質的空殼。

亨利在我們第一次解剖課出場的時刻到了，他被放在推床上，搭乘嘎嘎作響、搖搖晃晃的老電梯，運送至解剖室其中一張玻璃桌面的解剖桌，身上蓋著白布，安靜且耐心地等待他的學生。

現今，我們努力確保學生第一次進行解剖的經驗意義重大，同時避免心理創傷。大多數的學生和我一樣，在此之前從來沒有看過屍體。當我在一九八〇年代開始學習解剖時，並沒有任何的簡介說明，沒有循序漸進的過程讓學生認識大體、認識我們未來幾個月的沉默教師。我們只是四個非常害怕的大學三年級生，在星期一早上抵達解剖室時，手上唯一的武器就是《史奈爾的臨床醫學解剖》（*Snell's Clinical Anatomy of Medical Students*），以及一本解剖手冊——羅曼尼斯（G.J. Romanes）的《康寧漢實務解剖手冊》（*Cunningham's Manual of Practical Anatomy*）——還有以卡其色布料包著的可怕解剖器具。其他就讓我們自由發揮，從手冊的第一頁開始學習。我們沒有穿戴手套或護目鏡，實驗袍很快就變得噁心不堪，因為校方不准我們將實驗袍帶出去清洗。現在的情況已經不可同日而語。

我和葛拉漢在解剖桌上發現一疊海綿，很快地，我們就明白海綿是必需品，用來擦拭解剖過程產生的額外液體。我們經常需要將海綿擰扭乾淨。在桌子底下，則是一個不鏽鋼桶，蒐集當日解剖過程留下的零碎人體組織。保持大體完整非常重要，即使我們會切除許多細碎的皮膚或肌肉，日後將屍體埋葬或火化時，仍必須盡可能地保持完整。在我們的身旁，還有第二位非常有影響力的指導老師，正在觀看並且等候我們的學習：一具人體骨架模型，用來幫助我們理解亨利的皮膚和肌肉底下藏著的東西。

我們的第一堂課是學習如何小心使用解剖刀，不要切掉自己的手指。謹慎地握住刀柄，將刀鋒對準細小的傷口，再用鑷子慢慢調整刀鋒的位置，這需要非常頻繁的練習和很高的靈活度。從屍體上取出解剖刀也需要同樣的技巧。我經常在內心思忖，有朝一日，一定會有人設計出更好的器材。

有人曾警告我，解剖屍體時，如果發現屍體開始流出鮮紅色的動脈血液，要記得屍體不會流血；換言之，那樣代表我切到自己的手指了。解剖刀很銳利，房間非常冰冷，就算不慎切到手指，你也不會有任何感覺。因此，不慎傷到自己的第一徵兆，就是看見豔紅色的鮮血滴在經過防腐處理的淺黃色屍體上。除非是解剖尚未防腐的屍體，否則一般而言你無需擔心感染，因為防腐程序會讓屍體變得完全無菌。同樣地，在手指非常冰冷、沾著油滑的人體脂肪時，要使用細緻小巧的解剖刀也十分艱難。如今，我們進行解剖教學時，會提供大量的手指黏套和手術用手套。

終於能夠順利操作解剖刀，手指也不再意外受傷後，你一靠近解剖桌，眼睛就會立刻因為福馬林的氣味而流出眼淚。解剖教學手冊只教你要切開何處，卻沒有提到該切得多深，還有切割時會有何感受。從來沒有人清楚地告訴你，解剖亨利時會有什麼「感覺」，讓你知道該從哪個地方切開，又要如何開始。眼前的一切都不合理，有些可怕，也讓人隱隱約約地覺得尷尬。你暫停動作，開始思考自己應該如何從屍體軀幹中央切開，從脖子下方的胸骨凹陷處切至胸腔下緣。你跟同學兩人應該誰負責切割屍體、誰又應該觀察？你的雙手開始發抖。無論他們表面上裝得再怎麼無動於衷，每個學生都記得自己第一次下刀切割時的感受。我閉上雙眼，依然記得當時的感受，以及亨利如何對年輕學生的笨拙展現完全的寬容。

靜止不動的老師有耐心地躺在桌上，等你開始解剖，你在內心向他道歉，不僅是為了你即將進行的動作，也因為害怕你會弄得一塌糊塗。右手拿著解剖刀，左手拿著鑷子……你究竟要切多深？大多數學生從屍體的胸口開始解剖，其實並非巧合。因為胸腔骨和皮膚的距離很近，無論你再怎麼不小心，都不會犯下太嚴重的錯誤，也不可能切得太深。你將解剖刀放在胸口的表面皮膚上，謹慎地切割至胸壁，留下一條若隱若現的切割線。

皮膚竟然如此容易割離，令人非常驚訝。皮膚很有韌性，能夠承受碰觸、冰冷和潮濕，但一旦皮膚和肌肉組織分離，你就能在解剖刀下瞥見色彩對比鮮明的淺黃色皮下脂肪。你多了點信心，決定延伸範圍，從胸骨中央切割至左右兩側的鎖骨，完成人生第一次的T字解剖。你在事前是如此焦慮企盼，解剖過程卻在一瞬間就完成，世界並未停止轉動。你大大鬆了一口氣，現在才發現自己在解剖全程中都完全不敢呼吸。你的心跳加速，受到腎上腺素影響，驚訝地發現自己不再害怕，反而興趣盎然。

現在，你必須讓皮下組織暴露出來。你著手剝除皮膚，謹慎找出胸骨中線切開的皮膚角落，位置就在T字解剖線的兩條橫線交界處。你用鑷子夾住皮膚，施加恰到好處的力道，再用解剖刀將皮膚從組織上取下，根本不需要切割。黃色的脂肪露出，碰觸到你溫度較高的手指後，便開始液化。握住解剖刀和鑷子突然變得困難無比，方才的自信轉眼消失，鑷子從屍體皮膚上滑掉，濺起脂肪和液體，往你的臉上噴。沒有人警告過你會發生這種事。福馬林的氣味難聞，但嘗起來的味道更噁心，你絕對不想再犯這種錯。

你繼續剝除皮膚，看見屍體上出現紅色的斑點，才發現自己割到了屍體的皮膚血管，這是無法避免的。你猛然理解到人體構造的深祕奧妙與人體蘊藏的大量資訊。前一天你可能還在思忖，究竟自己為什麼必須先上課一年，才能實際解剖人體，又何以需要整整三本的指導書籍。你突然瞭解，哪怕只是處理屍體表皮，一年的準備時間也遠遠不夠。你明白自己只是個初學者，絕望地認你不可能記住所有要學的內容，遑論透徹理解。

你稍微用力握住鑷子，用尖銳的刀刃切開連結肌肉和皮膚的組織，這動作順暢得令人不安，解剖刀看起來幾乎沒有碰到屍體。隨著表皮底下的肌肉組織露出，胸口的白色骨牆橫切面也隨之出現，對比如此顯眼，就像漂白過的英式土司架。你看著立在一旁的骨架模型，觀察胸骨中間的空洞區域和脊椎，隨著手指動作感受亨利的肌肉和骨頭。你開始想起每塊骨頭的名稱和構造——以及人體的骨骼架構——不知不覺間，你已經學會了全世界的解剖學家共通的古老語言，一種連安德雷亞斯・維薩里（Andreas Vesalius）也非常熟悉的語言——他在十四世紀奠定了現代解剖學研究的基礎，也是我在青少女時期迷戀的對象。

一開始，經過防腐處理的肌肉全都像是一堆淡棕色的團塊（其實有些像罐裝鮪魚），但只要靠近觀看，你就會注意到肌肉的型態，辨識出肌纖維的紋理和控制肌肉的纖細神經。你找到肌肉的端點和止點，明白肌肉的運動來自肌肉所附著的關節，為眼前邏輯精美的人體工學而著迷。你依然活著，與死人有所區別，但人體構造之美充滿魅惑力，建立了一座通往死者世界的橋樑，只有極少數的人能夠跨越，而這些人絕對不會遺忘他們目睹的景象。初次穿梭生死之橋的感受永遠無法複製重現，因為那樣的體驗太獨特了。

學生對解剖學的反應兩極，非愛即恨。人體構成的邏輯和秩序非常迷人，缺點是需要學習的資訊量非常龐大——還有福馬林的氣味。當心醉神迷的感覺戰勝了這門學科的缺點，解剖學就會在你的靈魂留下印記，讓你感覺自己永遠都屬於一個享有特權的菁英群體：只有雀屏中選的極少數人，能親眼目睹並且學習人體構造的祕密。在知識的殿堂中，我們或許站在希波克拉底[2]和蓋倫[3]或他們的後繼者，如李奧納多・達文西（Leonardo Da Vinci）與維薩里等巨人的肩膀上，但真正的英雄絕對是那些偉大的男男女女——解剖大體的捐贈者，選擇在死後餽贈自己的身體，以幫助他人學習。

◈

解剖學還教導你許多除了肉身實體以外的知識，讓你學習生與死、人性、利他主義、尊重和尊嚴；還有團隊合作、注意細節的重要、耐心、冷靜和精細的操作。我們和屍體之間的互動建立在觸覺之上，這是一種非常、非常私密的感受。解剖是我們的學習之道，任何書籍、模型或電腦圖像都無法相提並論。如果你希望成為一位真正的解剖學家，實際操作解剖是唯一的方法。

然而，在過去，這門學科雖受人敬畏，卻也同時飽受毀謗中傷。從解剖學早期、由蓋倫到格雷的黃金年代，一直到現今，都有窮兇惡極的壞人想濫用解剖獲利，讓解剖學蒙上污名。十九世紀時，愛丁堡的伯克（Burke）與哈爾（Hare）為了供應屍體給解剖學學院而訴諸謀殺的惡劣行為，促成英國在一八三二年通過《解剖法案》。一九九八年，安東尼—諾爾．凱利（Anthony-Noel Kelly）從英國皇家外科學院（Royal College of Surgeons）偷竊屍體，因而入獄服刑。這個案子讓社會大眾開始關注藝術的倫理規範以及將遺體捐贈給醫學單位所引發的法律問題。二〇〇五年，美國一間生物醫學組織公司被勒令停業，因為其總裁非法取得人體器官販售給醫學組織，遭到起訴定罪。解剖學似乎無法自外於經濟市場的供需法則影響，也依然有不顧道德、尊嚴和儀節的少數投機分子從事犯罪行為。因此，我們應該守護大體的捐贈者，確保他們受到國會法案的保障。

死人身上有錢賺，凡是有利可圖之處，就會有人想要跨過倫理的界線，藉此謀取更多金錢。販售人體遺骸在許多國家都是合法行為，全世界也有相當多的組織機構甚至願意支付豐

2 譯註：Hippocrates，古希臘時代的醫師，出生年代大約是西元前四六〇年。現代普遍認為希波克拉底的貢獻是將醫學改變為專業學科，不再與巫術和哲學隸屬同門，並且尊稱希波克拉底為醫學之父。

3 譯註：Galen，古羅馬時代的哲學家和醫學家。西元一六二年，蓋倫定居羅馬，開始寫作、教導並且公開傳授解剖知識，成為羅馬皇帝的宮廷醫師。他的知識來自對活體動物的解剖，包括公開解剖活豬，發現破壞豬的脊椎會造成癱瘓。

厚的金錢，只為了購買完整的人體骨架，所以我們或許不該因盜墓這門古老的犯罪迄今依然盛行而感到訝異。在我求學的一九八〇年代，大多數用於解剖教室的教學用人體骨架都從印度進口，該國長久以來一直是全球醫學研究用人體骨架的主要來源。雖然印度政府在一九八五年時宣布出口人體遺骸是違法行為，但時至今日，當地的黑市仍然非常盛行。英國則是無論對人骨和其他器官組織的販賣，都採取零寬容政策。

對於處理人類遺骸的正確方式，我們的看法時有變化，就像各種社會觀念亦是與時俱進，有時在相當於人類一生的數十年內就可能改弦易轍。在英國，我們用於教學的人體骨架模型多半都是塑膠仿製品。在校園中陳舊的科學實驗室壁櫥、全科醫師（即常見的家庭醫師）的手術室和急救訓練中心裡，依然可見真人骨架模型，雖然屬於合法持有，但還是令這些機構不甚安心。某些機構選擇將人體骨架模型捐贈給當地的解剖學系，而他們也可能獲得教學用人造骨架作為回贈。

數百年以來的研究成果，幫助我們找到更多保存人體的方法、延緩屍體腐敗的過程，讓當代解剖學家比過往前輩有更多時間處理解剖過程，讓我們在人體無窮無盡的微小細節研究中發掘更多價值。早期的解剖大體來源為剛下絞刑臺的新鮮屍體，從當時開始，解剖學家便努力地將屍體的保存期限盡可能延長，手法取材自食品工業發展出的技術，例如以酒精或鹽水浸泡醃漬，或者脫水冰凍處理。

一八〇五年，納爾遜子爵（Lord Nelson）在特拉法加戰役（Battle of Trafalgar）中陣亡之後，屍體被保存在「酒精」中（白蘭地和乙醇的混合液體），送回故鄉厚葬。一直到十九世紀後期人類發現氣味難聞的甲醛之前，酒精醃漬一直都是主要的屍體保存方法；而甲醛為解剖學帶來了徹底的改變。甲醛是殺菌劑、消毒劑，也是人體組織定色劑，保存效果非常良好，溶解於水之後能夠製為福馬林，迄今依然是全世界最常見的保存用劑。

但甲醛濃縮液對人體健康有害，數十年來，我們也持續考慮使用其他替代方法，例如快速冷凍，也就是將遺體肢解之後，將各個身體部位冷藏，需要解剖時才解凍；還有泰爾防腐（soft-fix），讓屍體更柔軟，接近活人的肌肉狀態。一九七〇年代，解剖學家岡瑟・馮・哈根斯（Gunther von Hagens）首創了塑化技術，在真空狀態下除去屍體的水分和脂肪，以聚合物取代，永久保存屍體的各部位。因為經過這道處理的屍體永遠不會分解，人類又成功地製造出一種新的環境污染物。

無論保存屍體的技術與醫學造影的檢驗方法如何進步，解剖學的本質並沒有改變。維薩里在一五四〇年代解剖的屍體，以及羅伯・諾克斯（Robert Knox）在一八三〇年代解剖的屍體，和我與葛拉漢解剖亨利的那個學年中的所見所聞，在根本上沒有任何差異。然而，維薩里和諾克斯必須趁屍體尚新鮮時進行解剖，他們所擁有的時間非常有限，可能無法培養解剖者和被解剖者之間的信任和尊重，而我則有幸能和亨利建立這樣的關係。但這也或許只是在經過多年之後，社會和文化對於遺體解剖的態度都產生了轉變。

對我而言，亨利是獨一無二的，每位解剖學家的「亨利」都非常獨特。在那一年裡，不管是關於自我或人體，我都學到了很多。當我們在人生的某個階段裡開始回首過往，如果要尋找一個代表充實感和幸福的時間點，我的追憶永遠都會回溯到亨利身上。那一年的回憶對我來說非常珍貴，絕大部分都不想拿來交換其他事物；但若要說完全不願割捨，那也不盡然。我討厭切手指和腳趾甲床，雖然這感覺很不理性，但我總覺得割了會痛。還有，老實說，沒有人會喜歡清洗屍體的消化系統。

然而，研究死者遺體所帶來的回饋，遠遠勝過那些不那麼愉快的時刻，還有你發現自己需要掌握的知識量如此龐大時那股翻腸攪肚的恐慌：你必須記住人體超過六百五十條肌肉，連同肌肉端點、肌肉止點、肌肉神經和肌肉的各種動作；還有超過兩百二十條神經，包括神經基礎值和種類，例如自律神經、顱神經、脊椎神經、感官神經和運動神經；以及從人類心臟呈現樹枝狀循環分布至背部的數百條有名字的動脈與靜脈，和動靜脈的原點、內分點與相關的軟組織結構。除此之外，我們也要熟習三百六十多種的關節和關節骨，更別提腸管發育、組織胚胎學與神經構造之間的立體關係。

正當你以為自己開始領略某一處的解剖結構時，這些資訊卻像浴室中的肥皂從你指縫中溜走，你只能重新來過。真是令人氣惱極了。但唯有一再重新溫習堆積如山的解剖學知識，才能夠認識並理解人體的複雜立體結構。解剖學家不必絕頂聰明，只需要良好的記憶力、符合邏輯的學習計畫以及良好的空間感。

亨利讓我深入理解他體內的細節構造，探索他的生理特徵（願上帝祝福他和他變形的上腹部動脈，我永遠不會忘記！），任憑我不小心搞錯下刀部位（我為此挫折不已），他甚至幫助我和近乎隱形的副交感神經系統奮戰。亨利堅毅地挺過了這一切，不曾斥責我、或讓我自覺愚蠢。我和亨利之間的平衡關係逐漸消長變化，我愈來愈瞭解亨利，甚至可說是比他對自己的瞭解還深。

我發現亨利不抽菸（肺部乾淨）、不酗酒（肝臟的狀況良好）、營養充足且保持適量進食（身材高瘦苗條，體脂肪很低，並未過度消瘦）、腎臟看起來很健康、腦部沒有腫瘤，亦無動脈瘤或局部缺血症狀。亨利的正式死因是心肌梗塞，但我覺得他的心臟看起來相當強健。但我懂什麼？我只是個大學三年級學生。

或許，亨利單純只是壽終正寢，但死亡證書上不得不寫個死因。如果在解剖檢驗相關器官時沒有發現疾病或其他異狀，大體的死亡原因往往會引起學生的關切。如果死者單純是因年邁而逝、且在生前已經表達捐贈屍體的意願，正式登記的死因必然僅是合理推測的結果。確定真正死因的唯一方法只有驗屍，但驗屍會讓屍體失去解剖教學的價值，違背捐贈者的意願。所以，只要死者的死因並非可疑事件，也與年齡相符，許多遺體的死因都會透過推斷而登記為心臟病、中風或是肺炎（有人稱此病為「老人之友」）。

完成亨利的解剖檢驗時，我們已經從頭到腳檢查過他的全身，沒有漏掉任何細節。我們針對他的所有身體部位查閱書籍、爭論不同意見、重新檢查確認。這個男人在世時，能夠呼吸、說話和行動時，我與他素不相識，但我為我和他之間如此私密又熟悉的關係而感到驕傲，我覺得我以一種獨特的方式認識了他，永遠無人可比。他教導我的一切，一直跟隨著我，也會永遠陪伴我。

幾個月後，我向亨利道別，並向他承諾我會善用他教導我的一切。我在亞伯丁的國王學院教堂參加了一場非常感人的告別式，感謝所有的大體捐贈者，不僅他們的家人和朋友出席，教職人員和學生也都一同參與。宣讀捐贈者的姓名時，我不知道哪一個才是亨利的本名。我坐在本是教會唱詩班座位的堅硬木椅上，想要觀察家屬的表情，思忖是否會有悲傷的家屬替亨利流淚。坐在古老教堂長椅上的這群人當中，誰是亨利死前的摯友，替他安排所有事宜，也就是拉丁文所說的*amicus mortis*？我誠摯希望亨利不是孤獨過世，如果有一位親近的朋友在亨利身邊，握住他的手，對他傳達愛意，我會更感寬慰。

蘇格蘭的所有解剖學系每年都會安排告別式，我們向大體捐贈者的家人表達尊敬，讓他們知道這份遺贈何其重要，又何其珍貴，對於教育下個世代的解剖學生又是多麼意義重大。

第二章

我們的細胞和我們自己

若不使用系統化的方法研究死亡，
生命科學就無法完整。

——艾黎耶·梅契尼可夫（Élie Metchnikoff）
微生物學家（一八四五年——一九一六年）

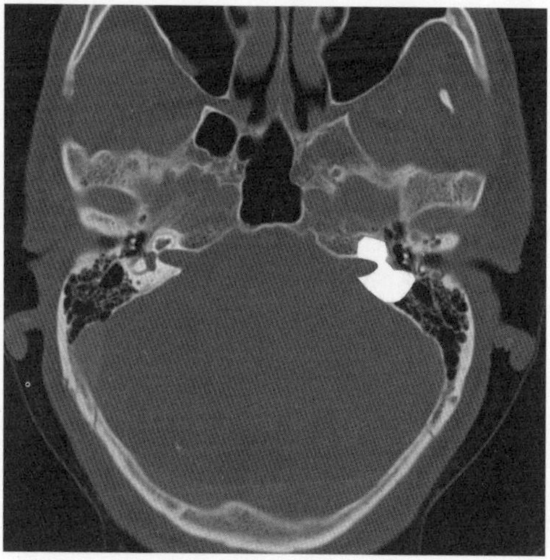

人類頭部的電腦斷層掃描圖，
顯示耳軟骨囊的根部位置。

我們何以被歸類為人類？我最喜歡的定義是：「人類屬於一群有意識的生命存在，一種碳基生物，仰賴太陽系環境，知識有限，易於犯錯，且終將一死。」

因為我們是人類，所以我們得到默許、能夠犯錯，這讓人有一種奇異的欣慰感。我們沒有能力第一次就把每件事做得盡善盡美，也沒有反覆練習以臻完美的時間，因此我們應該接受人生本來就是對與錯的混合。我們可以妥善完成某些任務，並因此而豐富自己和他人的人生；但也有些事我們絕對不可能熟練，只是浪費寶貴的時間。

在電影《佩姬．蘇要出嫁》中，有一個非常巧妙的時刻，體現了人類渴望一窺未來，好讓自己知道有哪些終究會發揮價值的事物值得在當下把握——哪些則不然。「我就是剛好知道，」佩姬．蘇在一場數學考試之後對老師說：「我以後不會有機會用到代數，這是經驗之談。」當我們不知道未來到底有什麼，提前做規劃是件棘手的事，在年輕時，未來規劃甚至顯得不太重要。然而，當我們年近七十歲，生命的腳步似乎變快了，我們這就會注意到自己還剩多少時間完成人生的理想。

生而為人的「意識」或許是人類最重要的特質。意識的核心在於我們對「自我」的認知——辨認「自我」堪稱是人類最獨特的能力，讓我們得以反視自身，藉此知道自己是與他人不同的個體。關於身分認同和自我肯認的心理學學說極其複雜。一九五〇年代，發展心理學家艾瑞克．艾瑞克森（Erik Erikson）將身分認同定義摘要如下：身分認同可以是(a)一種社會類別，由社會成員的規則和（個人宣稱的）獨特貢獻或他人期待的行為所定義；或是(b)一個人在社會上具有顯著區別性的特徵，他認為這項特徵無可改變、或可能引以為傲，但該特徵卻是社會影響的結果（或是a和b同時並立）。

研究人員相信，自我認同感昭示了自我概念的成長與延伸，使我們能夠發展成關係親密且錯綜複雜的社會群體。某種程度上，自我認同感使人類得以表達個體的獨特性，或許也幫助他人接納我們追求及展露自己的本質、我們渴望的理想模樣，以及我們選擇支持的價值。於是，我們才能夠積極吸引志趣相投的同伴，以及排斥那些我們不認同或不希望認同的人。對於個體性的自由表達與壓抑，讓人類擁有獨特的能力和機會來玩弄身分，甚至操弄或改變「自我」的覺察、表現和概念。在此我認為，艾瑞克森忽略了人類身分認同的第三種，也是最重要、最有趣的類型：生理身分。

作為一個物種，我們人類可以辨認自己與他人之間的生理差異，再用這項能力區分兩個不同的人類個體。在鑑識科學界，包括我所在的法醫人類學——為了法醫學目的而針對人類或其遺骸進行辨識的學科——領域，「身分」是核心元素，因為身分在社會中深具重要性，卻又可能經由人為手段操弄變造。

我們要如何透過與生俱來的人類生物學與化學特性來證明，自己和我們所宣稱的、一直以來所使用的身分確實相符？我們可以將鑑識科學當作一個工具箱，裡面裝著各種技術，能夠為無名屍體找回在世時的身分。法醫人類學留意人體的生物學和化學性跡象，為死者分析出有跡可循、容易判讀的生命史，並藉此判定所發現的證物是否與此人生前留下的軌跡匹配。換言之，我們尋找的是從一個人出生到死亡之間，寫在身體裡的各種線索，不論是先天或後天產生。

從比較粗淺的生物學觀點來看，人類可以被相當簡陋地定義為一堆自我調節細胞的集合。組織學的研究對象是動植物細胞和組織的顯微構造，以及細胞的生命循環，我始終對此興趣缺缺——因為其中涉及太多複雜的生物化學知識，我單純的小腦袋不堪負荷，但我們必須知道，細胞是所有已知有機生物的基礎構成單位。如果死亡終結了某一有機生物的存在，她也會是造成生物體內所有細胞喪命的罪魁禍首。解剖學家知道，有機體的死亡通常可以追溯至細胞、組織、器官和器官系統。無論我們是否喜歡這個事實，生命的起點和終點都是細胞。死亡對個體來說可能是獨立事件，之於身體細胞卻是一種連續過程，若想要理解這個過程，就必須瞭解有機體結構單元的生命週期。請和我一起看下去——我保證不會講得太無聊……

每個人都是由兩個融合為一、開始複製增殖的細胞所創造出來——一小團毫不起眼的蛋白質，這就是生命樸實無華的起點。在子宮裡待了四十個星期後，原本的兩個細胞已經奇蹟似地搖身一變，成為由超過兩百六十億個細胞構成、高度組織化的群集。胚胎的體型大幅成長，各個身體部位也逐漸特化，這個過程若要順利進行，需要極為詳盡精確的規畫。值得慶幸的是，在大多數的情況下，胚胎都能順利成長。等到這個嬰兒長為成人，體內的細胞總數會增加到超過五千萬兆，分為兩百五十種不同的細胞類型，形成四種基礎的人體組織——上皮組織、結締組織、肌肉組織和神經組織——以及各種皮下組織。上述的細胞組織結合成約七十八個不同器官，隸屬十三種不同的人體主要器官系統和七個器官區域。神奇的是，其中屬於重要維生器官的只有五個：心臟、腦部、肺部、腎臟和肝臟。

每一天，人體都會失去三億個細胞，平均每秒鐘有五百萬個細胞死亡，大多數都會被新的細胞取代。我們的身體知道要在何時、用何種方式取代哪些細胞。大致上就是這樣自然運行，所有的細胞、組織和器官都有自己的生命週期，就像超級市場的庫存管理，依照保存期限淘汰換新。不無諷刺的是，保存期限最短的正是開創生命的細胞：精子成形之後只能存活三到五天。皮膚細胞的壽命只有二到三個星期，而紅血球細胞也只能存活三到四個月。不意外地，組織和器官的生命週期較長，肝臟要花一整年才能將所有細胞更新代謝，而骨骼則需要十五年的時間。

因為人體有大量細胞會定期代謝，我們只要過了十幾年，就能在生理上成為一個嶄新的人，這是個美麗的迷思。很不幸地，如此觀念並不正確。毫無疑問，這個迷思來自忒修斯悖論（Theseus Paradox）——如果一個物體在某些階段時，已經完全改變構成元素，它還是同一個東西嗎？你能想像人類在法庭上搬弄這個假想概念嗎？試想，一個老奸巨猾的辯護律師或許會在謀殺案審判中主張：「法官大人，被告的妻子在十五年前就已經去世，就算我的當事人確實殺了她，但他體內的細胞已經全部新陳代謝，現在的他在生理上已經不是原本的那個人。您眼前的這名男子，不可能出現在犯罪現場，因為那個時候他還不存在。」

雖然我不相信法庭上出現過這種言論，但倘若真有人如此主張，我會很樂意親自下場攻防。和辯護律師來場形上學討論，肯定非常有意思。不過，這確實引出了一個問題：生命體所經過的改變要在什麼程度以內，才能夠被視為同一個個體、保持連續性的身分？讓我們用麥可・傑克森（Michael Jackson）多年來的生理改變為例。他原本是傑克森五人組（Jackson Five；又譯傑克森兄弟）的童星，長大之後，許多外觀特徵都已經改變，幾乎認不出來。但他的身體仍有其他成分終其一生都維持不變，可以用來鑑別他的生理身分。而我們的工作就是找到這些成分。

人體內至少有四種細胞永遠不會更替，活得和我們一樣久——技術上來說甚至比我們活得更久，因為其中有一些在我們出生之前就形成了。這些細胞或許可以出人意表地列席證明人體的生理恆常性，反駁方才那位狡猾的辯護律師。這四種永久性細胞分別是神經系統中的神經元、位於顱骨下方小空間的耳軟骨囊（otic capsule）、牙齒的琺瑯質以及眼球晶體。牙齒和眼球晶體只是半永久性，因為現代牙醫和外科手術可以摘除、替換原本的牙齒和眼球晶體，細胞主人不會因此受到傷害。另外兩種細胞則無法更動，所以是真正的永久性細胞，在人類出生之前就與身體連結，一直到死亡為止，是無可反駁的生理身分證據。

我們的神經元，或說神經細胞，在胚胎發育的頭幾個月即已成形，數量從出生以後就不會再增加。神經的軸突（axon）形似伸長的手臂，就像交通系統一樣，連結南北雙向的車流量。神經元從大腦開始將運動指令往下傳遞至肌肉，再從相反的方向，把皮膚和其他感官接收的訊息回傳至大腦。最長的神經軸突負責傳遞痛覺和其他知覺，長度遍及人體全身，從腳小趾的尖端開始，經過腳掌、小腿和大腿，再往上經過脊椎、腦幹，抵達腦部上方的感官皮層。如果你的身高為六英尺（一百八十二公分），這條傳導路線上的神經元總長度可能接近七英尺（兩百一十三公分）。因此，倘若你的腳小趾不慎踢到衣櫃，疼痛的感覺必須經過一小段時間，才會傳導至腦部。踢到衣櫃之後，大喊「好痛」之前，可能還有短暫的一瞬間，不會感到疼痛。

神經細胞的永久性開啟了一個有趣的問題：我們能否在腦部找到個人身分的一部分跡證？我們確實有可能找到方法，記錄神經細胞之間的溝通模式，藉此展示人類如何思考，以及推理和記憶等等高階功能如何運作。近年來的研究成果也發現，藉由螢光蛋白質的協助，我們可以觀察人類的單一突觸（神經元的交界）如何形成記憶。雖然人類要完全應用上述技術，可能還只是科幻小說中的幻想，但我依然大膽預測，在不遠的將來，人類就會了解神經元在個人身分的判定確立上所扮演的重要角色。

第二種永久性細胞位於耳軟骨囊，就在顱骨內深處，靠近內耳。耳軟骨囊是岩顳骨的一部分，此處尚有人體的聽力器官耳蝸（cochlea）以及負責人體平衡的半規管。人類尚在胚胎和胎兒狀態時，就會生成內耳，且內耳會立刻成長至成人大小，獨立於人體發展之外，不會受到體內分泌高濃度蝕骨細胞抑制因子（osteoprotegerin）影響而變形。蝕骨細胞抑制因子是一種基礎的糖蛋白（glycoprotein），阻礙骨頭的新陳代謝。在一般情況下，耳軟骨囊不會變形，因為倘若耳軟骨囊變形，就會改變複雜的聽力和平衡系統。雖然耳部區域在新生兒時期已是成人大小，但就體積而言，它非常微小，只有大約兩百微升——將近四滴雨水的大小。不像神經元，在這塊小小的耳軟骨囊中，我們已經可以找到個人身分的證據。

在理解細胞對於身分鑑定的價值以前，我們必須先知道細胞是如何形成——無論是骨骼細胞、肌肉細胞或者內臟細胞。基本上，人體內的所有細胞都是由化學物質組成。它們的形成、生存和複製，仰賴人體基礎構成單元的供應，這種能量來源可以保持細胞之間的聯繫和活力，處理細胞的廢棄副產品。口部是主要的入口，用於攝取未來細胞的構成單元，從口部進入胃部和內臟系統——也就是人類的食物處理工廠。因此，所有細胞、組織和器官的核心單元，都來自我們消化的食品。「人如其食」確實有道理。補充能量是生存的關鍵，俗諺有云，人不能超過三分鐘不呼吸，不能超過三天不喝水，也不能超過三星期不進食；雖然不是非常精準，但也非常接近事實了。

在子宮內的胎兒還無法獨立消化食物，只能經由胎盤和臍帶，攝取母親的飲食養分，以發育成長並組織細胞架構。雖然「一人吃，兩人補」是一種謬誤，但母親確實必須確保飲食養分不僅要足以供應自身所需，也得滿足體內高需求的小住戶。

在孕期的第十六週左右，母體會從飲食養分中提供胎兒形成耳軟骨囊的必要營養構成單元。這一塊容量只能裝四滴雨水、非常微小的骨頭，含有母親懷孕四個月時餐點中的營養素，會待在我們的頭顱裡一輩子。這再度證明母親始終與我們同在，也用一種創新的觀點解釋了母親為何總是有辦法鑽進我們的腦袋裡。

儘管我們相信自己享用著來自世界各地的佳肴，但事實上，我們攝取的大部分飲水和食物都是當地生產。水會經過多次地層滲透而吸收當地特有的同位素。我們喝下水後，水中的特有的元素組成也會轉變為創造人體組織的化學物質。

在人類的一生中，牙齒琺琅質的化學成分大致上都維持不變，這也是為什麼蛀掉的牙齒無法自我修復。所有乳牙的齒冠在嬰兒出生前就已經形成，其構成物質與母親的飲食攝取直接相關，恆牙的第一個臼齒齒冠亦是如此。其他恆齒的成分則來自我們本身，反應童年時期的飲食。

人體其他的「恆久」組織，如毛髮和指甲，充滿豐富的飲食資訊，因為它們的結構呈線性，成長速度也相對規律。毛髮和指甲提供潛在的化學時間軸，讓我們能夠分析營養素在體內新陳代謝之後的沉澱物，就像讀取條碼一樣。

法醫人類學要如何善用細胞提供的驚人資訊，解析死者的生命史、鑑定其身分？有諸多科學技術能夠幫助我們，穩定同位素分析就是其中個很好的例子。人體細胞組織的碳氮同位素比例分析，有可能透露出死者的飲食習慣：葷食、海鮮素、或者純素食。細胞組織的氧同位素比例則有可能指出死者的飲水來源，針對飲水進行靜態同位素分析，則可以協助我們推測死者的居住地點。

如果你遷徙到另一個地理區域，你體內累積的生物特徵也會改變，因為食物和飲水的化學成分已經不同了。毛髮和指甲的分析也會呈現跨區遷徙的時間序列。在辨識不明死者身分或追蹤罪犯移動軌跡時，這都是非常有用的技術。假設一名恐怖行動嫌疑人謊稱自己從未離開英國，我們可能會在毛髮的靜止同位素比例分析中發現成分的突然改變，找到和阿富汗地區相符合的特徵。毛髮分析也可以查出受試者是否持續攝入特定物質，例如海洛因、古柯鹼和安非他命等毒品。在維多利亞時期的凶案故事裡，毛髮分析當然也是深受歡迎的檢驗方法，能夠查出死者是否遭到砒霜毒死。

於是，在理論上，我們可以從死者遺骸的耳軟骨囊和第一顆臼齒的同位素分析特徵，找出此人母親在懷孕時居住的地點以及飲食習慣。此外，我們也能分析殘餘的恆齒，推測死者在少兒時期居住的地區，再藉由骨骼判斷他們過去十五年左右住在什麼地方。最後，毛髮和指甲可以協助我們判定死者生前最後的幾年或幾個月是在哪裡生活。

人體龐大的細胞群管理起來極為複雜。人體就是製造細胞的工廠，當我們保持體能顛峰狀態，在大多數情況下，人體每天所失去的三億個細胞，大多數都能順利地汰舊換新。但隨著年紀增長、身體開始退化，我們生產新細胞的能力會逐漸降低，衰老的跡象也紛紛出現：頭髮灰白稀薄，眼神不再銳利，皮膚產生皺紋，肌肉萎縮且失去光澤，記憶力和生育力也會衰退。

這些都是人類正常衰老過程的證據，也清楚顯示我們與生命終點的距離愈來愈近，離起點愈來愈遠。就算醫生說你的某項症狀在你這個年紀是正常的，也起不了什麼安慰作用，因為你意識到死亡在你這個年紀也是正常的。雪上加霜的是，部分細胞開始轉為惡性、發生異常的增長和複製，身體組織由於環境中的毒素或過度放縱的生活方式而受損甚至失去正常功能，導致受影響的器官無法妥善運作。我們雖然可以藉由醫學、手術介入和藥物輔助，延長身體機能的壽命，但到了最後，一旦這個有機體無法維持獨立運作，我們依然終將一死。

有機體的死亡在法醫學上的其中一種定義是「血液循環和呼吸循環系統停止運作且不可復原，或者腦部整體功能，包括腦幹，停止運作且不可復原」。「不可復原」是其中的關鍵。在醫學界，「扭轉不可復原的傷害」就是對抗死神的珍貴聖杯。

五個重要的維生器官活動定義了我們的生命跡象，也因此成為人類死亡與否的最終判準。現代醫學的奇蹟使我們可以移植其中四種器官：心臟、肺臟、肝臟和腎臟，但另外一個「大器官」腦部——負責指揮人體其他器官、組織和細胞的基礎中心——從來沒有成功的移植紀錄。生與死的契約似乎就位在腦內的神經元之上（我早就說過它們很特別吧）。

◈

我們的身體不只在世時不斷變化，死後依然會有改變。器官和細胞的分解程序開始後，屍體會逐漸腐化為起初打造人體的種種化學物質。還有一大群志工已經準備著手幫忙，包括人體系統內的一億萬兆細菌，它們現在已經不受免疫系統的牽制。如果體內環境發生劇烈改變，導致身體無法修復或復甦，細菌就會乘勝接管。此時生命已經無可挽回，死亡就是既成事實。

在大多數情況下，例如死者在家中親人陪伴下斷氣，或在醫院裡、救護途中過世，死亡時間就相對容易有明確可靠的紀錄。然而，如果此人是獨自死亡，或者屍體在可疑狀況下被人意外發現，我們就必須評估死亡的日期和時間，才能符合法律和醫學的要求。我們利用屍體提供出的各種資訊建立死亡時間區間（time death interval；縮寫為ＴＤＩ）。法醫人類學家不只需要理解人體如何構成，也要知道屍體怎樣分解。

屍體會依序出現七種可辨識的死後改變。第一階段是膚色變白，發生在死後的數分鐘內，一個小時之內都能以肉眼看出屍體膚色變得蒼白。我們看到一個人的氣色不佳，好像「快死了」，就是說他變得非常蒼白。由於心臟停止跳動、血管運動終止，血液離開人體表層皮膚，停留在體內重力作用最大、最低的部位。這個階段發生得很早，對於建立死亡時間區間幾乎沒有任何評估價值。而且，膚色轉白是相當主觀的條件，難以準確量化評估。

第二階段的變化是體溫下降。人類死後，屍體的溫度會迅速冷卻（但在特定情況下，屍體溫度反而會升高，這取決於環境溫度）。屍體溫度的最佳測量方法是測量直腸溫度，因為皮膚溫度改變的速度快過於深層體內組織。雖然屍體直腸溫度的下降速度相對穩定，但我們不能因此假設死者死亡時的屍體溫度是正常的。有許多因素會影響屍體溫度，包括年紀、體重、疾病和服用藥物等。特定的感染或藥物反應會導致體溫增加，運動或死前發生激烈的肢體拉扯亦會如此；直腸溫度也可能因為各種生理狀態而偏低，例如深層睡眠。因此，直腸溫度也非準確無誤的死亡時間區間指標。

屍體被發現的時候，其周圍環境也會影響體溫降低的速度。舉例而言，在溫度高於攝氏三十七度的地點，屍體的溫度不會降低，不能用於評估死亡時間區間。如果死者已經過世一段時間，評估屍體冷卻也沒有意義，因為屍體的溫度最後都會趨近當地常溫。

死者過世的幾個小時之內，肌肉會開始萎縮，進入死後第三階段，也就是「屍僵」。起初只有小肌肉會萎縮，通常在死後五小時內發生，接著萎縮現象逐漸擴散至大肌肉，死後十二小時至二十四小時之間是高峰。在我們死後，從肌肉細胞抽取鈣離子的幫浦機制會停止運作，鈣離子從肌肉細胞的薄膜流出。肌肉裡的肌動蛋白和肌凝蛋白會因為缺乏鈣離子而收縮、固定，導致肌肉長度變短。由於肌肉與關節相連，關節也可能會收縮，在死亡後幾個小時中僵化成固定姿勢。僵硬的肌肉最後依然會因為自然的腐敗分解作用和體內化學效應而鬆弛，關節也會恢復可活動性。這可以解釋文獻紀錄中屍體在死後顫動或移位的罕見現象。但我可以向各位讀者保證，屍體絕對不會突然坐起來哀嚎——那是只有恐怖電影才會有的場景。

屍體一開始的萎縮和僵硬，以及二度萎縮，都能協助我們推測死亡時間區間，但也有許多因素會影響肌肉持續僵硬的時間，甚至影響這個現象的出現與否。舉例來說，新生兒和老年人的屍體通常不會出現屍僵。在較高溫環境中，肌肉僵硬的速度較快；低溫則會延緩肌肉僵硬的速度。還有其他因素也會影響肌肉改變的狀況，例如中毒（番木鱉鹼會加快肌肉僵硬，一氧化碳則延緩僵硬速度）。如果死者在死前曾經從事激烈的肢體運動，屍僵會更快發生，倘若死者溺死在冰冷水域中，屍體可能不會出現僵硬狀況。無論電視上的犯罪影集是怎麼演的，屍體僵硬永遠無法作為決定性的死亡時間區間判斷標準。

由於心臟停止跳動，屍體進入死後的第四階段：屍斑（livor mortis，意指死亡的藍色）。在死後隨即出現的膚色變白階段，血液會立刻凝聚在身體最低處（重力最強處），但在數個小時之內，屍斑還不會出現。

較重的紅血球細胞經由人體血清，聚積在身體較低處，導致該處皮膚呈現暗紅色或藍紫色，代表紅血球已經凝結，與屍體蒼白的皮膚形成強烈對比。如果此處皮膚的表面遭到觸碰（例如，屍體背部朝下躺在地面），屍斑的血液會因觸碰壓力而被推出組織外，流向沒有承受觸碰壓力的鄰近區域。因此，相較於屍斑區域的暗色，遭到觸碰處的色調較為蒼白。

一般而言，屍斑在死亡後的十二個小時內出現最多。在此之後，屍斑色調會變得固定，成為調查可疑死亡事件的利器，有可能指出死者死亡後數個小時之內的位置，以及屍體是否遭到他人移動。如果屍斑出現在屍體背部，但屍體被發現時臉部朝上，代表屍體必定曾遭到他人翻轉。倘若死者是吊死，血液則會凝聚在四肢最低處，即使取下屍體，屍斑也會固定在四肢末梢。

大約在去年，人體微生物群研究——專門探討細菌群落如何在屍體內成長——這個相對新穎的學術領域出現了。研究者從屍體的耳鼻開口處採集細菌樣本，使用新世代的元基因組序列分析後發現，我們或許可以利用這項技術，極為準確地推測死亡時間區間，將時間範圍縮小至數個小時，甚至在死者死亡數天或數個星期後也能應用。若該項研究成果通過嚴格檢驗，成本又不高，這個剛加入法醫界的「小弟」或許最終將可取代屍體蒼白、屍體溫度、屍體僵硬和屍斑等「大哥」的地位。

如果屍體在經歷上述四個階段後都還沒被發現，就會開始散發出難聞的氣味，進入人類死後的第五階段，也就是腐敗階段。這時候，細胞結構會開始分解，微酸性的體液也會開始侵蝕細胞薄膜，這個過程被稱為「自體溶解」。厭氧細菌得到完美的複製環境，開始消化人體細胞與組織，也會釋放丙酸、乳酸、甲烷和氨，而這四種化學物質可以用於偵測腐化分解的屍體所藏匿或埋葬的地點。我們都知道尋屍犬的用途，據說尋屍犬的嗅覺比人類靈敏一千倍，可以聞到非常細微的腐朽氣味。然而狗類不是唯一擁有高度嗅覺的動物，人類也會訓練老鼠，讓牠們對屍體分解的氣味有所反應，而黃蜂也具備非常驚人的嗅覺。

由於體內產生的氣體增加，屍體開始膨脹——因為包括屍胺、糞臭素和腐胺在內的數種臭氣物質變得更為密集——也會吸引各種昆蟲，尤其是綠頭蒼蠅，牠們能夠在人類死亡的數分鐘內偵測到腐化的產物，開始在屍體上尋找地點下蛋（或說產卵），通常是在眼睛、鼻子和耳朵等洞孔。昆蟲絕對不會認錯腐敗屍體的味道，因為屍體是牠們和幼蟲的食物來源。腐敗的人體組織持續使體內壓力升高，導致體液從口、鼻、耳排出，甚至造成皮膚綻裂，為昆蟲和食腐動物創造更寬廣的入口。屍體肌膚開始變成深紫色、黑色或者噁心的綠色，彷彿嚴重的瘀青，這是因為血紅蛋白腐敗後的副產品也分解了。

在屍體腐敗的第六階段，也就是活躍腐敗期，屍體被幼蟲和大量的蛆所佔據。牠們會開始努力分解人體組織，作為食物來源。再經過進階腐敗期，以及一波波昆蟲、動物和植物活動之後，所有的軟體組織都會被消化掉。在這個階段，人體將失去最大量的組織，用於餵食周圍生物，也會液化流入環境之中。進階腐敗的過程會製造非常大量的熱能：兩千五百隻蛆可以讓環境溫度升高攝氏十四度。當溫度超過攝氏五十度時，蛆的幼蟲將無法生存，所以在溫度升高至致命程度時，位於核心的蛆就會開始分散成更小的群，試圖降低溫度。「熱鍋上的蛆」是一個很貼切的句子，足以形容這些蟲子瘋狂離開核心的行為。

屍體分解的第七階段，也是最後一個階段，則是骸骨化，所有的軟組織都消失了，只剩下骨頭，或者還有一些無生命活性的角質構成的毛髮和指甲。骨骼可能也會腐壞，這取決於屍體周圍的環境狀況，以及停留的時間。於是，所有人最終都會變回當初創造我們生命的元素。地球的資源有限，每個人都是由可分解回收的元素構成，終究要回到地球的化學物質世界中。

死後的屍體分解過程需要多久時間才能徹底完成？這個問題沒有標準答案。在非洲的某些地區，昆蟲活動非常旺盛，氣溫很高，屍體變成骸骨只需要七天。然而，在蘇格蘭寒冷的野地中，這個過程可能耗時五年甚至更久。由於屍體的分解速度受到氣候、氧氣濃度、死因、埋葬環境、昆蟲侵蝕、食腐動物分解、降雨、衣物等各種因素影響，我們經常難以斬釘截鐵地判斷死亡時間區間，也不是什麼令人意外的事。

由於屍體分解的過程可能會因為環境或人為因素而大幅延緩、甚至暫停，死亡時間區間的評估可信度也會受到影響。冷凍幾乎可以完全阻止屍體分解，只要屍體不要經過太多次解凍，屍體的外觀特徵也能保存將近數個世紀。在另一個極端，高溫乾燥會造成人體組織脫水，因此也能保存屍體。這些條件解釋了中國新疆和美國內華達州法倫靈洞（Spirit Cave）的木乃伊為何能夠保存如此之久。拉美西斯（Rameses）和圖坦卡門（Tutankhamun）等知名的埃及木乃伊之所以能夠不朽，主要則是化學反應所致。他們的內臟器官遭到摘除，填入藥草、香料、油、樹脂和天然的鹽類，例如碳酸鈉礦，這樣的製作過程需要非常高超的技巧。

浸泡在水中能夠阻止氧氣造成的分解，例如某些案例中，在泥煤田中發現的屍體。處於這樣環境中的屍體會變成無菌狀態，經過一段時間後，酸性泥煤將會分解人骨，留下烏黑的表層皮膚，即使數個世紀之後，依然可以看出屍體表面原有的特徵。而只要環境條件適合——溫度、水的酸鹼值，以及氧氣濃度相互結合——屍體的脂肪就不會分解，而是皂化，變成屍蠟，形成永久存在的脂肪組織。一九九六年，瑞士布理恩茲湖出現一具無頭男屍，全身都被屍蠟包覆。這具屍體也被稱為「布理恩茲」。解剖報告最後推定，他在一七〇〇年代時落水溺死之後，被湖中沉積物覆蓋。而瑞士地區發生過兩次微弱的地震，力道足以讓他的屍體重獲自由，浮出水面。

有些研究者持續呼籲建立新的人體埋葬學實驗機構——用更口語但也更討厭的說法，就是「人體農場」——讓屍體暴露在空氣中，好讓研究者可以更深入了解腐敗的過程。美國已經有六座人體農場，澳洲也有一座，但我個人不支持英國成立人體農場。我無法坦然認同將這種機構的存在合理化的論點。因為鮮有證據可以證明，目前使用實驗動物（通常是死豬）的研究無法準確推測死亡時間區間。而同樣也沒有證據顯示，那些以人類屍體為研究對象的實驗機構能夠顯著提高我們做出可靠推測的能力。若想要我改變立場，就必須以證據澄清我所說的這兩種質疑。我認為人體農場這個概念血腥又恐怖，有人邀請我去這種地方「觀光」時，更讓我的不適感變本加厲。經常有人問我，英國為什麼沒有人體農場，但我認為更重要的問題是，我們為什麼需要——或想要——這樣的東西？

◈

無論我們死後在世間還留下什麼，我們身分或許依然會和在世時一樣重要。我們的名字——定義何謂「自己」的核心觀念——有可能比我們的骨骸存續更久，也許是刻在我們安息之處的墓碑、銘牌上受人懷念，或者寫入回憶錄中。這或許是我們的身分在世間最不恆久的維繫方法，但卻能比血肉之軀多活好幾個世紀，在某些情況下，甚至有些名字過了數個世代以後依然足以激起人們的恐懼、厭惡、愛戴和忠誠。

無名屍是警方調查凶案時最大的問題之一，無論死亡事件和發現屍體之間究竟隔了多久，警方都必須找到真相。鑑識科學家努力嘗試將屍體連結到某個名字，才能搜索文件證據、找尋親人或朋友，以確認死者的身分，探究此人是在什麼樣的狀況下死去。在找出這層關聯以前，你無法詢問任何家屬、朋友和同事，也不能追蹤行動電話的通聯紀錄、調閱監視器畫面，遑論重建死者最後的足跡。考量到每年的失蹤人口數字——光是在英國，就有大約十五萬人——這份工作絕不容易。在最基本的層次上，我們的使命就是找回一具屍體最初誕生時的姓名。

一般而言，我們出生之前就有了名字——就算有時只是先有家族姓氏。不然，我們在出生後很快也會得到自己的姓名。姓名不是出自我們的選擇，亦非意外獲得。我們也不太可能是歷史上第一個、或唯一一個採用這個名字的人。旁人將這個標記像禮物般送給我們，我們一輩子背負著它，作為我們自我認知中的一項重要成分。

我們會自動自發、毫無猶豫地回應旁人叫喚自己的名字，甚至是潛意識地做出反應。在嘈雜的房間中，我們可能難以仔細聆聽交談內容，但只要有人念到我們的名字，我們就能聽得一清二楚。隨著人生歷程漸次推進，我們的名字變成鑲嵌在「自我」發展歷史中的某個面向。我們可能會付出極大努力，偶爾花費大筆金錢，以避免名字遭到他人濫用或侵佔。

雖然名字之於我們的身分是如此重要，我們卻經常基於各式各樣的原因而更改名字——

像是和他人建立了新的感情關係或家庭、想要區隔職場和私人生活，或者單純地不喜歡原本的名字等等。有些人一生只用一個名字，另外一些人則經常使用兩個名字，以對應兩種人際關係角色，甚至還有人會使用更多個名字。我們在正式改名時通常都會留下可追蹤的文件紀錄，但改名仍然會讓法醫調查人員需要額外查閱一層資訊。

如果將暱稱和名字縮寫也考慮在內，我們擁有的「標籤」就更是多得驚人，而我當然也不例外。我出生時的名字是蘇珊・瑪格麗特・甘恩（Susan Margaret Gunn）。小時候，大家都叫我蘇珊，在正式場合則稱我為蘇珊・瑪格麗特，如果我惹禍上身，人家也會這樣叫我（而且這經常發生）。長大以後，朋友會叫我「蘇」。結婚後，我的名字變成蘇・麥可羅夫林（Sue MacLaughlin），一開始是麥可羅夫林太太，後來變成麥可羅夫林博士。進入第二段婚姻時，我的名字變成蘇・布萊克（頭銜起初是教授，後來加上女爵士）——甚至有一段短暫的時期，為了保持學術論著發表履歷的一致性，我的名字統一為蘇・麥可羅夫林—布萊克（這就是所謂的身分危機啊）。

如果當初如我母親所願，我的名字會是潘妮洛普（Penelope），原因只有一個：她喜歡潘妮（Penny）這個小名。但我逃過一劫，並沒有成為潘妮・甘恩，不僅如此，我也很慶幸日後成為鑑識科學家的我不必接受愛歐娜（Iona）這個名字，雖然如果搭配姓氏得當的話，它會是個很可愛的名字。雖然蘇珊・甘恩看似無傷大雅，但我的姓氏卻永遠成為旁人的笑柄：我的名字縮寫是S.M. Gunn，似乎也無可避免地導致「甘恩衝鋒槍」（Sub Machine Gunn）這個外號的誕生。

獨一無二的姓名非常罕見，大多數的人都會與其他人用到同一個「個人標籤」。英國就有超過七十萬人姓史密斯，而其中四千五百位的名字叫作約翰。我的娘家姓氏並不特別常見，我上一次查詢時，英國只有一萬六千四百四十六名甘恩，毫不意外地，大多數的甘恩氏同宗都住在蘇格蘭東北角的威克和瑟索附近，其中只有大約四十位的名字也叫蘇珊。

遇到同名同姓的人縱然有趣，但也容易造成混淆。演員想要找到一個沒人使用過的名字在演員公會註冊，簡直就是噩夢一場。我冠上布萊克這個姓氏時，生活圈中也出現另外一位蘇．布萊克——她是一位電腦科學家，曾經發起拯救布萊切利園[1]的活動。這位蘇．布萊克博士榮獲大英帝國勳章，也是一位非常可愛的女士，與我年紀相仿。我們雖然從來沒有見過面，但我曾和她透過電子郵件交流，因為我偶爾會收到信件，詢問布萊切利園的狀況，或邀請我擔任演講人探討第二次世界大戰時的密碼破譯。我只能通知難掩失望的寄信人，他們找錯「蘇．布萊克」了，除非他們希望我針對死人發表演說，否則應該去找正確的「蘇．布萊克」。

人類對身分的迷戀，反應在全世界的民俗傳說和文學傳統之中，有各種故事描寫身分的偽裝、造假、誤認身，或者失竊，更還有被領養的棄嬰或出生時被調包的嬰兒。莎士比亞大部分的喜劇都提及上述主題；事實上，莎翁的多數作品都在用不同方式處理「身分」的概念，以創意無窮的劇情設計探索社會的本質與衝突，以及人際間的連結。

莎翁筆下的這些故事擺在過去單純的社會中顯得較為合理，因為當時要創造新的身分或冒用另一個身分，比現代社會更簡單。在十六世紀時，一位惡名昭彰的冒充者竊取了馬丁·蓋赫（Martin Guerre）的身分，這起事件啟發了後世的許多書籍、電影和音樂劇。倘若在現代，冒充者絕對無法維持盜用的身分這麼久，因為鑑識科學可以清楚地確認一個人的身分，排除假扮他人的可能性。

然而，在許多種情況之下，也會有如俗諺所說，家庭的不堪往事宛如骷髏嘎嘎作響地爬出衣櫃。若你在許多年歲之後發現自己不是原本以為的那個人，將會造成深刻的衝擊和身分危機。母親會不會其實是我的姊姊？我的父親不是真正的父親？我的父親其實是我的祖父？我是被領養的？因為我們的身分認同建立在周遭他人所給予的基礎上——我們相信他們說的是真話——我們的名字和親緣紐帶成為自我意識和安全感的根基。但身分可能只是脆弱的紙牌屋，若一個謊言遭到揭穿，我們曾經相信關於自我的種種一切，以及我們在世界上的位置，都會在耳邊轟隆崩解。這種發現通常起因於某人的死亡，當家屬翻閱相關文件、鑑識調

1 譯註：Bletchley Park，是第二次世界大戰時英國政府進行密碼破譯的基地，也是電影《模仿遊戲》的故事主要場景。

查人員深入探索死者生前生活以指認其身分，又或是調查死亡事件發生的背景時，意外發掘出背後真相。

◈

那麼，當法醫人類學家面對一具無名屍，究竟應該怎麼做才能讓死者的名字失而復得？首先，我們需要建立死者的生物側寫：死者是男是女？年齡、族裔、身高為何？這些問題的答案可以讓我們將死者身分縮小到特定範圍內。我們得知死者是一名二十五歲左右的黑人女性，身高大約五呎六吋，就能搜尋失蹤人口資料庫，可能會找到許多符合條件的人選。光是在英國，只要輸入白人男性、年紀約二十歲至三十歲、身高五呎六吋至五呎八吋的資料，就會找到一千五百名可能的相符對象。

國際刑警組織（International Criminal Police Organisation; INTERPOL）認可三種證明身分的主要指標：基因、指紋和齒列。在鑑識科學界，使用指紋和法醫牙齒鑑定的歷史已經超過一百年，但基因分析要直到一九八〇年代才加入我們的工具箱。基因分析的實務應用，以及這項技術對刑事身分調查、親子鑑定爭議和移民議題產生的革命性衝擊，都必須歸功於萊斯特大學（Leicester University）的英國籍基因學家亞歷克・傑佛瑞斯爵士（Sir Alec Jeffreys）的前驅研究。

基因（DNA），又稱去氧核糖核酸（Deoxyribonucleic acid），是人體多數細胞蘊藏的基礎構成單元。由於人體的基因一半來自父親、另一半來自母親，我們能夠以此追溯直系親屬關係。常見的謬誤相信，從屍體上採集的基因，只要與家屬相比對，一定能夠相符。但在進行比對時，倘若我們認為死者的身分為某人，而某人也留下了基因樣本，就需比對屍體基因和基因樣本，或者與直系親屬（雙親、兄弟姊妹或子嗣）所提供的基因進行比對。假如死者有個失散的親兄弟，死者基因和雙親基因的相符程度，與這個兄弟和雙親基因的相符程度也會是同等。因此，如果我們比對家族基因，也要同時採用其他生物證據，例如牙醫紀錄，才能確定死者身分。

檢測雙親基因時，我們通常會盡量採用母親的基因，因為死者所謂的父親可能並非其生父。世上有各式各樣的家庭，有些家庭不認為生物遺傳關係是個祕密，但揭露血緣關係的真相也可能在其他家庭中引發不滿。因此在我們進行基因比對前，都要慎重其事地知會家屬。我那深具人生智慧的祖母常說：「妳永遠都會知道孩子的母親是誰，但只能憑母親的說法推測父親到底是誰。」祖母的話大概很貼切地描述了我的家庭。無論如何，在承受失去親友的痛苦時，沒有人希望再額外承受其他過於沉重的真相。

近年某一起超過五十人喪生的大規模傷亡事件，成為探討死亡事件和基因分析如何揭露家庭祕密的範本教材。一對姊妹相信她們的親生兄弟在災難中身亡，但所有接收意外事件傷患的醫院都沒有他的就醫紀錄。她們的這個兄弟音訊全無，同事或朋友也沒有接到消息；他的手機無人接聽，也沒有任何電話撥出紀錄；他的銀行帳戶超過一個星期沒有提款，更不曾使用過信用卡。

停屍間有一具四分五裂的無名屍體，符合該名男子的生理外觀描述，但基因與姊妹不符合。經過調查後，才發現這具屍體確實是她們的兄弟。她們卻不知道，或許連這名男子本身都不知道，他是在嬰兒時期被領養的——最後也由一名年邁的阿姨確認了這個祕密。這對姊妹必須同時面對雙重打擊：失去自己的兄弟，也發現他不是自己的親生手足。她們開始焦慮地思考手足的真實身分、她們與手足之間的關係，以及父母的誠信問題。

英國警方每年平均接獲三十萬名失蹤人口通報——每天將近六百名，其中大約半數會正式成為失蹤人口。在正式失蹤人口中，有百分之十一被列為高度危險，其中超過百分之五十年紀介於十二歲至十七歲之間，被歸類為「失蹤」和「離家出走」，其中大約百分之五十七為女性。感謝老天，許多孩子最後都回到家中，或被人平安尋獲，但還是有超過一萬六千名青少年「消失」一年以上。失蹤成人的統計數字則有所不同，近百分之六十二為男性，大多介於二十二歲和三十九歲之間。每年約有兩百五十人最後被發現死於可疑狀況中，孩童失蹤死亡的案例則低於三十件。

英國的失蹤人口調查中心隸屬國家刑事局，與國際刑警組織、歐洲刑警組織和其他國際調查組織互有聯繫。當某個人失蹤時，國際刑警組織會在一百九十二個國家發佈黃色通告，提醒當地警方注意。「黑色通告」則是在找到無法辨識身分的屍體時使用。我們會比對失蹤人口（死前）的生理特徵和屍體（死後）的生理特徵，以期找出對應的身分。

蒐集失蹤人口生理特徵的起點，當然是國家警方機構現有的基因和指紋資料庫。但是，除非失蹤者曾經引起警方注意，否則資料庫裡不會存有他（她）的資料（所有鑑識調查人員、警官、軍隊和其他組織也有資料庫，用於辨識身分，或比對犯罪現場分析資料，以排除嫌疑）。藉由國際刑警組織的協助，我們可以請求其他國際執法部門同意，讓我們搜尋其資料庫，但前提是我們要有理由相信此舉有助於調查。大多數國家不會保存一般大眾的基因或指紋紀錄，也沒有全國性的牙醫紀錄資料庫。除非你曾經在警方服務、從軍或者有前科，否則你的生物特徵不太可能登錄在資料庫中。

讓我們回到前幾段提到的案例，一位年輕白人男性死者，只剩下骸骨，而失蹤人口資料庫裡有一千五百位人選符合相關特徵。他陳屍在蘇格蘭北方的偏遠林地，一位男子在遛狗時發現屍體。當警方和一位法醫人類學家抵達現場，骸骨平攤在林地上，骨骸位置大致合理，但頭骨卻在腳邊。在骸骨的上方，一棵高聳的歐洲赤松樹枝上懸掛著連帽外套的帽子，帽中有一塊人類骨頭——脖子的第二塊頸椎骨。而赤松下的屍骨缺了一塊頸椎骨，兩者相互符合。因此，我們可以合理假設屍體原先被懸掛在樹上。當屍體漸漸分解時，脖子的軟體組織逐漸鬆弛，最後終於斷裂，身體掉落至地面。由於人體組織分離，導致頭骨落至不同方向，而頸椎骨留在帽子裡。

種種跡象都顯示，這不是一起可疑的死亡案件，很有可能是自殺身亡。無論基於何種原因，這名死者應該是爬到樹上，將外套的帽子綁在樹枝上後，便往下一跳。但我們必須找出死者的身分，才能妥善調查死亡真相，並且通知死者家屬。

現場沒有任何關於身分的間接證據，沒有錢包、駕照或銀行卡片。我們從骸骨中採集基因，但資料庫中找不到相符結果。屍體僅剩白骨，也無法採集指紋。我們的法醫人類學評估結果只能猜測死者是白人男性，年紀介於二十二歲至三十歲，身高為五呎六吋至五呎八吋左右。

我們從骸骨上找到一些舊傷口，在死者身亡時，這些外傷已經痊癒，包括右手邊肋骨有三道碎裂傷，右側鎖骨也有一道碎裂傷，而右側膝蓋還有一處碎裂傷。如果這些傷勢來自同一次意外事件，他很有可能就醫治療並留下相關紀錄。他也曾拔除四顆牙齒，包括上下顎的第一前臼齒。從其餘牙齒的狀況判斷，這四顆牙齒不太可能是自然掉落，而是由專業人士拔除。因此，某個地方的牙醫會有相關紀錄。但我們必須找到這位牙醫。

我們就是用上述的線索找出這一千五百名可能符合的失蹤人口。警方顯然不能仰賴如此模糊的線索開始追查這麼多人，否則會造成巨大的資源耗費。為了讓警方能夠調查，我們必須將可能的人選數字縮減至兩位數，甚至個位數。我們利用頭骨的輪廓為該名男子進行臉部重建。這道程序是科學和藝術的巧妙結合，但目標並不是完美重現死者的臉部面容，而是盡可能地趨近其生前的長相，讓可能認識死者或者見過死者的人足以辨識，找出更多準確的線索供警方追查。

死者重建後的臉部照片海報張貼在屍體被發現的地區，再經由報紙、電視新聞、失蹤人口協尋網站和國際刑警組織的協助而廣泛散布。英國廣播公司（BBC）的電視節目《犯罪觀察》（*Crimewatch*）報導這起案件後，幾項有力的線索也一一浮現，剛好都指向同一個人。其中一位來電通報者正是死者的母親，她剛好是這個節目的觀眾，臉部重建的結果使她想起兒子。這是她人生最大的夢魘。

我們終於找到了一個名字，能夠加快調查過程，從概略的身體特徵比對，升級到可能身分的確認。警方開始詢問該名男子的家屬，進行基因採樣。這位媽媽的基因檢驗匹配成功，她對兒子的生理特徵描述也與死者一致：白人，身高五呎七吋，最後一次現蹤時年齡為二十二歲，牙醫紀錄、家庭醫生備註、醫院病歷和X光片也都相符。該名男子在幾年前尚未失蹤時，曾參與過一場鬥毆事件，骨頭因而斷裂，並在醫院留下病歷。

沒有任何犯罪行為需要調查了。陳屍郊外的三年前，這名男子離家，向家人表示自己必須藏匿一陣子，因為他惹了事、欠了某個毒販一筆錢。他說要到北部去，叫家人不必擔心，他會沒事。這名男子死亡的地點一帶也有人認識他，當地人知道他離群索居，有飲酒和吸毒的習慣，但他在此地用了不一樣的名字縮寫。

一個年輕男子選擇結束自己的生命，是非常悲傷的一件事。我們雖沒有立場猜測或批評他為何自殺，但我們找回了他的名字，讓他的故事能夠為人所知，讓心煩意亂的家屬找到答案，並將他的屍體還給親人。我們很少給人帶來好消息，但我們以溫和、誠實而尊重的方式傳遞資訊，相信如此可以協助家屬展開接納與療傷的過程。

毫無疑問，倘若這位年輕的自殺者身上帶了身分證件，我們就能更快解開案件的真相。大多數的人通常會隨身攜帶能夠證明身分的物品，或至少能提供一個開啟調查的線索。至於其他沒有這種習慣的人，完整的人口基因資料庫或強制民眾攜帶身分證的政策，絕對有助於驗明正身。然而，公權力監視密度的加強已經頗具爭議性，讓許多人擔憂自己的公民自由和隱私權遭到侵犯。

我們認為自己的身分是私密的，但事實上，我們向所有互動的人都分享了諸多精密細節。有時候，公職人員會要求你提供身分資訊——我們法醫人類學家也會，只不過是在你死後才這樣做。

在一部寫於一九二六年的小說《死之船》（*The Death Ship*）中，男主角和一位執法人員曾經有過一段對話，足以總結本章內容。作者崔文（B. Traven）對於身分的概念有非常深入的思考，因為他本人非常神祕。他使用筆名寫作，而他的真實身分與生平仍然是熱門的爭論焦點。

「你應該準備證件，證明自己的身分。」警官如此建議我。

「我不需要證件，我知道自己是誰。」我說。

「也許吧。但其他人也想知道你到底是誰。」

第三章

家有喪事

若不能以認真的態度生活，
又何必認真面對死亡。

——山謬・巴特勒（Samuel Bulter）
作家（一八四五年——一九一六年）

威利姨公，攝於羅斯馬基海灘。

「妳過去看看威利姨公的狀況是否妥當。」

一句簡單的命令。父親離開房間時，隨興地說了這句話。他前往葬儀社的教堂，與母親、姊姊一起陪伴其他朋友和家人。

多年來，威利姨公一直都像我的外公，三天前，他過世了。我不認為父親是因為自己害怕而在詢問我的意願，他是一位老派的典型蘇格蘭男人，一絲不苟，曾在軍隊服役，當然不會害怕看見威利姨公的屍體。他也不認為女孩就應該倍受寵溺。考慮到我的職業，他可能理所當然地認為，我是最適合這個任務的人選。

我已經解剖過幾具屍體，也曾協助進行防腐程序，但我才剛滿二十歲，在解剖教室學習和實際面對一具剛過世的屍體截然不同，況且，死者還是我非常關心的親人。父親全然沒有意識到，我其實還沒準備好在葬儀社的會面室看見最親愛的外姨公的屍體，我當然也不知道他所謂的「妥當」是什麼意思。但他吩咐我，我們永遠都會遵守父親的指示——我從來沒有想過讓他知道，我其實不想這麼做。父親發號施令的神情，宛如軍旅生涯從未結束，唇上依然蓄著小鬍子，流露一股不能接受反駁的權威感。

從很多方面而言，威利姨公的存在意義都非常重大。他身寬體胖，性格開朗，享年八十三歲，頭上沒有任何一根灰髮。他親身參與了第二次世界大戰，卻像那個時代的許多男人一樣，對此隻字不提。他平常的工作是粉刷工領班，在因佛內斯較為富有的住宅區，替許多豪宅裝修華麗優美的屋簷。

威利姨公的妻子是克里斯汀娜，大家叫她汀妮。兩人膝下無子，一直都是他們的痛。外婆和汀妮是親生姊妹。外婆生下我的母親七天之後就過世了，威利姨公和汀妮很開心地照顧小嬰兒，讓她在充滿愛和歡笑的環境中成長。威利姨公和汀妮就像我的外祖父母，仁慈、關愛，而且對錯誤充滿寬容。

退休之後，威利姨公在因佛內斯當地的一間洗車廠打零工，賺點小錢。我還記得他站在洗車道，握著水管，他說自己的鞋子是「威利的威靈頓橡膠靴」。他太胖了，橡膠靴只能穿到小腿肚。他咬著香菸，臉上總是帶著笑容。不知道為什麼，他很喜歡彈舌，我們這群孩子無法抗拒他的頑皮。在家人的協助下，威利姨公在妻子罹患嚴重的失憶症、導致行動不便的關節炎、以及骨質疏鬆症期間，細心呵護重病的她。正如過往的家庭觀念，威利姨公相信照顧妻子是他的責任，從來沒有提過要將她送到醫院或療養院。

汀妮死後的每個星期天，威利姨公都到我們家吃中餐。如果天氣溫和，他通常也會和我們一起出遊。他出門永遠穿著三件式西裝、襯衫和領帶。他只有兩件西裝外套，平日穿著粗花呢西裝外套，另外一件則是最好的西裝外套，只用於葬禮。

有一張照片最能夠代表威利姨公對生命的熱誠，還有他散播的歡笑。照片攝於蘇格蘭黑島的羅斯馬基海灘，就在因佛內斯的北邊。當天氣候溫暖炙熱，我們擠進父親的汽車，前往海灘野餐。當時，父親的汽車應該是捷豹的3.8 Mark II，黑色和咖啡色相間的車身。這臺車是父親的驕傲和喜悅。

即使只是到馬里灣的海灘上吃三明治，威利姨公依然穿著整齊，就像要去教堂一般，身穿西裝和完美乾淨的鞋子。我們在乾沙上打開輕盈的金屬管花園折疊椅，請姨公坐在陰涼處，我們則到海灘較遠處布置地毯和餐物。當我們忙著擺放母親準備的美食時——一如往常，分量足以餵飽一支軍隊——身後傳來一陣嬉笑聲。威利姨公將身體完全塞入脆弱的折疊椅，不可小覷的體重壓倒細長的椅架，折疊椅陷入沙灘，開始變形。他的身體逐漸下降，他將手放在前額，做出致敬的姿態，彷彿一位船長揚帆而去，逐漸消失在海平面。他雙腳伸直，直到屁股著地為止。這張照片裡的他，因為這場愉快的鬧劇而大笑，你無法控制自己，只能和他一同歡笑。威利姨公的一生並不富裕，但他心滿意足。

倘若有機會，他肯定會因為自己的死亡方式而會心一笑。一個星期天的下午，他到我們家吃中餐，倒在餐桌上，彷彿只是突然睡著了。他的死因是主動脈瘤破裂，這是一種毫無徵兆的疾病，也是非常慈悲的猝死方式，但我的母親情緒敏感，因此而備受打擊。前一刻，威利姨公還一如往常地談笑風生，下一刻就突然走了。姨公和母親的餐桌運氣不好，他倒下的方式不甚優雅，臉部落在碗中的亨氏番茄湯內，彷彿他決定讓幽默的人生結束在酸澀的終點。

現在我們身在葬儀社，家人和朋友齊聚一堂，一起悼念一個世代的最後一人離開。首先，我必須深呼吸，收起少女痛失親人的情緒，完成父親的叮嚀，替威利姨公完成最後一個任務：確定他是否「妥當」。

我一直想像每個人在看見摯愛親人的屍體時，都會暫停片刻，仔細思量他們在世的種種一切，回憶過往，不會因為他們死後的模樣而受到影響。威利姨公總是善良溫和，充滿難以抗拒的正面能量，我從未聽見他口出惡言，抱怨任何人事物。這個男人讓我假裝賭馬下注、帶我到商店購買糖果、允許我協助他洗車——他是我在青少年時期純粹的歡樂來源，我唯一的悔恨，就是成年以後沒有好好認識威利姨公。

我還記得葬儀社會面室的燈光、喇叭低聲播放的讚美詩、花的芬香，還有淡淡的消毒劑氣味。木造棺材放在房間正中央的靈柩臺上，周圍擺放花朵。姨公的眼睛微微張開，等待最後一次闔上，讓他安心休息。

突然之間，猶如晴天霹靂，我才清楚明白父親要我完成的任務何其艱難。除非我確認威利姨公的狀況妥當，否則棺木裡的男人永遠不會下葬。威利姨公的屍體必須通過檢驗，我知道自己被委託重責大任，但我其實毫無頭緒。我不確定自己是否準備就緒，也不瞭解這件事情會對我造成多大的影響。

我走向棺木，邊聽著自己的心跳聲並看向棺木內部。但裡面的人不是威利姨公，我倒抽了一口氣。棺木的白色內襯包裹著一個身形較小的男人，他紅潤的膚色消失了，只剩下蒼白蠟色，也許還擦上了一層粉底霜。他的眼角魚尾紋消失，嘴唇發藍，而且不可思議地沉默。雖然他是穿著「威利最好的葬禮西裝」沒錯，但這個男人的生命精髓已經消逝，只剩下模糊黯淡的生理跡證，藏在曾經擁有獨特個性的身體空殼中。這一天，我終於明白，一旦生命遭到剝奪，我們原本駕馭的軀體在物質世界中就所剩無幾，甚至不如迴音或影子。

棺木裡的男人當然是威利姨公——至少是他留下的軀殼，只是他並非我記憶中的模樣。多年來，這次的經驗不斷在我的腦海中浮現。當我在一場致命災難發生之後，看到許多家庭梭尋在躺在地上的成列屍體中，焦急尋找親友的臉孔，或者盼望他們根本不在罹難者之列。我記得同仁會質疑家屬為什麼不認得至親的屍體，但我自己親身接觸死亡之後才終於明白，即使是自己熟識的親友，他們在死亡後的模樣也與在世時截然不同。死亡後的身體外表變化，無法單純地用血液循環終止、失去血壓、肌肉鬆弛與腦部停止運作來解釋；而是一種難以言喻的事物消失了——無論是靈魂、個性、人性，或是風采。

死者的外貌並不像電影中描述的一般，演員躺著靜止不動，彷彿陷入深眠。屍體中藏著一股虛無，用某種方式削弱了我們的肯定，無法辨識自己和死者之間的聯繫。當然，會發生這種現象的原因很簡單——因為我們不曾親眼目睹親人死亡的模樣。死亡就是死亡，並非深眠或者靜止。

回想當時，我無法理解自己為何不能認出威利姨公，並因此心煩意亂。我無法將認不出他的結果歸咎於嚴重的傷亡意外，或者他的屍體曾遭支解，因為他的死因並非意外事件，而是在喝我母親烹煮的番茄湯時死亡——蘇格蘭政府也沒有因此想要讓母親服刑。

我開始思忖，在因佛內斯這樣的小地方，每個人都認識威利姨公，正如我的父母，他們不太可能弄錯死者的身分，有人調換棺木中的屍體或從事不法行為的機率更低。威利姨公在此地出生、長大和結婚，最後也死於因佛內斯。負責處理葬禮的人是他的親戚，看在老天的份上，他不可能會出錯。棺木裡的男人絕對是他。即使腦中的理智知道此事，但他生前的模樣和死後的面容差異如此之大，依然令我費解。

在腦中最初的猶豫不安消失後，我開始察覺房間裡蔓延著一股平靜的感受。死者周圍的寧靜有一種特質，與鴉雀無聲或噪音戛然而止完全不同。這種安寧蘊藏著冷靜，讓我的恐慌憂慮也逐漸消散。當我瞭解到我認識的威利姨公確實已經過世後，就能坦然面對他的遺體，但我也明白我和威利姨公之間的關係，和我在解剖房中與屍體的關係需要有所區別。對我來說這些人只有一種形象，就是我當下處理的死者屍體，但威利姨公卻存在著兩種形象：眼前棺木中的生理形式，以及回憶中的鮮明人格。這兩種形象無法契合，也不應該契合，因為它們本來就不一樣。我記得的人是威利姨公，而在我眼前的只是他的遺體。

我的使命只是在威利姨公入土為安前，快速地確認棺木中的男人就是他，並按照他的意願，確定遺體入土前的穿著合適而時髦。但我年少的熱誠督促我妥善完成任務，於是我全心投入。我不知不覺地陷入一種自負的分析模式，足以登上《蒙提・派森的飛行馬戲團》[1]的節目，只是腳本中沒有死鸚鵡——只有死去的可憐老威利姨公。

倘若葬儀社的員工此時走入房間，一定會懷疑我瘋了，甚至請我離開，不要打擾死者的安寧。在過往歷史中，備受推崇的高地葬儀社裡從來沒有任何一具屍體，必須在下葬前進行如此嚴苛的檢驗。

首先，我要確認威利姨公是否真的已經死了；沒錯，這就是我的第一個任務。我檢查他的手腕和頸部動脈，再將手背放在他的前額，藉此檢查溫度。他的屍體已經放在葬儀社的冷凍室三天了，我究竟為何還會期待他的屍體還有任何生命跡象或者溫度？我不知道。我注意到他的臉部並沒有浮腫跡象、皮膚失色，亦未散發後期分解的臭味。我檢查他的手指和腳趾，確定屍體已經完全吸收輕量防腐液體（我承認自己擅自脫下他的其中一隻鞋）。我輕柔地撥開他的眼角，檢查角膜是否遭到非法摘除，再解開襯衫的其中一個釦子，查核身體有沒有任何不恰當的解剖痕跡。雖然我知道絕對不該忽視竊盜身體器官的可能性，但坦白說，在因佛內斯會發生這種事嗎？這裡根本不是非法偷取器官交易的黑市中心。或許，我最糟糕的檢查項目就是打開威利姨公的嘴巴，確定假牙還在。誰又會想要偷走威利的威靈頓橡膠鞋？只要你能細心呵護這雙鞋，歡迎隨時認領……。

我發現他的手錶停了，直覺地替手錶上發條，再將他的手放在大肚子上。我真的認為威利姨公躺在湯納胡瑞奇墓園時，會想要知道現在幾點，又或是思忖自己躺在棺材裡多久了嗎？為什麼？雖然這不可能發生，但倘若威利姨公醒來，沒有火把照明，也看不見手錶，我也沒想過替他準備火把，不是嗎？他的頭髮抹上百利髮乳，我將落在他臉上的亂髮撥開，輕輕地拍了拍他的肩膀。我在內心暗自感謝他，多年來慈愛地對待我。我回到父親身邊，清醒而理智地表示威利姨公一切都好，可以安心下葬。

那一天，我越過許多應有的界線，而且沒有太多邏輯可以加以解釋。回首當時種種，我現在當然能理解，死亡和悲痛會讓人的心智紊亂，做出詭異的行為。這是我第一次直面死亡，只能盡力面對。這個經驗也是我人生重大的里程碑，讓我確定自己可以分離理智和情感：如同對陌生人的屍體抱持的憐憫心態，我在檢視自己認識且深愛之人的遺體時，我也能夠管理自己情緒和記憶，同時以專業和公正的方式，毫無偏見地查驗屍體，不至於情緒崩潰。

我的悲傷並不會因此消失，但我知道分離理智和情感不僅有可能，也是我應有的操守。我應該為此感謝威利姨公，也謝謝我的父親，他單純地相信我足以勝任，也從未質疑我的能

---

1 譯註：*Monty Python's Flying Circus*，英國六人喜劇團體演出的電視節目，以超現實的方式諧仿英式生活而備受讚譽，在第一季第八集中，一位不滿的客戶和寵物店店主發生衝突，爭論鸚鵡是否已經死亡，並且陷入了文字遊戲的爭執。

力。我很高興自己成功了。

我的獎賞是父親的隨意點頭，代表他接受我的說法。從此刻開始，我已無懼死亡。

◇

恐懼死亡通常是因為未知而產生的合理害怕，像是超過個人控制能力之外的狀況，不僅不可知，也難以事先準備。四百年前的一位哲學家法蘭西斯・培根曾經引述羅馬時代斯多葛學家賽尼卡的名言：「死亡相隨，比死亡本身更可怕」（*Pompa mortis magis terret, quam mors ipsa*）。然而，我們自認為可以控制生命的想法，通常只是一種錯覺。人類最大的內在衝突和障礙，就在自己的腦海中，也就是我們面對恐懼的方式。連想要試圖控制無可控制的念頭，都可以說是徒勞無功。我們唯一能夠妥善處理的，就是如何面對和回應不可知。

若想理解畏懼死亡的根源，我們可能要將死亡拆解為三個階段：瀕死、死亡和死後。大多數的人相信，死後是最輕鬆的階段，因為我們接受已死之人無法復活，也明白擔憂無可避免的事物根本毫無意義。

對於死後這個階段的恐懼取決於我們如何看待死後的世界：相信各種天堂、地獄和靈魂救贖的人，他們的觀點可能會不同於相信死後將陷入長眠的人。死亡是人類真正尚未探索的終點站，就我們所知，也沒有回程票。沒有任何一位死而復生的人，能夠提供可靠且能夠檢驗的科學證據，足以證明他確實抵達死亡世界。當然，偶爾也會有據說已經死亡的人，再度重新開始呼吸的事蹟，但地球上每一天都有超過十五萬三千名的死者，我不認為「死而復生」的樣本數量在統計學上有價值，這些案例也缺乏真正的科學理解。

我們都聽過瀕死經驗的故事被描繪成神祕事件，例如漂浮、超越身體之外的感官知覺、明亮的隧道光線、過往人生的種種畫面，以及平靜的感受等。這些故事讓我們誤以為自己能夠理解死亡，甚至反抗死亡。而科學提供了另外一種解釋：如果體內的生物化學產生相對應的變化或神經受到特定刺激，進而影響腦部活動，就能正常地解釋所有的瀕死現象。右顳頂交界區受刺激時，會產生飄浮的感覺與宛如靈魂出竅的輕盈感。鮮明的畫面、錯誤的記憶，以及浮現過去真實事件，則是因為神經傳導素發生波動，與腦部下視丘、杏仁核以及海馬體產生互動的結果。腦部缺氧和二氧化碳濃度提升，造成視覺上的幻覺，以為自己看見鮮明的光亮和隧道般的視覺效果，同時產生幸福和平靜感。

腦部前顳頂的迴路若受到刺激，可能會讓我們以為自己死了——如果罹患罕見的「科塔爾症候群」[2]精神失衡症狀，甚至會認為自己失血、體內器官消失，或者身體正在腐爛分解。

---

2 譯註：Cotard syndrome，一種相當少見的妄想症，患者雖然意識清醒，但認為自己已經死亡。一八八〇年，法國神經學家科塔爾提出這個病徵，但此症狀的病歷非常稀少，醫師的判斷和分析也尚有爭議。

相較於生物學和化學邏輯，人類更傾向相信神祕或超自然的解釋。江湖術士或者招搖撞騙的假占卜師就是藉由這種心理條件，讓脆弱的客戶相信他們編造的幻象。

人類最大的恐懼似乎來自於我們如何步向死亡——也就是「瀕死」的過程。這個階段可能只有短暫一刻，也或者長達數個月，從我們知道死亡即將降臨，到真正失去生命為止這段期間，讓人痛苦且不安。我們究竟會用什麼方式迎接死亡？疾病？因為意外或暴力行為而瞬間致死？或者單純地消逝？簡言之，我們會不會受苦？誠如身兼作家與科學家兩職的以薩·艾西莫夫（Issac Asimov）所說：「生命是歡愉，死亡為寧靜，從生至死的轉變才是痛苦」。

我們能夠和威利姨公一樣幸運，在家人的陪伴之下，突然以毫無痛苦的方式，撞上一碗溫熱的番茄湯，結束長久、快樂且健康的一生嗎？他不怕死亡，因為他不知道死亡就要降臨。我認為這是完美的死亡方法，我希望自己深愛的每個人都能如此幸運。短時間內，這種死亡方法確實會讓死者家屬飽受打擊。我的母親根本沒有時間做好心理準備，失去實質意義上的「父親」，也無法武裝自己，面對悲傷的過程；威利姨公的死亡方式出乎母親的預料，而且毫無前兆。然而，從長期的角度來看，遺留在人世的親族朋友，最後總是欣慰地認為，至少死者承受的生理和心理痛苦最低。

熱愛美食的開朗外姨公在午餐時過世；園丁在施肥時因為心臟病發，臉部著地而身亡……死亡和黑色幽默已經是老搭檔了。死亡恣意的反覆無常雖然很少讓人會心一笑，卻讓失去親友的人，能夠用一種特別的方式面對悲傷。人生中冷漠的諷刺有時更為殘酷。例如驕傲獨立的男人因為害怕無法安享晚年，而將自己關入冷漠的照護中心；肝臟病理學家死於肝癌；恐懼孤獨死亡的女人在醫院病床上去世；這些都是降臨在我朋友和家人身上的命運。

我深愛的奶奶是一位真正的高地人（*teuchter*）——說凱爾特語的蘇格蘭高地人——她深信未卜先知。她經常提到自己的祖母能夠預測到她們西岸小社群中的某個人正在走向「人生的終點」（*caochladh*），因為她夢見了那個人的葬禮。因為曾曾祖母認得葬禮上最主要的喪親家屬，所以知道自己預見了哪一位死者。

曾曾祖母的其中一個故事主角是「住在峽谷的凱蒂」。凱蒂是祖母的遠親，曾曾祖母在夢境中看見了凱蒂的送葬隊伍，由凱蒂的先生亞歷克所引導，所以知道凱蒂即將過世。曾曾祖母的預言讓所有人都有些驚訝，因為凱蒂並不年邁，身體也非常硬朗且精力充沛。隨著季節由春入夏，曾曾祖母非常堅持己見，甚至警告凱蒂的末日即將到來：在夢境中，曾曾祖母看見人們開始挖掘土壤中的泥炭，代表夏季就要到了。每一天，可憐的凱蒂都受到密切關注，日復一日繼續做事，毫無怨言，也沒有生病的徵兆。挖掘泥碳的時間到了，凱蒂和大家一起將泥碳塊搬到田邊，準備靜置風乾，再用牛車拉回小農莊。那裡的蚊子必定兇猛無情，粗重的工作也會讓人腰酸背痛。

沒有人知道，那一天的那頭高地牛為什麼會失控，但「住在峽谷的凱蒂」被困在狂暴的牛和乾石牆之間，遭到嚴重的衝撞而死。正如曾曾祖母的預言，送葬隊伍在那個夏天前往墓園時，亞歷克走在凱蒂的棺木後方。我的奶奶向來非常調皮，如果這是她捏造的故事，我也毫不意外。若是她所言為真，我的家族中過去必定有人被當成女巫而遭到火刑——特別是幾位紅頭髮的先人。像這樣的迷信故事，塑造出與死亡相關的謬誤觀念背後無法控制的一部分根基系統，同時也催生了令人脊椎發寒的恐怖故事，嚇壞在冬夜圍繞著火堆的孩子們。

我祖父母那個世代的人，死亡的年紀通常比現代人早，父親那邊的祖母是我唯一有機會認識的祖父母輩，也是我生命中最重要的人，她是我的老師、朋友和知己。在沒有人願意相信我的時候，她相信我，也瞭解我；如果我需要成年人的建議、對話，並在踏出離開父母的每一步需要肯定時，她永遠都在。即使我只是個孩子，她依然用誠實的方式對我述說生命、死亡和逝去。她無懼死亡，這點讓我經常思忖，她是否也預見了自己的死亡。我依然記得，在某次深夜對話中，我的思緒變得清晰，突然明白奶奶不會永遠都在，這個事實讓我悲傷且恐懼；我不想失去她。

奶奶深邃的黑色眼睛堅定地望著我，用凱爾特語說我只是「傻里傻氣」（*faoin*）。即使她到了「彼岸」（她習慣這麼說），也絕對不會離開我。她甚至發誓會永遠坐在我的左肩膀上，如果我需要她，只需要側耳傾聽。我從未懷疑過她，也不曾遺忘她的諾言。我人生中的每一天都有著她的諾言陪我度過，引導我的生活。在思考時，我依然會不自覺地將頭往左傾；如果有需要，也可以聽見她的聲音給我建議。我現在已經不知道，這對當時被嚇壞的小女孩來說究竟是仁慈還是詛咒，倘若沒有死去的祖母，我在成長過程中享受更多的樂趣。祖母曾多次阻止我做出某些事，我雖明知不可行，但內心依然渴望。有些人會說這是良知，但毫無疑問地，我的良心小蟋蟀會是以奶奶輕快的蘇格蘭高地口音對我說話。

在同一次的對話中，奶奶也要我承諾，等到她離開的時間到了，我必須照顧好父親，因為父親是她唯一的孩子。她說，沒有人應該獨自走入死亡的大門。她會在另一個世界等候父親，但我必須陪伴父親走向生死的分界處。我從未質疑如此奇怪的要求——縱使當時的我只有十歲。我也不曾問過，為什麼母親不會在父親身邊；而事實也證明了她確實不在。難道已經去世多年的祖母，早就預見父親會是他那一輩最後死去的人，只有下一輩能夠照顧他？

我們不會孤獨面對死去的過程，但抵達死亡的大門之後，我們必須自行穿過生命的分界處。神話、預言和文明會向我們傳遞各種觀念，讓我們理解死亡，知道死後的世界會有什麼。但是究竟有何證據，足以證明你我迎接的死亡世界確實如同它們的描述？死亡是一種何其親密的個人轉變——我們所知、所屬、所理解的萬物都會結束，沒有任何教科書或者文本能讓我們做好準備。死亡降臨時，我們只需要親身領悟。

我的祖母死在冰冷的醫院病床上。她的菸癮很重，因為胸口疼痛而接受肺部檢驗手術，當他們切開祖母的胸膛後，發現肺癌細胞已經四處擴散蔓延，根本無法處理，只能迅速地縫合傷口。我知道奶奶當時不想用這種方式離開人世，然而，她的肺癌病情如此，已經沒有其他選擇，只能在醫院的病床上度過最後的時光。她沒有機會待在家裡，迎接舒適和寧靜的死亡。還是孩子的我們，不被鼓勵前往醫院探視，所以我再也沒有見到奶奶。在我人生中，這個悔恨一直如影隨形。但願我能夠和她說最後一次話，聆聽她訴說自己的瀕死和死亡歷程，學習她的智慧。

因此，這就是我第一次的死亡經驗，在十五歲時，我失去了全世界對我意義最重大的人。父親知道我和祖母之間的關係十分特別，問我是否想要到棺木前見祖母。我非常受傷，又恐懼見到毫無生氣的屍體，因此決定拒絕父親——我母親因此鬆了一口氣，她一開始就對父親的詢問感到十分不悅。我同樣因此感到苦澀的後悔，而無論是她即將離開人世，或她死後下葬之前，我都沒有機會與祖母獨處最後一次，這也成了我巨大的悲傷來源。或許，這個經驗也解釋了我在面對威利姨公屍體時的過度反應。

我們唯一能做的，就是歡慶祖母的生命——老天，我們真的是盡情狂歡。母親不斷地烹飪，直到櫥櫃中再也沒任何食材，眾人暢飲威士忌和雪利酒，客廳的窗戶敞開，讓祖母的靈魂飛翔。我記憶中的最後一個畫面，是牧師在前花園跳著蘇格蘭八人圓舞，音響宏亮地播放音樂。我們舉辦了一場精彩的派對，祖母肯定也會非常享受。我思忖著，奶奶是否覺得自己會遇到上帝。雖然我們會上教堂，也嚴格遵守基督教的生活價值，但我們並非信仰虔誠的家庭。我記得奶奶和當地牧師玩牌時，也曾有過激烈的哲學辯論；當牧師正在努力思考時，奶奶就趁機換牌。

她曾經如此堅定相信著死後還有另外一個世界，我也滿懷希望地等待奶奶回來，告訴我另一個世界的模樣。悲傷的是，她從來不曾回來。

第四章

當死亡近在身邊

有時候，人總要等到某個時刻成為回憶後，
才會瞭解它有多重要

——希奧多・蘇斯・蓋索（Theodor Seuss Giesel）
作家、漫畫家及動畫藝術家（一九〇四年——一九九一年）

攝於一九五五年，我的父母親，
亞拉斯達・甘恩和伊索貝爾・甘恩的婚禮。

幾乎所有人都在親身面對死亡之前，就先與她有間接的近距離接觸，而這些經驗會深刻影響我們對死亡的恐懼、態度，以及如何認定「善終」。對大多數的人而言，如此私密且感同身受的死亡經驗第一次對我們產生深刻的影響，通常都是來自父母的死亡。

成年以後，處理雙親的臨終和死亡過程，就會成為我們的責任，他們將我們帶到這個世界上，而自古以來，子嗣就背負著埋葬父母的使命，而不是白髮人送黑髮人，此乃萬物的自然法則。時至今日，人類壽命愈來愈長，家庭組織也更為複雜，多個世代的家族成員同時共存，是愈來愈普遍的現象。如果第二代的「孩子」已經七十歲，處理祖父母和父母死亡事件的責任，可能就會落在第三代子嗣身上。無論情況如何，這份責任將迫使我們理解死亡的真面目，通常也會讓我們的孩子首度接觸到死亡。當我們失去父母，我們也會意識到自己正在衰老，直接地理解自己的生命有限。

大多數人成長的文化和時代中，往往沒有人喜歡討論死亡，唯恐吸引她登門拜訪，所以我們難以得知摯愛的親人希望用何種方式迎接死亡，我們又應該如何做好準備。我和先生湯姆經常討論我們的父母親之中誰會先走，誰又會最長壽，我們開玩笑地說：「嘎吱作響的門最耐用」，意思是看起來最體弱多病的人總是活得最久。但這種討論不是病態的小遊戲，而是在為長者的晚年生活做規劃，設法盡可能地維繫他們的尊嚴和獨立。最後，我們的預測都錯了。我和湯姆認為我的父親會先走，他卻比另外三位多活了好幾年——連他自己都承認，唯有好人不長命。

我害怕自己的父母死亡嗎？老實說，我不知道。我想，除了父母憂懼自己將死而承受負擔之外，我並不擔心他們的死亡或死後的生活。我認為他們的消逝實屬無可避免，所以必須務實地計劃如何處理。我並非冷漠無情——我愛我的父母，也誠摯地希望他們可以擁有最健康且快樂的長壽人生——但死亡是必然之事，我們必須做好準備。

我的母親是突然病倒的。當時我正參加為期一週的警方訓練課程，父親來電通知我，母親已經被送往醫院了。正如我所預期，父親完全無法提供任何實際有用的資訊。在我完成授課內容後，從鄧迪驅車趕回因佛內斯。A9公路非常壅塞，路上全是貨車、拖車和觀光客，這段旅程漫長、孤獨且令人沮喪，因為我必須盡快趕往公路的盡頭，又不能冒著失去駕照或者生命的危險。

抵達病房之後，母親見到我的第一句話是「妳終於來了」。她一直都非常害怕自己生病後，沒人願意照顧她，讓她感覺自己被拋下。母親終其一生都在照顧別人——在成長過程中，她照顧自己的阿姨和姨丈，長大成人以後照顧丈夫和家人——卻對自己的價值毫無信心，無法理解她在我們心中豎立了何種典範。現在，照顧她成了我的責任。母親年輕時曾因肝炎而受苦，她的肝臟現在逐漸停止運作，其他器官也開始失能：腹膜累積的腹水變成嚴重的問題，膽紅素的濃度提高，造成黃疸症。母親年事已高，根本不可能痊癒。

母親從來無法順利地從「母親和小孩」過渡到「母親和成年子女」的相處模式，或許是因為我們成年之後，不曾和她有過深刻的對話。因此，在我成年後，她並不太瞭解我，認為我有時過於難以捉摸，不願分享她的恐懼和希望。我們的家庭關係並不會彼此坦承、暢所欲言分享彼此的心事，母親認為，向任何人討論自身需求是一件羞恥的事。汀妮和威利完成了不起的職責，成功地養大了一個失去雙親的小女孩，她受到如此無微不至的保護，成為一個高度依賴他人的女人。相反地，我繼承了父親和祖母嚴謹而獨立的生活方式，我很清楚母親認為我難以接近和理解。然而，母親也明白如果有壞事發生，她永遠可以來找我，我會理性務實地妥善處理。

現在，面對母親身體急速惡化的情況，我認為她不希望我用試探的方式了解我究竟該替她做什麼或不做什麼。她表達了自身意願，不希望用任何醫學方式延緩死亡，也不要求我協助她延長壽命。母親似乎已經接受自己命數將盡，找到一種私密的方式適應死亡，沒有悔恨，亦無不切實際的期待。我直覺地相信，母親一如往常將決策權交給了我，只是這一次，我處理的是她生命的終結。父親和姊姊鬆了一口氣，他們不希望承擔如此重責大任，我竭盡所能地處理母親的生命走向結束的階段，以及死亡和最後的儀式。我樂意承擔，雖然心情沉重，卻也非常自豪。這是一位心懷感激的女兒在此生此世能為慈愛的母親所做的最後一件事。

我還記得自己堅決地向家庭醫師表示，即使有需要，我也不希望母親接受心肺復甦或者點滴治療，也不要讓母親的名字登記在器官移植等候清單中時，醫生臉上放鬆下來的表情。器官移植責無旁貸地提供延長病人生命的機會，成為許多家庭的最後一絲希望，但實際上，我和母親都非常清楚，根本沒有任何務實的希望可言。倘若這些措施真有任何效果，也只是延長母親死亡的過程。器官移植可以嘉惠更年輕的病患，如果母親接受器官移植，我們會感到良心不安。我很確定母親的想法，因為她在過去早已表明立場，認為器官數量非常稀少，移植至老年人身上是一種浪費。

我順利讓母親在過世的前一天晚上回家，躺在自己的床上。母親因此費盡力氣，身心俱疲。她害怕自己遭到插管治療，需要協助才能適應。我還記得自己問她，倘若角色互換，變成我需要幫助，她是否也願意為我做一樣的決定。她憤怒地駁斥這個問題——因為她絕對會這麼做。雖然不情願，她也終於被迫承認，雙親和孩子之間，角色有時候的確需要互換。隔天我將母親帶回醫院，她已經不可能再回家了。她需要的緩和醫療只有醫院能夠提供，又或者，是英國的健康醫療系統文化讓我如此相信。無論如何，我同意讓醫院以藥物緩和死亡的痛楚，並讓醫師和護士進行密切接觸的照護工作，這些是母親以往不願讓任何人、更別提陌生人進行的行為。

我或許擁有極大的決策權，能夠將母親的意願告知醫療團隊，但只有他們才能決定母親死亡的步調，以及她和周身世界的牽連程度。陷入負面思考時，我責備過自己讓母親孤獨地待在醫院。一開始，母親的朋友還會到醫院探視；但母親的反應愈來愈少，他們也逐漸減少探訪的頻率。我相信母親寧願待在家裡，在人生最後的時光得到親人朋友的愛護與照顧，但父親無法適應那種情況，當時的家庭護理水準也無法與現在相提並論。

在忙碌的生活中，我們的內心會混淆了自己該做的事情、必須做的事情，還有渴望做的事情。到最後，大多數的人可能都覺得自己完成的太少，或者應該嘗試看看其他方法。沒錯，我有丈夫、孩子，以及遠在兩百英里之外的高需求工作，但我只有一個母親——她永遠缺乏自尊，雖然仁慈熱心，但內心本質依舊悲傷、孤獨且不滿足。因此，我後悔單純地接受「常態」安排，讓她待在醫院接受照顧，並在我缺席的情況下，讓其他人探望她。今天的我會採取不同的處理方式嗎？也許吧，但都只是事後之見和經驗累積過來的想法。老一輩的家人相繼過世，我認為自己變得更善於處理所有過程。熟能生巧，至少俗話都是這麼說的。

母親第一次入院治療到過世，只有五週的時間，我和女兒們每個週末都會在小巧緊密的家庭舒適圈中，竭盡所能地找時間和母親相處。倒數第二次探視時，母親陷入了昏迷。我向母親說，我們下個星期還會來，請她務必堅持到那個時候，雖然我根本沒有信心她能夠撐到那時。我希望母親配合我們的行程，修改自己的死亡時間，何其傲慢自大！在當時，我認為這句話是對的，因為我想要鼓勵她，讓她有一個可以期待的目標（太瘋狂了，她就要死掉了），但我不禁思考，自己是否只是在延長母親承受的苦難和孤獨。如此輕率不體貼的想法讓我全身顫抖。我非常羞恥，竟然放縱自己固執的性格，認為母親可以控制死亡，但她只能服從；我理所當然地認為，那句話對母親有益，然而實情並非如此。或許我太過苛責自己，但始終沒有人能說服我相信，母親並沒有因為我說的話而逞強撐到我們最後一次探望她時才過世，不然她本來可以更快歸於平靜的。

醫院的病房沒有溫暖、愛、個人特色和記憶，是個毫無生氣的環境，讓瀕死之人和摯親友人試著做好準備，迎接最私密且不可逆轉的重要時刻。我在下一個星期六最後一次見到母親在世的模樣。我帶著次女與么女一起，在那個下午與母親共處的時光並未受到他人打擾。我確定這是她們最後一次道別的機會，我不希望她們和我一樣，在成長過程中有所遺憾，錯過與祖母相處的最後寶貴時刻。

我的母親在邊間的單人病房裡，陷入嗎啡造成的昏迷，已經離開了我們。但她真的不在了嗎？她的安寧護理師僅止於公事公辦，態度完全不是冷酷或怠忽職守，但也沒有對我母親與我們展現出同理心或是體諒。她有工作要忙，而我們幾乎顯得無關緊要。

我們的二女兒葛蕾絲當時十二歲，被如此缺乏同情心的表現惹得怒不可遏。她始終保持著這股脾氣和正義感——事實上，我們這像隻聰明小猴的女兒正是拜這樣的個性所賜，也當上了護理師。接觸死亡是一種高強度的經驗，能夠使我們改變自己的態度，甚至連人生的方向也因而轉彎。葛蕾絲充滿理解體諒的精神，心胸寬大博愛，這些特質都恰恰讓她成為了她的外婆在彌留之際應當遇到的那一種護理人員——也是所有的家屬都有資格期待的。她不害怕在病人臨終時坐下來握住他們的手，提供安撫與勸慰，沒有絲毫虛偽欺瞞。溫柔與誠實，難道不正是我們面對疾病、痛苦或死亡時都希望得到的待遇？近來，她考慮選擇臨終照護專科，我並不感到意外。如果她下了這個決定，眼前將會是一條令人心碎的路，但我知道她會為了自己職掌下每一個病人的尊嚴而努力奮鬥。她的外婆一定會像我們一樣以她為傲。沒錯，葛蕾絲就是我們的慈悲天使——雖然她目前染了藍色頭髮，恐怕會嚇壞一些可憐的病人。

腦電波圖研究發現，我們失去知覺或是死亡的時候，聽覺是最慢消失的感官。因此，臨終照護人員對於病人周遭的談話內容謹慎把關，家屬跟昏迷中的患者說話也是受鼓勵的行為。最後的那個週末，我們決定不該讓奶奶離世時只聽見一片靜默和間歇的耳語哭泣。我們不要垂頭喪氣，我們要效法《真善美》裡的馮崔普家：我們要來唱歌。

雖然回想起母親的死仍然令我悲傷痛苦，但是那奇異的一天留下的記憶，至今還是能逗得我家女兒們開懷大笑。我們排練的歌單包括迪士尼的熱門電影歌曲、若干聖誕歌曲（雖然當時正值盛夏）、我母親最愛的音樂，還有一兩首老派的蘇格蘭短歌。每次醫生或護士進病房來，看到我們三個人鬆鬆散散地大聲唱出五音不全的曲子，總是微微一笑搖搖頭。他們臉上的表情讓我們的歡笑升級得近乎瘋狂，整間病房裡洋溢著愛、笑聲、光明與溫暖，還有噪音。醫院對人的精神來說是個很不健康的地方，為這種地方帶來多一點笑聲絕對是好事。我們沒有神職人員的宣講，沒有悲痛的友人致哀——只有她的「姑娘們」開開心心陪在她身邊，表現出身而為人自然的模樣。

死亡終究是人生中再正常不過的一部分，在西方文化裡，我們有些時候習於遮掩迴避，但我們其實應該擁抱它、歌頌它。有時我們出於好意，想要保護孩子不受殘酷的現實所傷害，但也許我們應該為他們做好準備、面對這樁總有一天會降臨的大事。我知道並不是所有人都贊同這套哲學，但對我而言，讓我的孩子到場參與這段經驗是很重要的，不只是因為她們可以藉此向外婆道別，更是為了讓她們日後要照料自己的父母時也能知道，搞笑扮傻無傷大雅，比起心碎的淚水，我們更想享受笑聲與歌聲。也許有些人認為在母親臨終的病床邊高唱〈多佛的白海崖〉和〈莫推奶奶下公車〉是大不敬之舉，但我想先母應該十分樂在其中。

把經典名曲唱完一輪之後，我們都累癱了。我們陪病的期間，我母親絲毫沒有動作，但我們還是握著她的手，為她沾潤嘴唇、梳理頭髮。當道別的時刻終於來臨，我們的眼淚才禁不住地一湧而出。我的女兒說完再見以後，我請她們留給我一點時間，讓我跟母親獨處。可是，我發現自己連一個字也說不出來。我無法對她說我愛她、我會思念她，甚至擠不出話來感謝她。雖然我明白父母對我的愛，但我的雙親都不曾跟我說過他們愛我。表達這種情感的方式在我們家的語彙中從來不存在，我們家人相處時的態度一貫閉塞，吐露衷情的表現對我們而言太過陌生。而且，我害怕我一旦開口，就會聲淚俱下、哭得停不住，我一點也不想讓女兒們看見我悲痛的模樣。我的角色應該是家中強壯的支柱。

於是，我就只跟母親說了聲再見，然後關上病房的門，讓她獨自走完最後的旅程。這是我最感後悔的決定。如果我能回到過去，我會讓那次告別的過程徹底不同。雖然我永遠都會覺得自己應該在她身邊留守到最後，但我擔心我們如果不走，她會為了我們而繼續撐著。我必須放手讓她走，而在當時的我看來，我非得離開現場才做得到。

僅僅兩個小時後，我剛走進家門，醫院就打電話來通知我母親過世的消息。她的死亡發生得有多快？她是在等我們走了之後才撒手嗎？或者她在我們離開後的寂靜中還孤伶伶地躺了一會？也許她很高興我們唱完了歌、終於安靜下來。我懷疑實非如此。最後的片刻之中，她在病房裡是一個人待著，還是有個好心的護士來陪她？嗎啡的藥效真的讓她平靜而毫無知覺地離世了嗎？

這些問題的答案，我永遠也無法得知。我只能確定，雖然她無法依自己所願，躺在自家床上、在家人簇擁之下撒手人寰，但我們已盡力而為。我深深希望她理解。不論我們做過什麼計畫、什麼承諾，病痛和死亡總是喜歡攪亂我們原本的目標。

要陪在臨終者身邊送完最後一程，可能比我們想像的更困難。你或許全天候守在親友病榻前，對方卻在你小睡幾個鐘頭或出去喝咖啡的時候嚥下最後一口氣。死亡有自己的工作時間表，不會配合我們。

湯姆和我讓女兒們自己決定要不要在外祖母的葬禮前見她最後一面。我們不希望她們一輩子帶著對未知的恐懼，或是覺得自己沒有機會好好接受她的去世。她們三個像法官一樣圍成一圈討論，最後決定她們都想看看外婆。貝絲當時已是二十三歲的成年人，但葛蕾絲和安娜分別只有十二歲和十歲。葬儀社的房間裡十分安靜，棺材的上蓋敞開——關於威利姨公的記憶湧上心頭，不過我很高興地跟各位報告，這回我表現得體。

那一天讓我我學到，我應該相信我的女兒們堅強、高尚、有禮的性格。我退到後方，讓她們第一次與死亡面對面。她們都說外婆變得好小好小。一如往常，安娜是第一個行動的。這個小傢伙天不怕地不怕，會爬上公園裡最高的攀爬架，靠一隻手吊著，同時對地面上的人熱情揮手，外婆生前總是被她嚇得差點心臟病發。

安娜靠近棺材，拉起我母親的手輕輕撫摸。此時再也不需要其他言語。發自於愛的碰觸，對死亡毫無畏懼。外婆走過了垂死的時光，已經死去，現在是個死人——這些概念在她們的心中都很清晰明確。她們坦然接受了生命的終結。她們知道自己腦海裡那一籮筐的歡樂回憶就是最好的紀念品，也明白了「善終」是怎麼一回事。

在我母親死後，我父親的表現依然是異乎尋常地疏離。他從不曾提議幫忙安排後事，或是替我分擔——他幾乎像是完全被動地任由這一切在他周圍發生。他和我母親結褵五十年，卻沒有顯出多少哀慟之情。當時，我認定這是他天生的內斂個性加上突然的震驚所致。

事後回想，我相信他的失智症在當時就已產生影響，只是我母親生前一直替他掩飾，為他的健忘與異常行為找藉口開脫。他不久後便發病，生命被病魔消耗殆盡。我想，在母親傳統且肅穆的葬禮上，他只是照章行事，我不知道他是否真正了解狀況。他的病徵很明顯，但死亡帶來的繁冗程序和內心的悲傷讓我們忽視了徵兆。又或許我們是選擇視而不見。他沒有分享往日回憶、沒有落淚，一切對他而言好像只是例行公事。儀式結束後，他和親戚朋友輕鬆閒聊，彷彿那是一場婚禮，而不是他終身伴侶的葬禮。

我母親生命的最後時光幸運地一晃而逝，但我父親的病程痛苦而漫長，如果他能選擇，他肯定會想要以別種方式度過人生的末段旅程。事實上，如果他知道自己面對的是什麼命運，我認為這位直來直往、從不矯情的蘇格蘭男子漢絕對會帶著獵槍走進我們家後面的森林裡，一了百了。我記得我當時常常想著，對他而言最仁慈的死法，就是修繕屋瓦時從屋頂跌下來。但實際的情形究竟是令他難受，還是令我們其他人不好過？那些眼看著阿茲海默症病人被奪走記憶與身分的旁觀者，所背負的傷痛又比患者本人沉重多少？

當他孑然一身，母親無法再為他插手掩飾，他那些看在我們眼中實屬反常的行為便暴露出來，成為他生活的現實。他咒罵那些在他想像中闖進家裡偷鑰匙的男孩。他叫我的女兒們保持安靜，以免吵醒外婆，但那時她已經去世超過一年。種種徵兆逐漸浮現，在起初的階段，你得設法調適。

我們很少能靠計畫來面對失智症，只能勉力應付。湯姆和我遇到新的問題，就提出新的解法。我的父母從一九五五年起就住在我們家那棟房子裡，雖然我們多次試圖勸他們縮減居住空間，但我父親總會眼神發亮地說，等他們不在了，我們再負責把家裡清乾淨。我們現在也不能要他搬家。我們安排了一位看護，每天上門三次，檢查他有沒有好好吃飯（我們訂了送貨到府的餐食，只需要加熱）、人身是否安全、有無妥善保暖。幾乎每個週末，我們都開上來回兩百三十英里的車程去因佛內斯，幫他整理房子、換床單、洗衣服和購物。

危機會迫使你面對現實、做出重大而困難的抉擇。在一個酷寒的冬季早晨，蘇格蘭北部警察隊的一通電話就帶來了這樣的危機。警方打電話找我時，通常是要討論案件，但這次是私人事務：我父親在一間安養院外面被人發現，身上只穿著運動褲和T恤，當時是清晨五點鐘，氣溫零下十度。警方以為他是從安養院跑出來的，就把他帶了回去，但對方說他不是住戶。他們讓他暖暖身子，給他餅乾和咖啡，試圖從對話中得知他的身分和住所。顯然，他的神智還夠清楚，能夠帶他們回到家裡。他們發現房子門戶洞開，廚房牆上有一張電話號碼清單，是我那踏實可靠的母親生前釘上去的。那條俗稱「地獄之路」的A9公路，不論你上上下下開過幾次，都還是一樣漫長，沿途的測速照相機也一樣多。

很明顯地，獨居對他來說已經不再安全。這個在我年少時還健壯固執的男人，現在需要由專門機構照顧了。

我記得，還小的時候，我母親的阿姨蕾娜「癡呆」了，或者照我爸的說法是「秀逗」了。她因為重度失智而住進克雷格．杜南醫院（Craig Dunain Hospital），他每週都去探視她。她完全無法做出反應，也不認得他了，但是木訥寡言的他還是每次都去陪她坐著、對她說上好幾個小時的話，她則前後搖擺身體、不斷將食指和拇指輕輕互相摩擦。有一天，我問他為什麼還要大費周章去探視，他的回答頗有乃母之風，讓我震驚得無法忘懷。「我們怎麼知道她聽不見我們的話？」他說，「我們怎麼知道，她會不會只是被困在自己的腦袋裡，沒辦法對外溝通？我們怎麼知道她會不會寂寞和害怕？」他不願冒險，所以在我母親不忍看到蕾娜的病況時，他還是去探望她、跟她說話、讓她有人作伴。我父親的這一面徹底出乎我的意料。因此，當失智症找上他，我也始終相信，原本的他可能還在，正惶恐而孤獨地受困於自己的腦海中。

我父親活到將近八十五歲，在他的殘年之中，我們看著這位身高六呎的大漢萎縮得愈來愈小，軍人般整齊的鬍鬚、外八字的雙腿、堅實的胸膛和驚人的嗓音都一點一滴緩緩流逝，直到他最後整個人都消失不見。在疾病的摧殘下，他早期階段令人難過的暴怒情緒逐漸平靜下來。我們讓他住進一間安養院，和我們位於斯東希文的家在同一條路上，只隔五分鐘路程，有差不多兩年的時間，我們這個小家庭的成員是他唯一的友伴。他的老朋友因為路程太遠無法過來，而且他也不記得他們了。我們家的新手護士葛蕾絲最常去看他，因為她在那間安養院打工。我們猜想這份工作的經驗可能會讓她改變職涯選擇，但她的決心似乎反而更加堅定。

我們跟他一起度過兩個夏天、兩次聖誕節，或許從一個自私的角度而言，那幾年的歲月讓我們有機會跟他相處，得到了讓我們永遠珍惜的回憶。我們有時間跟他聊天、聽音樂、唱歌，用輪椅推著他出門（他跌倒摔傷髖部之後就必須以輪椅代步）。

那時，我會在陽光下陪他一起坐坐，握著他的手——這種表達親情的肢體動作，是童年的我無法想像的。他喜歡陽光的溫暖，每次我們帶他到外面的院子裡，他都會對著太陽抬起頭，像貓咪一樣享受日光浴。這些活動顯然還是能帶給他不少歡樂，麥提莎巧克力、冰淇淋和偶爾一杯小酒也有同樣的效果。他小啜一口之後，鬍子會微微捲起，臉頰上出現一點一點的淺紅。他看起來並不痛苦，也不難過，他依然知道我們是誰，這點在我心中毫無疑問，因為每當我們走進房間，他的臉色總是會煥然一亮。

然而，過去的那個他一定會看不起他現在對別人——包括我——的依賴。安養院的護士真心誠意地喜歡他，因為他從來不惹麻煩，對人總是眼神專注、面帶微笑。我對此甚感安慰。雖然我們並不為他「開心」，但他很安全，得到良好的照顧與關愛，能夠保持乾淨和溫暖，沒有痛苦，平靜而安寧地活著。但是，儘管如此，那裡仍然是個沒有靈魂的環境——功能良好、堪稱舒適，卻冰冷疏離，感覺永遠不像家。我父親以前會說這種地方是給人「等著見上帝」。

在他生命中的最後一年，他忘記如何走路、然後也忘掉如何說話。接著，他漸漸開始將自己封閉起來。有一天，他彷彿終於決定自己受夠了，便停止進食，很快也就不再喝水。他聽天由命地等待大限來臨，也許甚至心懷期盼，我無從得知。他的醫療決定權由我負責，我提出的要求跟我先前對母親的醫師所說的一樣：不施心肺復甦術、不掛維生點滴，只要讓他舒適、無痛，在時機來臨時自然死去。

在他身上，死亡的降臨並不暴烈，而是平靜、安詳且好整以暇，這是他所欣賞的那種步調。湯姆、貝絲、葛蕾絲、安娜和我知道他時日無多，去探視了他，結果那就是他在世的最後一天。從各方面看來，都像是他就這麼決定把自己給關機。他蜷著身子躺在床的一側，沒察覺到房間裡還有其他人在。如果他聽得見，他會聽到我們的閒談、笑聲，還有CD音響播著他最喜歡的音樂——我女兒學校風笛樂隊演奏的〈高地大教堂〉。他一動也不動，不做任何反應。他滴水未進，那雙熊掌般的大手雖然溫暖，但是皮膚有如薄紙一般乾燥。

當晚我們準備離開時，我告訴他，我們要走了，但明早就會回來，他最好繼續乖乖待著喔。當初我也是對垂死的母親這樣說，果然人就是改不掉老習慣。一抹明確的驚懼神情掠過他的臉上、閃過他靈動的黑眼睛。我震驚不已。我父親已經失去溝通能力兩年了。貝絲倒抽一口氣，她跟我一樣看到了，這不是我的想像。「媽，我覺得妳不該走，」她說。多年前，我父親曾經質疑我們對蕾娜姨婆病況的定見，他想的沒錯。他確實還在，被鎖在自己沉寂的世界裡，沒有辦法或沒有意願與外界溝通。如今，重要的時刻來臨了，他使盡全力用唯一的方法送出求救訊號。他對即將發生的事有所預感，不希望屆時自己孤伶伶一個人。

小時候，我對祖母承諾過，我會在父親臨終時陪伴他，現在時候到了。我安撫他說我只是回家沖個澡、換衣服，一個小時之內就回來。我回到安養院時，湯姆、葛蕾絲和安娜已經走了，貝絲決定留下來陪我和她外公。

我不覺得我父親害怕死亡，只是擔心自己會孤獨地赴死。他的母親真是太了解他了。貝絲和我坐在燈光微弱的臥室裡，或談笑、或歌唱、或哭泣。他毫無反應，但我們還是握著他那雙碩大的手，一刻也沒有讓他落單。如果其中一個人出去上廁所或喝咖啡，另一個人就會留在房裡。他連一束肌肉都沒有移動。他不曾回握我的手，眼睛也不曾睜開。無庸置疑地，這會是他在人間的最後一晚——大家都知道，他也不例外——，但當時的氣氛祥和平靜。

深夜時分，他的生命彷彿化為幽魂，最後一次現身，他的呼吸急促起來。我告訴他，他可以放心地去，我們在這裡陪著，他並不孤單。他的呼吸平緩下來，變得更慢、更深，然後停止了。我以為就這麼結束了，但他稍後又短促地呼吸了幾下。經過一小段艱困的呼吸——基本上算是喘氣了，積聚在喉嚨後方咳不出來的黏液讓他發出垂死的喀痰聲。到了他的最後一聲喘息，只剩下腦幹的反射作用。過了幾秒鐘，我看見他的嘴唇和鼻子有從肺部溢出的泡沫，代表肺裡已經沒有空氣，於是我知道他死了。就是這麼簡單的一件事。沒有大驚小怪、沒有悲傷難過、沒有痛苦、沒有慌忙——只是能量逐漸消失的過程。

不管在實體上或精神上，他的身影都是如此雄偉高大，是我生命中的基石，在一瞬之間，他就悄悄離開了這個世界。原地留著一個比過去的他矮小消瘦的軀殼，但他已經不在了。這是一種奇異的體驗：我對這副軀殼毫無依戀，因為那不是他。我的父親並不等同於他的身體，他是某種遠遠大於血肉之軀的存在。

我們打開窗戶，讓他的靈魂翱翔。我無法感知到我的母親是否信守承諾，在彼岸與他相會。當然，這不令我意外，但我也許還是有點失望。我們哭了一會，接著整頓了一下，著手處理必要事務。我們把護士找來，她檢查他的脈搏（我們檢查過了），再檢查呼吸（我們也檢查過了），然後確認了死亡時間——比實際時間晚了十分鐘，但這真的不重要了。

技術上來說，我父親是死於衰老。若是在往昔，他的死亡證明上寫的可能會是更詩意的詞句，但在當今了無新意的醫學語彙裡，和其他許多老年人一樣，他的死被歸因於急性中風、腦血管疾病和失智症。我在場目睹：他沒有中風。他確實可能患有某種腦血管疾病（隨著年歲增長，我們全都可能患上），但就我所知，失智症並不會奪人性命。不過就是他的時間到了，而他也選擇接受。

但是，在他的病程中，我的確感受到，阿茲海默症是一條通往死亡的殘酷道路。他垂死的時光漫長而拖沓，讓我們所有人都很難受，我猜想他在夜裡獨處、神智清明的少數時刻，或許也一樣倍感煎熬。我們哀悼他的過程至少從他死前的兩年前就已開啟，當時我們就開始漸漸失去我們原本認識的那個人。但最後，他還是得到了「善終」，只是這終點來得太慢。他的時間到了，他便聽天由命，在親人的陪伴之下安詳死去。我們還能奢求什麼？

第五章

塵歸塵

衡量生命的標準不是時間長短，而是這一生中所做的貢獻。

——彼得·馬歇爾（Peter Marshall）

牧師（一九〇二年——一九四九年）

我的祖母，瑪格麗特·甘恩，

攝於一九七四年的因佛內斯。

或許世上各個國家、文化習俗和信仰，支持和撫慰瀕死之人的方法都有些相似，在葬禮禮俗上卻各異其趣。但無論我們談的是西藏佛教的天葬——將屍體切成碎片，放在山頂上，回歸塵土——還是美國紐奧良地區搭配鮮明色彩和爵士音樂的熱鬧葬禮，或英國更為肅穆的傳統葬禮，所有的葬禮都提供撫慰人心的典範，讓悼念者可以短暫釋放最原始的情緒。這些儀式非常重要，不僅因為家族和社群成員可以紀念逝者的人生，公開道別，同時也讓喪親者得到撫慰，建立儀式化悲痛的架構，無論其表現方式是具體表達或者隱藏悲痛。

最赤裸的真相，當然是悲痛永遠不會消逝。美國的諮商輔導師路易絲・湯金（Lois Tonkin）提醒我們，我們永遠無法放下失去親人的痛楚，也不一定能夠緩和這種傷痛。這種感覺將永遠留在內心，我們只是以它為出發點，繼續延續自己的人生，將傷痛埋葬在更深邃的地方。隨著時間經過，它可能變得更遙遠、被隔離在某處，容易面對，卻從來不會消失。

一九九〇年代，荷蘭學者瑪格麗特・史徒伯（Margaret Stroebe）和漢克・史赫資（Henk Schut）提出喪親悲痛理論，認為悲傷的運作方式有二種，我們在兩者之間來回擺盪。她們提出悲痛運作的「二元過程」，分別定義為「損失導向」的壓力來源，指我們專注面對自己的痛苦，以及「復原導向」的適應機制，代表我們參與各式各樣的活動，暫時抽離喪親的痛苦。我們只能希望感受到麻痺而沉重不堪的悲痛頻率降低。但是，失去親人是所有人的切身之痛，從來沒有事先計劃好的復原途徑或時間軸。

摯親的葬禮只是復原途徑的早期階段。英國絕大多數的地區習俗，都是在各個教派的基督教會中舉行葬禮，而隨著英國文化愈來愈多元且世俗化，我們悼念死者的方法也有所增加。普遍而言，英國這個國家的宗教色彩愈來愈淡，醫院病床滿是等待治療的絕望病患，教堂長椅卻空蕩無人，沒有人依賴宗教救贖。從前，我們可能接受醫師的預後判斷，知道自己來日無多，決定轉向教會，渴望醫治自己的靈魂。現在，我們在網路上大海撈針，尋求一絲一毫的最後短暫希望，只為了讓自己能夠活得更久。

隨著死亡事件變得世俗化，莊嚴得體的死亡儀式也正在消逝。已經消失的儀式習俗包括為時數週的服喪哀悼、從中世紀時期開始流行至維多利亞時期的哀悼珠寶（順帶一提，我收藏了許多古董哀悼珠寶）、向送葬隊伍脫帽致意，以及「莫忘人終將一死」的警世文（*memento mori*），而我必須承認，我向來認為這有些恐怖。同時正在消失的還有古老的讚美詩，將其地位讓給了法蘭克・辛納區和詹姆仕・布朗特。最近我們的解剖學系來了一位紳士，詢問在他死後，我們進行防腐處理時，能否讓他坐在哈雷機車上，因為他想不到其他方法保持屍體硬挺。這點子很妙，但太瘋狂了——我們只能拒絕。

我很肯定自己生不逢時。我依然喜歡倫敦東部地區的傳統出殯儀式，配戴著羽毛裝飾的黑馬拉著一臺黑色的閃亮靈車，戴著帽子的殯葬員領導牠們，踩著莊嚴合宜的步伐。這種出殯儀式看起來既莊嚴，又令人寒毛直豎。

我也喜歡漂亮的墓園，是如此平靜又怡人，特別是位於城鎮中心的墓園。其重要的地理位置，象徵著墓園在時間的洪流中，依然在社群成員心中擁有重要地位。夏天，祖母會前往墓園探望亡夫，也會和我一起前往山丘高處野餐，我的先生湯姆在山坡上奔跑，為了橄欖球比賽而進行體能訓練。現在有許多墓園都已遭到棄置荒廢，或許正在替未來鋪路，以人類創造的電子墓園替代，讓家人和朋友可以在網路上張貼紀念圖片，但在我心中，那始終比不上真正的墓園。

隨著年紀增長，我們參加的葬禮次數增加，也開始接受愈來愈多的改變和潮流，舊的習俗已經消失，被現代的處事之道所取代。即使我討厭看到某些長久的習俗消失，卻不得不承認從許多層面來看，現代社會的自由讓我們可以細緻地安排道別儀式，專注在逝者的身分、個性和信仰，這絕對是一大進步。雖然哀悼儀式的時間縮短，也不如過去公開，但悲傷依然真實。如果現代習俗可以撫慰喪親者，同時榮耀死者，誰又有資格擅自決定葬禮的正確方式？同樣地，只要傳統習俗可以安撫人心，也就會依然重要。

舉行葬禮前的待辦事務如此繁多，有時候不禁讓人思忖，究竟這一切是不是精心設計的過程，刻意讓人忙碌分心，才能遺忘悲傷。除了向戶政單位登記死亡、安排負責葬禮的殯葬工作人員、取得死亡證明書，以及在報紙上刊登訃聞之外，還有許多重要的決策。我的父母葬禮都在火葬場的教堂舉行，代表我們要選擇葬禮花朵、詩歌，以及寫一篇文章讓牧師朗讀。葬禮需要使用車輛嗎？如果需要，需要幾臺？我們也要選擇棺材（我的父親一定會說火葬比較好，諷刺的是，我們確實決定火化他的遺體），聯絡外燴師傅，確保我們通知所有應該知道父母辭世的朋友。在蘇格蘭，死亡和葬禮的間隔相當短暫，家人必須迅速即時地完成所有必要工作，同時也會展露人性最好和最壞的一面；這些都是家族歷史無可逃避的時刻。

多年來，父親在教會彈奏管風琴，我瞭解他希望人們在自己的葬禮歌詠何事，也明白他絕對不想提到的故事。然而，無論我何其盼望能讓他感到驕傲，同時也無法阻止自己內心的荒謬感受：為什麼我們還要在乎父親的喜好？他絕對無法在葬禮上表達自己的不滿。

父親習慣在星期六晚間前往教會，事先練習週日佈道的演奏內容。有時候，我會陪他一起去。我坐在教會前排座位，聆聽他在管風琴上舞動十指。他通常選擇彈奏格倫．米勒（Gleen Miller）的〈好興致〉（*In the Mood*）。在空蕩蕩的蘇格蘭教堂聽見爵士大樂團音樂雖然有些奇怪，但我相當喜歡。星期天，還是小女孩的我會和父親一起前往教會，坐在第二排座位，直接對著管風琴，並且在歌詠時幫忙注意樂譜。當教會成員唱到最後一段時，我必須記得將手放在眼前第一排座位椅背上。這是我和父親說好的暗號，提醒他在這一段停止演奏。我偶爾會忘記，而父親就會快樂地繼續演奏。如果發生這種事，那一天我通常就會挨罵。

父親討厭團契成員偷懶不唱歌。所以當悼念者在父親的葬禮上咕噥著胡亂低唱讚美詩時，我也很不高興。我無法看向坐在角落的管風琴手，因為我知道父親一定會覺得非常惱怒。我竟因此做出難以想像的反應。我走上前，張開雙手，叫大家停止——沒錯，那時候葬禮儀式仍在進行。我告訴他們，當我父親彈奏管風琴、其他人卻並未用心歌唱時，他會作何感受。我請求他們，就算是為了父親也好，請用心歌唱。我的女兒嚇壞了，教堂裡大多數的人都以為我失去理智，但我喜歡這種值得紀念的時刻。

我毫無猶豫地選出喪禮的散場音樂。還有什麼歌曲比〈好興致〉更適合？或者，父親習慣稱呼那首歌為「好性致」。

父親和母親都曾清楚表明，他們希望自己的遺體能夠埋葬在土裡，卻不在乎遺體的形式是屍體或骨灰。當然，他們還有第三種選擇，但兩個人都不希望捐贈遺體作為解剖用途，我也不認為自己的立場適合說服他們。

迄今為止，一切依然合乎情理，所有瘋狂的行為都留在他們的葬身之地。母親希望和威利、汀妮一起長眠在湯納胡瑞奇墓園的山丘下，而父親想要與自己的父母留在湯納胡瑞奇墓園的山丘上。我們曾經詢問父母親，他們是否想要埋葬在一起，但良好的蘇格蘭實用主義精神（在我父親的例子中，則是典型的節儉習慣）戰勝了一切。在墓園山丘頂端和下方，我們家族各自擁有一個棺木空間，費用已經結清，為什麼還要浪費額外的金錢購買新的墓地？父親和母親都認為，如果他們死了，就是死了，根本不在乎自己被埋葬在何處，只要一切處理妥當即可。他們或許是傳統主義者，但也相當務實，不會感情用事。父親總說，他會在山丘上向母親揮手，母親則說她一定會無視他。

父親火化後，他的骨灰有將近一年的時間被裝在精美的盒子內，他本人必然也會喜歡。盒子放在我們走廊的桌上，一直等到所有家庭成員都能出席埋葬儀式才下葬。我不認為有匆忙行事的必要；他已經死了，哪兒都不會去。我們的家庭清潔工們一開始雖然很驚訝，久而久之也慢慢習慣父親的骨灰就放在家裡，反而變得很喜歡他。進門時，他們會向父親的骨灰道早安，替他拭去骨灰盒銅板上的塵埃。父親終究離開了人世，他們也因此感到遺憾。人不必活著，也可以讓其他人感受到自己的存在。

聖誕節時，我和女兒決定讓外公和我們一起吃中餐，於是我們將他的骨灰盒放在餐桌的一端。有些人可能認為此舉非常詭異，但不知道為什麼，我們覺得和他一起用餐相當正常。我們一起舉杯，敬所有缺席的親人。他們對我們的重要性難以言喻，也敬我的父親——他是那個世代最後一位離開的人。

家族世代的變遷，對我們排行最小的女兒安娜產生了影響。安娜開始瞭解一個事實：她的父親和我是家族最年長的世代，而她和姊姊已經躍升為第二領導人。她難以坦然接受外公已經死了，不只是因為她喜歡外公，也是因為她害怕思考誰是下一個離開人世的家人。

父親下葬的正確時機終於到了。捧著骨灰盒的榮譽交給我姊姊的兒子貝瑞，因為我父親對他的影響很深。貝瑞以極為敬重的態度將父親的骨灰盒從後車廂取出，帶到埋葬地點，再用莊重的方式謹慎地將父親埋在土裡。安娜認為我父親需要一杯酒才能安心上路，於是向土中的骨灰盒注入滿滿一杯麥卡倫威士忌。父親可能會覺得安娜的行為太浪費了——顯然地，藏在土壤裡蠢蠢欲動的食腐昆蟲也有同樣的想法。

無論我們認為靈魂或所謂人的「精髓」在死後究竟會變得如何，死者的親友家屬都有一種發自內心的需求，必須找到一個地方，讓自己可以隨時探望死者，或可以留下回憶的景致，永遠保存親人族友的生命痕跡。有些人選擇墓園，其他人更喜歡將火化後的骨灰灑落在廣大的地景之中，通常是對死者有深刻意義的地點。還有一些人將死者骨灰留下，就像我們讓父親的骨灰留在家中一陣子一樣，有時候甚至永遠留在身邊。還有些人會把骨灰盒帶到死者生前非常喜歡的場所，或者從來沒有機會造訪的地點。我聽說，有個人在週末時帶著母親的骨灰前往美國紐約，因為她生前很想參觀中央公園。

二十世紀初期，火葬傳入英國，現在已成為大多數人的選擇，各種骨灰的創意收藏方式，也證明了火葬的受歡迎程度。骨灰可以送入太空，或者置於水中，製造珊瑚礁；你也可以將骨灰融入玻璃，製作珠寶、紙鎮或花瓶，甚至放入霰彈鎗的彈藥中，做成魚餌，或者加入煙火，讓自己在爆炸聲中離開人世；此外，骨灰也能製作小巧的鑽石。

如果死者生前沒有機會選擇安息之地，也不可能進行合宜的葬禮，對家人而言會十分難受——像是謀殺案的可能被害人或災難意外事件的受害者，他們的屍體從未尋獲，使家人不得不承受永恆的痛苦。倘若他們剛失去家人，尚在最煎熬痛苦的階段，在這時詢問他們是否願意放棄葬禮，並將屍體捐贈以供解剖或其他科學研究用途（就像在解剖臺上教導我學習的亨利）其實是一種極大的犧牲。我完全可以理解家屬會因此認為自己沒有妥善地向死者「告別」：法律規定，如果家屬同意捐贈屍體，相關單位可以持有屍體三年——家人必須等待一段漫長的時間，才能取回摯愛親人的骨灰。在這種情況下，我們希望藉由實現死者心願，來撫慰家人的感受。

我們絕對不該輕視任何人將遺體捐贈作為醫學、牙醫或科學研究與教育用途的決定。雖然他們選擇這條道路的理由千變萬化，卻是世上最利他的行為，源自於一種真誠的熱情，渴望幫助人類進步、拯救生命或緩和病痛。有些遺贈人只是單純相信「死了就是死了」，比起沒有意義地腐朽，他們的遺體倒不如為了良好的目標而遭到摧毀。一位年邁但非常活潑的女士，曾經雙手插腰地對我說：「小姐，人類的屍體太美好了，根本不該燒掉。」其他選擇捐贈遺體的人，則是出自於率直的務實理由。在倫敦，葬禮和埋葬的平均費用高達七千五百英鎊，英國其他地區的費用則是四千英鎊，你可以看得出這背後的經濟負擔。我們從不批評任何人的動機。捐贈遺體是一種個人選擇，而我們的工作是實現他們的遺願。

在鄧迪大學的解剖學系，我們有一位專職處理捐贈遺體的管理人員，她叫薇芙（Viv），每天都會接到民眾來電，詢問遺體捐贈事務。在解剖學系，你不必擔心討論死亡時，會出現令人不自在的沉默、陳腔濫調和高傲姿態。某些準捐贈者希望實際造訪本系，討論實務細節或者閱讀本系的感謝名冊。其他捐贈者只期待雙方達成協議，盡可能減少親身參與。在這種情況下，薇芙就會郵寄必要的表單——然而，我也知道薇芙曾經因為對方年邁體衰，無法親自造訪本系，但她認為有必要親自聯絡，而親自開車將文件送到對方家中。

遺贈者必須在一位證人的陪同下簽署文件（不是薇芙，她的角色不適合擔任證人），將一份文件寄回解剖學系，再將文件與遺囑交給委任律師，這就是捐贈的所有程序。但我們也積極鼓勵捐贈者向家人和朋友坦承自己的意願，這樣當那一天到來時，就沒有人會覺得訝異，也不會延誤相關程序。

選擇捐贈屍體的人，並非尋求噁心的諂媚或奉承，他們只是希望得到溫暖、寬慰、信任和誠實。他們致電給薇芙，就代表他們找對人了，她在電話中的應對常讓我無比驚訝。她非常和藹可親，也有一種淘氣的幽默感。她的目標就是以誠實、直接，並保有人性關懷的方式回答所有問題，她從不用空洞的字眼安撫對方。甚至會有人定期致電給薇芙，就為了表達自己還活著，再把最新的病況講成故事來娛樂她。他們將薇芙視為朋友——離開人世的日子到了，他們的家人至少還有薇芙，而她永遠都在那兒。

等到捐贈者的子女、先生或妻子終於致電給薇芙，她會溫柔但堅定地引導他們完成必要程序，讓遺體儘速送到解剖學系。這段時間對死者的家屬來說可能相當難受，他們或許無法理解、同意摯愛親人為何決定捐贈遺體，或者因為必須經過漫長的等待，才能如常舉行儀式而感到困惑。我們只能竭盡全力協助死者完成遺願，但我們更不想造成死者家屬的額外痛苦。有時候，家屬會提出強烈反對，可能也會因此否決死者的意願。

除了同意讓解剖學系保有遺體三年之外，遺贈者還可以同意讓我們保有特定身體部位更久，用於拍攝教育用途照片，倘若解剖學系無法使用該遺體，也能轉交蘇格蘭地區的其他學系。死者的子女可能無法接受自己的母親遺體受到此種對待，所以我們建議所有的捐贈者，誠實坦然地和家人討論自己的決定。

薇芙的工作是大學裡最重要、專致且充滿熱情的工作，當死者家屬陷入巨大的悲慟時，她完美地完成自己的使命。薇芙最近榮獲大英帝國勳章，以表揚她在蘇格蘭地區從事解剖遺體捐贈的服務——但她的成就並非某些粗俗記者所描述的「為屍體服務」。薇芙和她的工作成就，讓我感到非常驕傲。

遺體的捐贈者來自四面八方，郵差、教授、祖父、曾曾祖母，有聖賢，也有罪人。在蘇格蘭，我們能夠接受最年幼的捐贈年紀為十二歲，但大多數捐贈者都超過六十歲，最年長的捐贈者則是一〇五歲。我們不在乎捐贈者過去的生涯，所有捐贈遺體幾乎都會接受，只會拒絕一、兩種少數例外，但罕有此事。如果驗屍官或檢察官要求驗屍，由於屍體已經遭到破壞，我們無法接受捐贈；倘若死者的屍體因為癌細胞過度擴散，導致遺體幾乎不能進行正常解剖，我們也會拒絕；我們偶爾也被迫拒絕接受過度肥胖的屍體，但理由非常單純，因為我們沒有足夠的設備移動屍體。

本系的遺體捐贈者有百分之八十來自當地居民，我們非常自豪能與泰賽德地區的居民保持良好的關係。大學附近甚至有好幾個家族，其中數個世代的成員死後都在「鄧迪大學安息」。他們的名字記錄在感謝名冊中。名冊的目標不只是為了紀念遺贈者，也是為了每天提醒學生記得自己何其幸運，能得到如此多人的餽贈，而他們只要求一件事：好好學習。感謝名冊放在通往解剖學系的樓梯頂端，學生每次進入解剖室都會看見。

其中有一位捐贈者足以證明我們和當地社群之間的良好關係，我稱呼這位長者為亞瑟。他很迷人，無論主題是法庭醫學還是創意寫作，他總是積極參與大學舉辦的所有活動。他的思緒靈敏、求知若渴、思想深邃，在乎自己留下的傳承更勝於壽命長度。他不篤信宗教，如果用他自己的話來說，他認為「回收」遺體是為了增進普遍大眾利益的良善目的，也無須花費不必要的錢財進行「鋪張浪費的葬禮」。

然而，對於自己離開世界的方式，亞瑟獨有一番見解。他非常頑固，不希望自己在衰老虛弱或失去判斷能力後，還須仰賴他人。當他覺得自己人生體驗已經足夠以後，就想要自行結束生命，不要讓鄰居或朋友看見他承受死亡的悲慘模樣。他的思緒依然清晰，而且心意已決，沒有任何人可以說服他改變想法——請相信我，我試過很多次。亞瑟詳細研究過相關事宜，也決定要如何離開世界。他告訴我，他從網路上購買了設備，能夠自己安詳離開，不會造成任何的身體損害，甚至讓他到最後一刻為止，依然能全權掌握自己的行為或更動決定。

亞瑟認為這是非常自然的結論，但許多人並不贊同亞瑟的想法細節，雖然大家或許能以抽象的概念來理解亞瑟的心情，有些人甚至可以感同身受。在英國，協助死亡或自願安樂死至今仍是違法行為。但政府立法變化不斷，我相信有一天就會通過一個法案，允許我們自己作主，決定在何時、何地，用何種方式結束自己的人生。我也認為有朝一日我們將足以做出成熟的決定，所有希望控制自己如何離開世界的人，不必受到政府當局的壓力所迫，得以在適當的法律管制下進行自裁，無須勉強籌措資金，才能到外國進行安樂死或以更激烈的方式離開人世。

所謂的「自殺觀光旅遊」非常昂貴，決定執行的時機通常也會過早，因為當事人害怕延誤過久，導致身體過於虛弱，無法出國。為了確保自己能出國安樂死，當事人會在生命尚未變得毫無品質可言之前就倉促成行，奪走自己和家人享受最後珍貴時刻的機會。

加工安樂死（或稱協助死亡）在加拿大、荷蘭、盧森堡、瑞士，以及美國部分地區皆為合法，哥倫比亞、荷蘭、比利時和加拿大的法律也允許自願安樂死。協助死亡和自願安樂死的差距在於協助者的參與程度，如果病患要求醫師結束自己的生命，例如經醫師同意而使用致命的注射藥劑，這樣的行為就被定義為自願安樂死。倘若醫師開立致命藥物，讓病患自行決定服用，則為加工安樂死。

在美國，只有奧勒岡、蒙大拿、華盛頓、佛蒙特和加州的法律同意，在病人已確診為嚴重疾病末期且心智狀態合適的情況下，才能進行合法的加工安樂死。一九九四年，奧勒岡成為美國第一個通過「尊嚴死亡」法案的州，同意病人進行安樂死，條件是由醫師開立處方藥物，並需由兩名醫師確認病患的可能壽命不到六個月後，才能由病患自行服藥自殺。除此之外，奧勒岡州也採行了嚴格的安全機制，確保沒有任何濫用情況。法律允許的自殺藥物為苯巴比妥（phenobarbital）、水合氯醛（chloral hydrate）、嗎啡硫酸鹽（morphine sulphate）和乙醇（ethanol）的混合體，價格大約為五百美元至七百美元之間。在要求醫師開立自殺藥物的病患中，大約有百分之六十四的人最後決定服藥，地點通常是自宅。剩餘百分之三十六的患者並未服藥，這顯示他們深刻地明白自殺的本質。或許，光是知道自殺藥物就在手中，就足以撫慰疾病末期患者，因為他們能夠自行決定生死。

在英國的醫院，嚴重疾病的末期患者可能無法自行控制生命的最後時刻，而他們的家屬也只能仰賴醫院工作人員，確保病患在瀕死和死亡的當下，盡可能地能免於痛楚。醫師可能會持續使用嗎啡鎮定劑，不讓病患飲水進食，加速死亡過程，正如我母親所經歷的。

不列顛醫學協會的定期投票反對加工安樂死，而我們或許能理解其背後的理由是因為他們擔憂相關法案會損害社會對醫師的信任。但是，最近一份針對全歐洲各國的調查報告指出，最信任醫師的國家為荷蘭，而協助死亡在荷蘭是合法行為。就此而言，讓民眾擁有選擇，似乎可以增強、而非損害他們的信任程度。

贊同和反對合法進行加工安樂死的論述皆已非常成熟。支持者認為，只要我們有生的權利，也應該有權選擇有尊嚴又無痛的死亡方式。反對者則擔憂，通過協助自殺法案，可能會造成濫用情形，並成為長者或體弱多病者的潛在壓力，因為他們不想要「成為社會負擔」，而讓疾病和身心障礙變成結束生命的理由。還有一些人以宗教理由反對協助死亡，因為他們相信只有造物主能夠決定人類的死亡。反對者的聲浪通常壓過不幸的受苦者，他們認為協助死亡是違反人道精神的行為，不可饒恕，受苦者卻是絕望地想選擇協助死亡。受苦者可以合法結束自己的生命，但卻不能透過其他人協助，否則就是違法行為；換言之，他們唯一的選項就是傷害自己或使用暴力自殺。

我個人認為，無論正反兩方的觀點為何，決定何時死亡應是個人事務，不該受到國家管制。或許，採用一種較不悲觀且不會引起質疑的方法，以滿足這些人希望尋求自由的心願，讓他們可以決定死亡的方式和時間，才是一個負責任社會的職責所在。同意協助死亡的國家和州政府，通常會投入更多心力建設安寧緩和醫療制度，同時採用開放態度面對死亡和生命的結束方式，這點其實並非巧合。如果某個社會允許民眾更有權力掌握自己的生死，我個人會更願意成為這個社會的一份子。

我尊敬亞瑟，以及他決心以自己的方式結束生命的舉動。我能夠感同身受他的憤怒，因為現在的英國社會迫使他必須孤獨地結束生命，因為社會無法、或不願意尋找立法的彈性，好允許他以有尊嚴的方式離開。上蒼慈悲，由於亞瑟決定在死後將遺體捐贈給解剖學系，所以他不能使用暴力自盡。他希望避免檢警進行死後驗屍，否則就會「破壞屍體」。

他和我們討論到，應該避開聖誕節和新年，因為此時大學正在休假。他也會詢問我們哪些時間最適合解剖學系的作業流程。當他用這種方式和我們交談時，會讓我我感受一股強烈的焦慮，但我也明白自己根本無法勸阻他，因為我們已經討論過相關話題很多、很多次了。我不會協助他自殺，但我也不能阻止他——我沒有權利，他也讓我別無選擇。他願意向我坦承心意，對我來說已經是一種殊榮，我不會干預他，而是讓他反覆練習述說自己的想法，測試這個想法是否能讓他和其他親友覺得合理且自在。

即使已經做了全盤考量，當亞瑟聯絡另外一間大學的解剖學系並請教他們對自己計畫的想法時，對方的唯一回應卻是，如果亞瑟自殺，他們就不會接受屍體捐贈。這個答案讓亞瑟悲傷無比；他發現，儘管別人可以明白他渴望「善終」的心願，但這個心願與協助教育發展的雄心壯志，似乎難以兩全。

他已經思考過所有細節。他甚至給我一個只有我倆知道的密碼，他會在週末時，打電話將密碼留在我的辦公室電話答錄機中，而我將會在週一上班時聽見。這是一個訊號，讓我可以通知有關單位開始進行他的遺願。他不讓我事先得知他即將尋死，一方面是為了保護我免於參與協助自殺的指控，另一方面則是不希望我嘗試阻止他。這種體貼的舉動相當詭異，也讓我產生一種非常強烈的厭惡感，討厭電話答錄機的紅色閃爍訊息燈，特別是在每個星期一的早晨。迄今，我尚未收到亞瑟的訊號，也希望我永遠不會收到。但我必須明白，有朝一日亞瑟可能還是會決定執行計畫，等到那個時候來臨，我當然希望他得到平靜、迅速且自然的生命終結，同時也能滿足他的心願並減緩當前社會的恐懼和限制。如果我外出度假，不在辦公室，薇芙也知道相關情況；亞瑟完全將我和薇芙掌握於股掌之間。

文字難以表達我何其感謝亞瑟對遺體捐贈和解剖教學的強烈支持，以及他願意向我傾訴最深刻的個人願望，但我也背負沉重的責任，必須在實現亞瑟遺願的同時符合法律規範，而道德難題依舊沉重，這才是我內心最激烈的衝突。夜深人靜時，亞瑟會浮現在我的腦海中，讓我開始思忖他正在做什麼？他會不會寂寞？他的感受好嗎？他害怕嗎？他是不是已經組裝好離開人世的工具了？我能夠阻止他嗎？我**應該**阻止他嗎？亞瑟有我的電話號碼，但我卻沒有他的號碼。我不知道他究竟何時想死，但如果他真的下定決心，等到他完成之後，一切都已經太晚了。唯一符合現實考量的方法，就是不停和他說話。

我不確定自己是否希望亞瑟改變心意，因為改變心意就代表他必須讓死神掌握他的生死，而他明確地反對這點。但我覺得只要我不停提出問題，至少能夠刺激他繼續評估這個決定。有時候，亞瑟因為我的追問和窺探而不悅。我說，這些問題來自於「關愛的所在」，他通常會做出不屑一顧的詭異表情，然後說：「所謂關愛的所在，並不是一個好地方。」

我必須說，亞瑟還有另一個習慣。他喜歡拋出令人驚訝的問題，迫使你停頓，並仔細思量各種假設情境。當他提出問題時，眼睛會閃爍著一抹狡猾的光芒。距今良久以前，他曾詢問是否能夠拜訪本系的解剖室，並參觀解剖過程。我聽到這個問題後非常驚訝，因為從來沒有任何遺贈者要求參觀解剖室。但我究竟在害怕什麼？我想要保護誰？你可以購買門票參觀世界大體展覽，觀看用各種姿勢擺放的肢解人體；你也能前往「外科醫師大廳博物館」[1]，凝視令人毛骨悚然的病變異常部位肢解樣本，或仔細檢查浸泡在玻璃瓶福馬林中的陰森防腐肢體。在網路上，你能找到各種與人體肢解有關的圖片；你甚至可以走入書店，拿起一本人體解剖圖鑑，或者在電視上觀賞解剖過程。亞瑟似乎不怕參觀解剖室；我卻有一種難以解釋的巨大內心衝突。是因為這太過私密，或者責任太過沉重，以致於我無法承受？

有朝一日，若亞瑟執行計畫，他也會成為某個人在解剖室中解剖的遺體，而我從未有任何一刻質疑過他是否會執行計畫。既然他嚮往捐贈遺體，他想看看自己待在解剖室的模樣以及遺體在未來必須停留數年的環境，也完全合乎情理。未來的學生參觀大學時，我們同意讓他們進入解剖室，為什麼不允許未來的捐贈者進入？畢竟學生和大體建立了充滿象徵意義的關係，而大體捐贈者就是這個關係的另一半。或許我只是因為想起了自己第一次使用解剖室的經驗，而害怕這種感受會擾亂亞瑟的心情，甚至令他害怕。我沒有辦法預測參觀解剖室究竟會對他造成可怕的災難後果，還是能成功緩和他的情緒。

我想敷衍地搪塞亞瑟的要求，但他不肯放過我。他彬彬有禮卻堅定地表明，他希望和我一起參觀解剖室，因為他瞭解我並且信任我，如果這個安排讓我覺得不自在，他也完全可以理解，並且會聯絡其他大學的解剖學系。亞瑟真是一個擅長勒索他人的小混蛋！於是我聽見自己的聲音說：「我會和有關單位確定這個安排是否合法，倘若沒問題，我同意。」雖然不甘心，但我永遠無法拒絕亞瑟，我其實不知道背後原因，也許是因為我太喜歡他，而且我在解剖學系的同仁也非常在乎捐贈者、家人、學生和教育，讓我以他們的工作為傲。「沉默的老師」善盡了教育之責，他們也是解剖學系的工作同仁，而我一直將亞瑟視為解剖學系未來的教育團隊成員。我知道，如果自己拒絕亞瑟，他一定會用討厭的表情哈哈大笑，可能還會指控我剝削他這樣的廉價勞工。

1 譯註：Surgeon's Museum，位於蘇格蘭的愛丁堡，是皇家外科學院的總部，也是知名旅遊觀光景點，設有外科醫師大廳博物館，其歷史可追溯至一六九七年。

我和英國政府的解剖督導官員確認規定，他認為只要我們能夠確定一切都在掌握之中，這次參訪就沒有任何問題。於是，到了約定的日子當天，亞瑟和我在我的辦公室見面，再度討論遺體捐贈的相關事宜，還有捐贈這件事對他、對我，以及對學生的意義。我們談到他的死亡計畫，我竭盡所能地表達自己的觀點。一如往常，他「剛好」忽略了我的想法。我解釋了屍體的防腐過程，他則請我說明細胞會因此產生何種化學反應。他想瞭解氣味、觸感和外觀，於是我們翻閱了幾本教科書，亞瑟認為書上的肌肉組織不如他想像中的紅潤。他說，他一直以為遺體的肌肉組織顏色接近肉店販賣的肉品，而不是實際上帶有粉紅色澤的灰色。他能事先看到照片其實還不錯，這讓他對解剖室的各種景象可以有所預備。

我們聊到懸掛在辦公室角落的人骨，以及上面標示著不同肌肉端點和止點的彩色標籤。我們捧起放在書櫃上的頭骨，探討人類骨頭的生長和破裂。在一盞茶的時間內，我們談論生命、死亡和學習。我讓亞瑟主導了我們的對話。

在亞瑟準備就緒後，我們從辦公室出發前往解剖陳列室。當時，亞瑟已經衰老駝背，爬上階梯非常費力，但他依然一手握住樓梯扶手，一手抓住枴杖，緩慢地往上爬。我們在樓梯最上方停留片刻，我向他介紹這裡玻璃櫃中所擺放的紀念名冊。他注意到了遺體捐贈者的人數，並開始思考他們的動機。我提到了每年五月會舉行的紀念儀式，他則詢問當時解剖室最年輕和最年邁的捐贈者各自幾歲，男性或女性的數量何者較多？我坦然地回答所有問題。

我們沿著陳列室的走廊漫步，穿過才華洋溢的醫學生和法醫學學生所製作的精美作品，談論解剖和藝術在古代的關係，特別是荷蘭大師們的光榮事蹟，他們似乎無可救藥地迷戀解剖遺體。

我們的解剖陳列室位於明亮的房間，擺放著成排的白色長桌，讓學生研究並且比對解剖樣本與教科書圖示的差異。亞瑟坐在其中一張桌前，我向他展示放在沉重壓克力罐中的人體縱切面、額切面和水平切面，我們利用這些樣本教導學生理解人體切面和電腦斷層掃描與核磁共振成像圖片之間的關係。我將其中一個壓克力罐子放在亞瑟桌前，告訴他這是一個男人的胸腔水平切面樣本。「你怎麼知道？」他問。我指著樣本肌膚上的毛髮，我們都笑了。

我指出心臟、肺臟、主動脈、食道、肋骨以及脊柱的位置。亞瑟非常有興趣。他訝異地發現脊椎的體積如此小，卻承載了人體所有的運動和感官資訊。他看見食道後，也強調自己以後會小口進食。目睹精緻的人體結構，讓他終於明白人類生命的脆弱。他看著心臟的冠狀動脈，還有別名「寡婦製造者」的動脈（位於左冠狀動脈，跨越心室的前支動脈）時，請我標示出左右心室的視覺位置。腱索讓亞瑟感到非常有趣，腱索一般稱為「心弦」，聽來非常浪漫。亞瑟說，心弦的實際模樣，看起來就像格列佛遊記中的小小人正在拉下的帳棚。他也問到了樣本的年紀和保存期限等訊息。

這位年邁的紳士能夠坦然面對眼前的所見所聞，讓我內心感到放鬆。我感受不到他的絲毫恐懼，搞不好反而是我在害怕。他黏稠的雙眼沒有絲毫畏懼，聲音並未顫動，雙手也非常平穩。介紹解剖室的時間到了。我把亞瑟留在房間，讓他繼續端詳樣本罐，自己則先行進入解剖室，這是一個明亮寬敞的空間，正如一般的工作時間，充滿了學生和聒噪的聲響，這是所有解剖學系的常態生活。我環顧四周，尋找比較成熟的學生，發現一群適合的學生後，我向他們提起亞瑟的事情，詢問他們是否願意和亞瑟談談。顯然地，他們因為即將和一位大體捐贈者談論解剖過程，而感到緊張不安——尤其是他們也正在解剖另外一個人的屍體，手裡還握著解剖刀和鑷子，準備切開屍體的肩膀關節。在他們仔細討論過後，決定願意和亞瑟聊聊，並且選出負責說話的人選。

我不知道誰比較害怕——學生、亞瑟或者我？我依然無法看清這次參訪的結果，不知道會不會釀成巨大的錯誤？亞瑟的腳步變得非常緩慢，他和我一起走入解剖室。方才的歡愉氣氛已經完全消失了，你可以聽見細針落地的聲響，只剩下充滿敬意的沉默和努力工作的專注氣氛。學生就像接收無聲指令，解剖室的氛圍在分秒之間忽然轉變，這一切實在非常驚人。全體學生瞬間明白有一位不屬於解剖團隊的人士出現，齊齊改變了自己的行為。在停屍間，我們時時刻刻都會目睹這種景象。因為停屍間有個不成文的規定，如果陌生人進入，你就必須調整行為舉止，直到你相當明白對方的身分和來意為止。解剖室的學生雖然沒有收到任何的警告或指示，卻自動自發地如此做，讓我實在為他們感到驕傲。

亞瑟走向解剖桌，腳步有些猶豫。負責率領團隊的學生自我介紹後，緊張地開玩笑說，握手致意可能不太適合，因為他們正在解剖。解剖桌旁的其他學生也開始自我介紹。他們的臉色如此蒼白，我甚至認為其中一、兩位就要暈倒了。亞瑟指著解剖桌問：「這是什麼？你們為什麼用這種方式切割？」我往後站，目睹世上最驚人的奇蹟在我眼前出現：亞瑟和學生並未因為死亡的話題而產生隔閡，反而在解剖學的光榮世界中變得團結。

亞瑟融入學生團體後，解剖室恢復原有的閒談音量。他和解剖學生團隊談了大約十五分鐘，甚至更久。我也聽見學生因為亞瑟說的話而發出一、兩次的輕鬆笑聲。我認為讓學生和亞瑟交談十五分鐘已經夠久，同時也要考慮亞瑟的體力能否持續站立，於是我加入了他們的對話，並帶亞瑟離開。他感謝學生表現得如此專業，學生也感謝亞瑟提供珍貴無價的禮物。我可以感受到雙方都不想結束這次對話，但我也想讓讀者明白，當亞瑟緩慢地轉身離開解剖室時，我發現學生們都鬆了一口氣，因為他們害怕冒犯亞瑟或讓他感受不佳。然而，他們明白自己替亞瑟做的事情何其重要，以及亞瑟為他們和未來的學生所做的事情，又是多麼至關重大。

至於亞瑟，我們在回到辦公室後，立刻進行必要的恢復活力行動——喝更多的茶，還有聊天。他充滿熱忱、動力，並且更堅決地想要捐贈遺體。他說自己唯一的悔恨，就是待在解剖刀錯誤的另一端。他覺得參觀解剖室的經驗如此迷人，我不禁思忖，倘若他的人生當初走上不同的道路，可能也會成為一位偉大的解剖學家。

這次經驗帶來的觸動非常強烈，也對所有相關人物產生極為重要的影響。但如果問我願不願意再來一次？天啊，當然不要。

第六章

枯骨

衣櫃有些古怪，讓骸骨沒有辦法安息。

——威爾森·麥茲納（Wilson Mizner）
劇作家、企業家，說書人（一八七六年——九三三年）

羅斯馬基人（Rosemarkie man）的臉部重建結果。

要到什麼階段，我們的死亡才不再只是某地某人發生的私人事件？布萊恩・派頓（Brian Patten）在詩作〈漫長的時間〉（So Many Lengths of Time）中曾說，「只要我們的心中還有一個人，他就能繼續活著」，這句話契合我的想法。隨著年歲增長，我經常發現自己說話愈來愈像父親。只要地球上還有人記得我們，我們就不會死。

根據上述的衡量標準，我們的潛在「生命週期」或「死亡週期」，大約不會超過四個世代，雖然我們的生命迴響能夠存活更久，留在親人的記憶、家族的故事、影片和其他紀錄之中。在我的家族中，我是記得祖父母的最後一個世代，而我的子女則是記得我父母的最年幼成員，我的孫子女沒有機會認識他們。如果我死了，我的祖母也終將徹底離開人世。這個事實讓我悲從中來。但是，我也發現自己能和祖母一起死亡，這反而讓人覺得恰當且安慰。我的身體死亡，祖母也在我的心中死亡了。我的孫子死亡後，或許不會有人記得我，但我也可能非常幸運可以保持肉身生命，直到曾孫成長至一定年紀，開始建立和我有關的回憶。現在，這才是令人恐懼的部分，我為什麼如此迅速地衰老？

從法律的角度而言，如果屍體的死亡時間超過七十年，就沒有任何法醫學調查的價值。從現在開始計算，七十年可以讓我們回到第二次世界大戰。一想到我的曾祖父母，我的思緒變得清醒，雖然我從未見過他們，但他們現在或許已成為考古骷髏樣本，而我的祖母在三十年內也將變成考古骷髏樣本——而這很有可能發生在我的有生之年以內。如果某人決定挖掘祖母、曾祖母的墳墓，將她們的骸骨作為考古研究樣本，我是否會覺得遭到侵犯？當然會。

如果有任何人想要研究曾曾祖母的遺骸，我也不會覺得快樂。雖然我們和祖先之間的距離愈遠，情感聯繫的強度和感受愈少，但在我們大多數人心中，我們之間的血緣關係依然存在。因此，以合宜且有尊嚴的方式，對待所有考古屍骸，理解讓屍體安息的崇高需求，這樣一份責任感必須超越人類的生命週期。它們不只是一堆老舊的枯骨；他們曾是某個人的親戚，曾經開懷大笑、付出情感並且真正地活著。

最近，我在因佛內斯大學為年輕學生舉行工作坊。我們決定仔細觀察懸掛在大學實驗室的教學用人體骨架。工作坊結束之際，他們發現自己面對的人體骨架其實是一個年輕人，年紀跟大多數的學生差不多，身高五呎四吋，因營養不良而引發貧血，或許是來自印度。學生看待教學用人骨的眼光立刻變得不同。他們不想將人體骨架放回櫥櫃中，希望用更尊重的態度對待他。人體屍骸的匿名性會麻痺我們的同情反應，但法醫人類學的力量能重新找回屍骨的身分，點燃人類在乎且保護他人的本能。我希望他們有這種反應，而這群成熟負責的年輕人也並未讓我失望。

有些屍骨無論死亡時間過了多久，都能超越法醫鑑定和考古研究提出的武斷定義。有許多重要的人道考量都能打破科學研究定義創造的屏障——尤其是已經確定身分或可能身分的死者，而他們的家人依然在世。舉例來說，殺人凶手伊恩·布蘭迪（Ian Brady）和米拉·亨德利（Myra Hindley）在桑德沃斯高沼地（Saddleworth Moor）埋葬的孩童受害者屍體，無論時間過了多久，永遠不會僅僅只有接受法醫調查的價值。

我從來不想成為一位生物考古學家，但這並不代表我未曾處理過考古骸骨。我第一次接觸考古的經驗是在亞伯丁大學就學時期的第四年，也是最後一年。自從大學三年級愛上人體解剖學後，我發現自己的學習主題變得混亂，許多學習科目只是源自於個人的興趣所在，沒辦法有效統整為完整的學術研究方向。我學了一個星期的神經解剖學，就轉為學習人類演化學，隨後接觸共軛焦顯微鏡學（我從來就搞不懂），而低俗的授課老師喜歡玩弄令人不悅的修辭，喜歡暢談保溫潛水衣對女性身體的「沖洗」效果，非常詭異。

最高年級的學生必須進行一項研究計畫，這個規定與我的生涯規劃更為密切相關。系上所有教授似乎都在鑽研大型老鼠的腦部鉛指數、倉鼠腦垂體的癌細胞，或者罹患糖尿病的小老鼠神經病變。我非常害怕小老鼠和大老鼠，坦白說，我畏懼所有的囓齒目動物，無論是生是死，我絕對不可能將自己的研究時間用於探索囓齒目動物的屍體。我懇求系上所有的研究人員，請他們提供其他方面的研究建議。我未來的指導老師提出一個想法，請我考慮研究如何從人體骨頭辨識身分，作為法醫人類學的研究用途。太好了——沒有皮毛、尾巴或爪子，我不會看見牠們急促跑動，不會被咬、被抓，而且能在解剖室學習人類屍體的自然演變過程，就像在肉店觀察新鮮的肉品一樣。

我開始研究如何從骸骨碎片建立死者的性別身分，也有幸能夠使用馬修學院博物館收藏的青銅時代人骨。這些人骨來自貝爾陶器文化（又名鐘形杯文化，以獨特的鐘形飲用器皿命名）。他們的傳統會將這些飲用器皿置於石棺（也稱為藏骨盒）中，有時候也會放入小巧的石頭或簡單的珠寶，與死者一起下葬。在蘇格蘭東北地區，當地石棺的結構包括四根直立的石板以及水平放置的頂石。大多數石棺都是後世當地農夫在耕田時意外發現，通常是他們的耕具一角撬開頂石，露出蜷曲在石棺中的骷髏以及陪葬用的飲用器皿。有些人相信，石棺中的骸骨來自歐洲萊因河地區。他們前來經商，最後定居在北不列顛的東岸地區。由於骸骨通常被埋葬於沙中，屍骸的保存情況相當良好，成為出色的研究計畫素材。

馬修學院博物館後方安靜的房間是我的避風港，此處滿是塵埃、溫暖，而且充滿木頭和樹脂的氣味，讓我想起父親的木工工作室。我在這裡享受良久的安靜時光，藏匿在檔案堆之間，思忖貝爾陶器文明人的生活，以及他們的健康狀況和死亡。他們是和平的族群，很少有人因為嚴重創傷而死。我發現他們相當有趣，也著迷於他們寫在骨頭裡的故事，但我開始產生一股空虛而不完整的感受，不是因為貝爾陶器文明存在於距今四千年的遙遠時空，而是因為無法得知他們的生死真相而憤恨不平。我們只能提出假設和理論，永遠找不到事實，而且我發現距今更近的時期，英倫諸島移入居民的生死真相更難以探索，但只要我可以善用尋找現代世界死者身分的技巧，回答這些古代遺骨提出的問題後，就會獲得更多回饋。

英倫諸島已經有超過一萬兩千年的人類居住史，每位法醫人類學家的日常生活勢必經常接觸考古物品。由於每個世紀的人口規模差異頗大，我們只能大略推測究竟有多少人的生命結束在不列顛的土地上，但從全球角度而言，一般相信從古老的智人（Homo Sapiens）在五萬年前出現後，地球上已經出現過超過一千億人——地球現在的總人口大約七十億人，加上已逝人口的總數則是十五倍。生者的數量永遠不會超過死者，否則全球人口數量勢必會擴張至一千五百億，根本無法負荷。

在二十一世紀，英國的平均每日死亡人數為三萬九千名——代表我們一年必須「處理」超過五十萬具屍體，通常會以土葬或火葬方式進行。在屍體迅速變得令人難以忍受之前，我們能夠處理的選項相當有限。全球各地的人類，從古至今以來共有五種廣為接受的屍體處理方法。第一，放置屍體，由陸上和空中的食腐動物消化，這樣的方法至今仍在西藏以天葬的方式進行；第二，放進河水，流入海中，讓海洋生物進行同樣的處理；第三，放置在地上封閉的陵墓等建築中，通常是富人的選項；第四，埋入土壤，讓土地中的無脊椎生物進行食腐過程。只要取得許可，我們的技術幾乎可以將屍體埋葬在任何地點，包括私人土地，只要沒有污染水源的風險。最後，我們可以焚燒屍體，這是最迅速且衛生的選擇，雖然也有人擔憂火化會造成空氣污染問題。

或許，最極端的屍體處理方法——時至今日，已經沒有人提倡這種方法，社會也無法接受——就是吃掉死者。雖然食人風俗是許多文化的特色，但在英國，屍體被當成食物來源的相關歷史證據非常稀少。薩默賽特（Somerset）的高夫洞穴（Gough's Cave）為英國祖先「切達峽谷的獵馬人」（the Horse Hunters of Cheddar Gorge）在冰河時期末期的居住地點，則是少數的例外。此處發現的骸骨上有多處切傷，符合將人肉切下提供食用的痕跡。在之後的幾個世紀，我們看到更多的證據顯示人類會為了醫學考量食用人肉，因為當時的藥劑師相信屍體擁有神祕的療效。治療偏頭痛、肺病和癲癇的藥方材料，以及普遍使用的進補藥方，都採用人體不同部位的肢體所製成。食用人肉的理由則是，如果死亡突然降臨在某人身上，死者的神靈會被長時間困在屍體中，食用屍體者能夠藉此養生利命。這些「屍體藥物」通常來自磨碎的骨頭、乾涸的血液以及提煉的脂肪，還有其他同樣令人不適的人體部位。

一六七九年的一位方濟各會藥劑師曾經留下人血果醬的製作配方。首先，他從剛死亡的屍體上取出血液，屍體必須「溫熱且富有濕度」，「豐滿的體型」更適合。等待血液凝結成「乾燥堅硬的團塊」之後，放在軟木桌上切片，讓多餘的液體從切片過程中流出。隨後，切片血塊丟入火爐中攪拌成糊，再使用精細絲綢過濾，最後再封入罐中，之後只要加入新鮮乾淨的泉水就會恢復彈性，能夠用於進補。

有趣的是，一位英國的法學教授曾經說過，食用人肉本身在英國並非違法行為。幸好上天仁慈，我們的法律明文禁止謀殺和褻瀆屍體。我的小女兒安娜是一位實習律師（我們都叫她小鯊魚），這套說法讓她一邊吸吮手指傷口的血液，一邊思考：如果一個人選擇吃掉自己的身體，是否構成犯罪行為——這種行為稱為食己癖。倘若雙方同意食用彼此的肉體，但無人死亡，是否違法？英國法律似乎將食人與謀殺罪相連，至少算是褻瀆屍體，而不會被視為個別獨立的行為。我開始擔心安娜究竟進入了什麼樣的法律世界。

在歷史上，土葬似乎是英國人最喜歡的屍體處置方式。古代的埋葬地點通常會選擇具有文化重要性或神聖意義的地點。在宗教禮俗規範確立之後，埋葬地點就改為教堂墓園，倘若死者是重要人物，有時會選擇埋葬於教堂或教堂的地下室之中。

由於工業革命創造大批城市移民潮，埋葬空間變得不足，維多利亞時期的英國政府察覺到他們必須盡快建設公立墓園，地點通常位於城市郊外。直到一八五七年通過埋葬法案之前，重複使用墓園埋葬空間的情形相當常見，但埋葬空間開始愈來愈少，強制遷出原先骸骨的速度過快，也引發群眾憤怒。一八五七的法案規定破壞墳墓為違法行為，除非政府下令挖掘。有趣的是，只有破壞墳墓違法，偷竊屍體則一點都不犯法——只要屍體為全裸。

一九七〇年代後，地方議會有權重新回收使用歷史悠久的墓園，條件是必須保持原有棺木的完整性。於是，他們將墳墓挖得更深以埋葬更多棺木。地方議會一般只會在超過一百年的墓園實施這項措施，因為老舊墓園早已荒廢，無人探視。二〇〇七年，倫敦地方治理法案修訂，當時的墓園空間問題更為嚴重，此法案替各個自治區域奠定法律基礎，讓他們能夠挖開墳墓，將亡者的殘骸放入更小的容器中再重新埋葬，條件是實施墓園必須擁有至少七十五年的歷史，而且墓園空間的租賃者和死者家屬並未提出反對。這項修訂讓各個自治區可以重新回收墓園空間，埋葬更多屍體，而且不必影響原有的棺木。二〇一六年，蘇格蘭議會也通過類似的法案。

重新回收使用墓園空間依然是個挑動人類情感的議題，也會引發宗教、文化和倫理的關切。但是，英國的墓園空間短缺危機已面臨了關鍵時刻——根據BBC在二〇一三年的調查結果顯示，到了二〇三三年，英格蘭地區將有半數的墓園無法接受任何新的死者入葬——我們必須有所作為，才能避免墓園無法容納新棺材的情況，或者尋找新的遺體處理方式。

全世界每年的死亡人數約為五千五百萬人，這個問題當然不會只影響英國。傳統上未接受墓園空間重新利用的城市首當其衝，例如南非德本和澳洲雪梨，他們就像倫敦一樣，在計畫修訂新法案時，都遭遇文化上的強烈抵抗。

在歷史上，全球許多城市，特別是在歐洲，會採用稍微不同的死者屍體處理方式，定期從地下或墓穴中取出死者遺骨，再將骨頭送入巨大的地下墓穴或藏骨室，並且讓守墓人自由發揮整理遺骨的藝術。最大的地下藏骨墓穴位於巴黎街道下方，一共儲藏六百萬具人骨，而最精緻的創作或許是捷克共和國的賽德雷茲（Sadlec）藏骨室（又名人骨教堂），建於一四〇〇年，儲存從過度擁擠的墓園中取出的遺骨。一八七〇年，木雕工匠法蘭提謝克·瑞特

（František Rint）接獲一份工作，負責整理堆積成山的遺骨。他將四萬具至七萬具遺骨化為驚人的教堂裝飾，包括吊燈、徽章和扶壁，皆採人骨製成。瑞特專注於創作，感性似乎毫不影響他在人骨中做出合適的選擇。觀看瑞特的手工藝術創作品可能是令人相當不自在，因為許多人骨材料來自非常年幼的孩子——包括他用於簽名的碎骨頭。

在現代歐洲，從墓園取出遺骨的傳統，大部分都自然而然地演變為墓園空間回收的方式。舉例而言，德國和比利時提供二十年左右的免費墓園空間。二十年後，倘若家人選擇不付款維持墓地，棺木會被移動到更深層的地下空間或其他埋葬區域，有時候則是萬人塚。在氣候溫暖的地區如西班牙或葡萄牙，由於屍體的分解過程較為迅速，埋葬於地下的時間也更短。倘若家人願意，可以付款將遺骨移動到墓園牆穴。如果死者的近親已經離開人世，墓園就會將骨頭移出，有些骨頭捐贈至博物館提供研究用途，其他則是遭到焚化或埋葬於地下，最後化為塵土。新加坡的屍體處理系統與歐洲相似，而澳洲準備採用英國的「埋於深土」選項。

然而無論埋葬的時間長短、地點位於土壤或紀念塔，土葬逐漸失去大眾的青睞。光是在美國，埋葬屍體就已經使用了總長三千萬英尺的木頭、一百六十萬噸的混凝土、七十五萬加侖的防腐液體，以及九萬噸的鋼鐵，足以證明埋葬對環境污染的影響。環保人士如果擔心埋葬造成的地下污染，也絕對不樂於接受火化。每次屍體火化的過程都要使用大約十六加侖的燃油，並且增加汞、戴奧辛和呋喃（furan，一種有毒化合物）的全球排放量。光是大略計算美國每年用於火化屍體的總能量，就能夠讓火箭往返月球八十三次。然而，火化在美國的受歡迎程度逐漸增加——一九六〇年，美國只有百分之三．五的火化比例，時至今日，已經接近百分之五十。

毫不意外的是，火化比例最高的國家通常是基於文化形式或傳統宗教原因而做出的選擇，主要是擁有大量印度教或佛教人口的地區。日本的火化比例為全球最高（百分之九十九．九七），其次分別為尼泊爾（百分之九十）和印度（百分之八十五）。以數量而言，中國最高——一年將近火化處理四百五十萬具屍體。

火化會燃燒屍體的有機物質，僅留下包含乾燥的無機礦物質碎片，其成分主要為磷酸鈣。火化後的骨灰約為身體體積的百分之三．五，平均重量是四英磅。在大多數的火化場，從火爐中取出殘留骨骸後，會送入骨灰研磨機，將骨頭殘骸磨成粉末，挑出所有不屬於人體的金屬物質。在日本的火化傳統中，家人用筷子從骨灰中挑出骨頭並放入甕中，從腳骨開始，最後才是頭部，確保死者不會頭腳顛倒。

英國人選擇火化而非埋葬的比例為四分之三。選擇火化的趨勢從一九六〇年代開始急速成長，過去十年則趨於平緩。現代社會喜歡嘗試極限，也開始出現新的環保選擇（因為火化後的骨灰對環境而言通常缺乏營養價值）。有一種新的方法是水葬，主要進行方式為鹼性水分解過程，將屍體放入填滿水和鹼液（腐蝕性蘇打或氫氧化鈉）的容艙中，在高壓中以攝氏一百六十度的溫度加熱三小時，人體組織將會分解為綠棕色的液體，富含氨基酸、縮氨酸和鹽分。剩餘的易碎骨頭則用骨灰研磨機磨成粉末（主要成分為羥磷灰石鈣），能夠分解或者作為肥料。

另外一種新的方法則是「冷凍葬」，將屍體放在攝氏零下一九六度的液態氮中，使用強力震動的方式將冷凍的屍體碎為微小的顆粒粉末，放在盒子裡乾燥後用磁鐵吸出金屬殘留物。粉末倒入土壤最上層，讓細菌完成剩餘的分解過程。最新的環保屍體處理方法則是「人體堆肥」，尚在設計開發階段，其核心概念是請家人用亞麻布包裹摯愛親人的屍體，放入位於三層樓高塔的「重構中心」——其實就是巨大的堆肥機。遺體會被平放在木片和鋸木屑之上，以加速自然分解過程。四到六個星期之後，屍體分解成一立方英碼大小的肥料，可以用於滋養樹木和灌木。他們目前尚未想到如何處理人骨和牙齒，因此人體堆肥方法或許還有一段路要走。

倘若上述的現代處理方法成為常態，會愈來愈少人能像我們的祖先一樣，留下自身身體的足跡。骸骨和其他屍體殘骸豐富了人類歷史，它們讓考古學和人類學享受窺探過去的奢侈與學術研究的刺激，能夠用近距離且非常私人的角度，探索人類過去的文明。

雖然歷史遺留的殘骸主要是屍體的骨骼和衣物，但正如我們先前討論過的，特定的氣候狀態——炎熱、乾熱、零下溫度或浸泡於水中——能夠保存屍體的完整性，時間甚至長達數個世紀。一九九一年，在奧地利和義大利邊境山脈上發現的奧茲冰人（Otzi the Iceman）已經死亡長達五千年，但屍體保存的狀態近乎完美。就像約翰・托靈頓（John Torrington）的遺體一樣，他參與了一八四五年結局悲慘的法蘭克林遠征隊，他的屍體與其他兩位隊友一起被埋葬在加拿大最北邊的冰原中，死後一百二十九年才被人發現。

諸如格魯貝拉人（Grauballe Man）、圖倫人（Tollund Man）、林道人（Lindow Man）、史迪思霍特人（Stidsholt Man）和凱豪森男孩（Kayhausen Boy）等「酸沼木乃伊」（Bog Bodies）之所以能保存良好，都要歸功於埋葬他們的泥炭。中國知名的辛追木乃伊已有兩千年的歷史，她也是被浸泡在鎂含量高的微酸液體中才得以保存，直到一九七一年，長沙當地的工人為醫院挖建一座防空避難所時，才意外發現這具木乃伊。辛追的血管保存完整，裡面還留著少量A型血液。

◈

雖然我的研究團隊很少實際參與考古過程，但我曾做出相當不理智的決定，答應與另外三位科學家一起加入英國廣播公司二臺製作的電視節目《歷史懸案》（*History Cold Case*），在二〇一〇年至二〇一一年間首次上檔。節目的主要流程是我們檢驗製作單位找到的考古遺體，拼湊遺體過去的生活，製作單位的其他研究者則會提供對應的相關資訊。我們完全不知道自己會檢驗何種遺體，又會有什麼發現。因此過程雖然令人緊張，卻也引人入勝。話雖如此，我還是經常抱怨，我不喜歡出現在在電視鏡頭上——因為我不上相。然而，我們在遺體身上所發現的各種故事就像一種提醒，讓我們知道無論屍體年代何其久遠，甚至來自遙遠的古代，依然能超越墳墓的限制，觸碰現代人的生命。

出現在電視螢光幕上，失去匿名性的保護，其實是一份有好有壞的禮物。素未謀面的陌生人將你視為公眾人物，無論他們向你走來的目的是稱讚或批評，都會讓人神經緊繃。雖然大多數人只是想表達他們對節目內容的喜愛，但也會有人毫不掩飾地批評你的長相，或者激烈反對你在電視節目中的發言；當然，還有人會直率地說你不太聰明。

在四位節目主持人中，有三位女性——這點不但值得強調，可能也比男性主持人群更容易引起觀眾投書和寄送電子郵件。觀眾替我們取了一個非常貼切的暱稱：「鄧迪大學三女巫」。在這三位女巫中，桑茜．馬雷特（Xanthe Mallet）是法醫人類學學家和犯罪學家，雖然收到過許多相當不合宜的批評，但她本身是一位非常引人注目的年輕女士。卡洛琳．威金森（Caroline Wilkinson）是臉部重建專家，她曾收到優美的詩歌以讚美她的臉部重建成就，詩中稱許這位富有同情心的藝術家多麼技巧高超。至於我，英國皇家監獄的囚犯寄了大量的信件請我替他們脫罪，理由不外乎是「說真的，我沒有謀殺自己的妻子」。我們在特定社會團體中獲得了相當程度的支持，甚至讓節目獲得「女同性戀懸案」的外號，但這個稱呼似乎將可憐的沃法蘭・梅爾—奧根斯坦（Wolfram Meier-Augenstein）老先生排除在外，他是節目中的同位素鑑定專家，雖然我認為他根本不在意自己是否被忽略。

往好的一面看，我們收到許多溫馨的觀眾電子郵件和投書，他們單純地享受探索新知，而接觸群眾的經驗也提醒我們記得，社會大眾真誠地渴望學習先祖遺體所述說的故事，我們又能如何應用專為法醫鑑識設計的科學技術，深入探索過去的人類生活。有時候我們也會產生悲傷激烈的感受，希望重建孩童或辛勞女工的平凡生活，而非國王、主教或者戰士的輝煌成就，才能顯現我們其實並未遺忘這樣的平凡人，他們的故事需要利用法醫人類學所解讀出的訊息才能寫出。

有個令人難過的案例是一具解剖用的八歲男孩遺體，這具沒有正式文件紀錄的木乃伊原本存放於我任職的鄧迪大學解剖學系櫥櫃中，他的軟體組織已經摘除，只剩下骨頭和人造動脈系統。我們對他一無所知，也不知道該怎麼處理這個樣本。因此我們希望藉由節目的探索，希望能找出背後的有趣故事。

研究過程起初非常順利，之後卻迅速地陷入黑暗迷霧之中。這個孩子死前沒有營養不良的症狀，死因也缺乏合理醫學解釋。在我們鑑定遺體的死亡時間後發現，他可能死於一八三二年解剖法案通過之前。當時殺童凶手猖獗，而解剖學家會依照體型付錢購買孩童屍體，難道這孩子就是其中一位受害者？或是盜墓者從墳墓中偷走他的屍體？他們是否接受解剖學家的聘僱盜竊屍體，以應付訓練學生的需要、滿足研究先驅的利益？我們都知道，傑出的解剖學家威廉・杭特（William Hunter）和另外一位解剖學家約翰・巴克雷（John Barclay）曾經在當時進行血管注射實驗，而男孩遺體中的化學藥物殘留分析結果，完全符合杭特和其追隨者使用的化學藥物。現代解剖學家揭露了過去解剖學家的不當行為，這個真相何其諷刺。

在節目的尾聲，我們面臨一開始未曾預期的艱難決定：我們該如何處理男孩的遺體？留在解剖學系、捐贈給外科醫師大廳博物館，或是舉行得體的葬禮？我們一致決定安葬這個男孩。我討厭看見人類遺骸有如櫥窗中的珍奇藝品般被展示出來，只為了滿足觀眾的興奮快感。教育和娛樂只有一線之隔，我們的心中必須自有一把衡量是非對錯的尺，而最明顯的衡量尺度就是將這個男孩想像成你的親生兒子。如果是你兒子的遺體，你會怎麼做？不幸的是，我們難以取得有關單位的下葬許可，他目前只能待在某間外科醫師博物館，但至少目前可以免受群眾關注，直到他終於獲得安息。

另外一位悲劇人物則是「交叉骨女孩」，這是一位年輕的女性，年紀只有十幾歲快二十歲左右，幾乎可以確定她是妓女。她的屍體發現於倫敦南部的南華克交叉骨墓園，因為第三期梅毒而嚴重受損，毫無疑問地與她的職業有關。考慮到梅毒的發病階段，我們推測她受到感染的年紀大約是十歲至十二歲之間，讓我們一窺十九世紀時，兒童賣淫產業令人毛骨悚然的現實。在重建女孩臉部時，梅毒在這個少女身上造成的損害慘不忍睹。於是凱洛琳進行了第二次的臉部重建，想看看她若身體健康或接受盤尼西林的治療，會是什麼模樣。在研究無名的人類骸骨時，我們必須保持一定程度的情感抽離，但看見這個有血有肉的年輕女子恢復大致面容，以及若命運垂憐，她所能維持的健康模樣後，讓我們產生激動的情感，意識到自己正在面對的是一個真正的人，她也有自己的希望、夢想與個性。我們將她的生命歷史重建到好像幾乎能替她找回名字的程度，但「幾乎」最終也只是徒勞無功。

獲得最多觀眾迴響的故事則是於赫特福德郡（Hertfordshire）的鮑爾多克（Baldock）發現的一名女性和三名嬰兒的骸骨，推測年代可追溯至羅馬時代。發現年輕女性的屍體時，她的臉部朝下，俯臥在墳墓中，第一名新生兒遺體位於她的左肩上。經過更進一步挖掘後，在她的雙腿間發現第二名新生兒的骸骨，第三名嬰兒遺體則位於女人體內骨盆腔中。像這名女性身上的慘劇，至今在世界各地醫療設備落後的地區依然屢見不鮮，他們無法處理「胎頭骨盆不對稱」的情況（母親的骨盆空間無法容納嬰兒頭部大小）。嬰兒不能在子宮裡翻身，導致以臀部朝外開始分娩。如果現代孕婦無法自然生產，目前已有相當安全的方式協助，至少在已開發國家如此，但羅馬時代的鮑爾多克則沒有這樣的技術。

第一個小孩確實成功出生，但我們永遠無法確認嬰兒出生時是否已經死亡，或者出生時還活著，卻很快就死去。三胞胎的第二個孩子是母親的死亡原因，可能是因為孩子的臀部朝外（符合孩子屍體被發現時的位置），或他的體型才導致問題產生。母親很有可能在分娩第二個孩子時難產而死，並與第一個孩子一起被埋葬起來。當她和第二個孩子的屍體開始分解的過程中，母親體內累積大量氣體，加上嬰兒頭骨分解的減壓效應，終於在死亡多年後，將第二個孩子的屍體推出產道外，也就是我們所知的「棺木生產」。第三個孩子從來沒有機會離開子宮，因為卡在產道的第二位孩子阻擋了出口。原本應該是生下三胞胎的喜事，最後成為令人心碎的悲劇，一共造成四人死亡。

最近，我在鄧迪大學的研究團隊協助進行了羅斯海灘一個有趣的考古案例，處理羅斯馬基洞穴發現的人骨遺骸，地點就在因佛內斯北方的黑島，這也讓我想起孩童時期的家庭回憶——特別是威利姨公卡在海灘椅的野餐時光。我喜歡巧合，也喜歡過去記憶中的時間和地點再次於生命中出現。

我們同意使用法庭醫學對人體創傷的理解來研究這具遺骸，揭露這名男子遭受的命運。這項考古計畫是由北蘇格蘭考古協會和當地社群合作進行的「羅斯馬基研究計畫」，他們希望調查羅斯馬基洞穴，理解誰在什麼時間、因為何種因素而決定使用這些洞穴。

發現人骨的地點為當地人口中的精鍊者洞穴（Smelter's Cave）後方沙地，就在高地村的北方。根據放射碳鑑定顯示，這個人很有可能生活在皮克特時期（Pictish Period），早於維京人抵達英格蘭，大約是鐵器時代後期和中世紀初期之間。他的臉部朝上，呈現「蝴蝶狀」姿勢：臀部扭曲，雙腿擺為菱形，腳踝交錯，膝蓋朝外。雙膝之間放了一塊大石頭。手掌置於腰部或臀部位置，雙臂上也放了石頭，還有一塊石頭壓在他的胸口。一開始的假設認為，這些石頭可能是刻意擺放以壓住屍體，避免他因為憤怒或復仇而起身，或者只是單純希望他不要被潮水沖走。

從頭骨的劇烈創傷判斷，他在死前曾受到激烈的外力衝擊，但身體其他部位沒有傷口，各方面的檢驗也顯示他是一個體態良好又健康的年輕人，年紀只有三十歲左右。

創傷分析是一種邏輯演繹過程，必須準確理解骨頭的運作方式，當骨頭受到傷害，會產生何種行為改變和對應的額外創傷，以及所有事件的先後順序。我們可以藉此辨識一種或多種可能的創傷過程：觀察骨頭創傷位置以及傷部之間的相互關係，提出可能的事件時間軸，按照順序展現死者受傷的原因和造成創傷的可能物品。

羅斯馬基人的第一個受擊傷口位於口部右側，而他的牙齒從正面遭到粉碎，可能是被長槍、長矛或類似的標竿投射物打中，傷口非常小而整齊，並未貫穿至脊椎或造成更進一步的傷害。攻擊行為發生時，他一定還活著，因為他的其中一個齒冠出現在胸腔——代表他在衝擊發生之後，不慎吞入齒冠。

其次，我們發現他的下巴左側也承受過一次非常強力的攻擊，可能是拳頭或者木棍類武器的一側所造成，這也符合右側牙齒的圓形破裂痕跡。這次攻擊導致他的主下顎骨破裂，與頭骨連結的兩處關節也因此受損，並繼續深入體內，造成顱內頭骨底部的蝶骨碎裂。第二次衝擊的力道讓羅斯馬基人往後倒下，頭部撞擊堅硬物體表面——可能是埋葬他那片海灘上的石頭。撞擊點位於後腦偏左側，並且造成多處頭骨碎裂。

羅基馬斯人倒下之後，該名攻擊者（或者多名攻擊者）顯然在受害者右側彎身檢查，確定他不會再起身，再用圓形武器（與造成牙齒破碎的武器形狀大小相似）刺入他的左方太陽穴，武器從右方太陽穴穿出。這是致命的一擊，在頭部上方造成穿刺傷，如此暴力的攻擊也粉碎了頭蓋骨其餘部分。

克羅默地（Cromarty）當地的歷史研究協會邀請我進行研究成果簡報。現場的工作人員一直到挖掘計畫的最後一天才發現這具屍體，但他們對此一直保密，想給地方居民一個驚喜。因為我來自因佛內斯，在克羅默地也小有名氣，大家一直在猜測我為什麼會參與這次會議。團隊計畫的領導人在最後一張投影片公布了羅斯馬基人在挖掘現場的照片，聽眾立刻傳出一陣驚呼。我旋即起身，向聽眾介紹這位男人是誰，發生了什麼事，最後才展示由我的同事克里斯．瑞恩（Chris Rynn）負責處理的精美臉部重建結果。現場聽眾非常激動。

結束之後，一位女士告訴我，她感到非常精疲力盡，想回家好好休息。她原本以為這是一場枯燥乏味的考古發現演講，結果卻是一場扣人心弦的雲霄飛車旅程，聽到一位當地男性遭到殘忍謀殺的故事。她甚至凝視受害人的眼睛，還有那張栩栩如生的臉龐，雖然他已經死了一千四百年，卻彷彿從未離開那時的羅斯馬基街道。我就是喜歡人類從來都無法擺脫他人故事所帶來的情緒影響這一點，即使死者生活在數個世紀以前，他們也欣然接納先祖，如同自己的鄰里，只因為他們也曾居住在同一塊土地上。羅斯馬基和鄰近地區的居民甚至開始將自己的子女、孫子照片寄給我們，指出孩子和皮克特人的相似之處，猜測自己與他可能有親戚關係。

從揭露人體構造的角度，考古研究帶來極大的滿足，但從法醫人類學的觀點，考古研究也創造極大的痛苦，因為無論我們的內心多麼肯定死者所遭受的不幸結局，終究沒有人可以確定真相，或引導我們注意到自己可能犯的錯誤。當我還只是年輕的學生時，在進行貝爾陶器文明研究計畫期間第一次感受這種痛苦，缺乏事實證據這一點令人感到焦躁不安。於是，我開始認為探索愈接近現代的考古議題，就愈有成就感，因為更有機會找到文獻證據，協助我們精確拼湊自己正在調查的過往生命，並且用更可信的基礎來重建他們的人生。

或許這也就是為什麼我在一九九一年時如此執著於一名古怪矮小的十九世紀愛爾蘭男子。當時，我們負責挖掘倫敦西肯辛頓地區的聖巴拿巴斯（St. Barnabas）教堂地下墓。地窖的天花板已經開始斑駁崩裂，如果不處理，恐有坍崩疑慮。我們之所以會參與挖掘工作，是因為這間教堂地下墓用於埋葬屍體，在建築工人開始修復天花板之前，必須移出所有遺體。倫敦總教區允許我們進行修補任務，包括清空棺木、火化屍體，再將骨灰移回聖壇。

教堂地下墓的墳墓採用三層棺木，這是一八〇〇年代初期富裕家族常見的選擇。這種多層屍體容器就像俄羅斯娃娃，最外層為木製，有時會以裝飾布料、把手和其他適合物品覆蓋，除此之外還有一塊名牌，記載死者名字和死亡日期。第二層則是鉛製，採用轉軸固定並加裝死者訂製的圖案，同時也有一塊名牌說明死者的身分細節。鉛製層的設計目的在於阻擋屍體產生的體液，通常會鋪上麥麩以吸收屍體分解產生的惡臭液體。之外，鉛製層也能夠確保氣味被封在棺材中，不會飄散至樓上的教堂，讓教區居民在星期天上教堂時，敏感的鼻子不會受到惡臭氣味的冒犯。

第三層棺材通常只是得過且過，採用便宜的木頭製作，通常是榆木，而這層棺材的目的為充當鉛製棺材的內襯。屍體完全平放在最後一層棺材中，頭部靠著馬毛和棉花填充的枕頭，枕頭套上印製洞型花紋，以仿造昂貴的英國刺繡枕頭，而他們通常也會為遺體穿上最好的衣服。

當我們抵達教堂並開始挖掘遺體時，最外層的棺材已經解體，只剩下木頭殘骸和裝飾品，鉛製層棺材則相當完整。我們必須打開有如巨大密封錫罐般沉重的容器，才能挖掘出第三層棺材，取出死者的殘骸。我們已經獲得教區許可，可以拍攝照片、研究遺體，並記錄誰埋在此地。我們的研究目標是判斷能否從這些十九世紀的遺體中取出基因。人體的基因密碼是否能在鉛製棺材中倖存？

不幸的是，答案為否。當屍體分解時，會分泌微酸性液體，液體無法流動，因此與最內層的木頭產生化學反應，形成微弱的腐蝕酸，而腐蝕酸會破壞鹼基對（基因雙螺旋的基礎單元）和螺旋骨幹。因此，屍體的基因資訊早已溶解成棺材底部一團黏稠的黑色糊狀物，外表看起來就像濃厚的巧克力慕斯（解剖學家喜歡用食物比喻自己處理的物質——也許不太得體，但能夠有效表達意思）。

由於十九世紀初期的埋葬人數眾多，加上教會與肯辛頓軍營的地緣相近，讓人毫不意外棺木上的名牌彰顯了死者與軍方之間的密切關係。在那段時間，歐洲發生許多戰役，當時的歷史記錄文件異常詳細。我們邀請了切爾西的英國軍事博物館工作人員，除了擔任挖掘行動的相關法律顧問，也提醒我們注意哪些死者出現在歷史文件中。

他們對其中一個棺木特別感到興趣，但死者艾芙瑞達・契思寧（Everilda Chesney）女士並非引起興趣的主因，而是她的先生法蘭西斯・洛東・契思寧（Francis Rawdon Chesney）。契思寧將軍隸屬英國皇家砲兵，一生居功厥偉，但最特別的成就是搭乘蒸氣船南下穿過幼發拉底河——這場旅途展現了通往印度的新路徑，距離更短，不必再繞過好望角，進行變化莫測的漫長旅途。我們將艾芙瑞達的棺木留到最後，倘若挖掘進度落後，希望艾芙瑞達引發的興趣可以替我們爭取額外的工作時間。我們只有十天的時間，卻必須打開超過六十個鉛製棺材、記錄內容，並且移動死者殘骸。

悲傷的是，艾芙瑞達結婚不久以後就離開人世，葬入教會的地下墓穴。我們打開棺木後，發現多數遺骨已經碎裂，只有藏在精緻絲綢手套的小巧手骨還是完整的，其中一隻手掌明顯比另一隻手掌更大，這讓我們猜測艾芙瑞達早年因為某種類型的癲癇所苦。即使艾芙瑞達的屍骸別無特別之處，棺木中的其他物品依然令人非常感興趣。在艾芙瑞達的棺木中，行事風格古怪的丈夫放入他在一八三九年四月三十日婚禮穿著的全套軍服，兩條褲子交錯在艾芙瑞達的腿上，軍人外套披在她的胸前，軍人便帽放在頭部旁，軍靴則在她的腳邊。我們將契思寧將軍的軍服交給軍事博物館妥善保存，艾芙瑞達的遺體則隨其他入葬者一起火化，所有人火化後的骨灰也回到重建後的教堂墓穴聖壇。隨著時間經過，我發現自己對艾芙瑞達身材嬌小、個性古怪的丈夫愈來愈有興趣（他的身高大約只有五呎四吋，必須在鞋中加入軟木塞，佯裝自己的身高符合軍事學校的入學要求）。我開始閱讀探討契思寧將軍的書籍，研究他的人生。某一天，我發現一個以契思寧姓氏為名的家族網站。在深呼吸之後，我張貼一則要求，詢問是否有人知道契思寧將軍生前寫下日記的相關資訊。隨後，我收到一封神奇的電子郵件，來自於戴夫（Dave），他是契思寧將軍的嫡系後裔，住在美國芝加哥附近。從那時起，我們開始了一段網路友誼，迄今為止已經持續超過十五年。隨著每次我深入探索他的家族歷史故事，他也會將每次的新發現分享給臥病在床的父親。他的父親總是引頸期盼下一次的故事，「你最近有沒有和那個蘇格蘭女人聯絡？」他總是說：「她又發現什麼了？」

一個已經死去將近一世紀的男人，促使兩個素未謀面的人孕育了一段歷久的友誼，也讓另一個遲暮之年的男人產生新的興趣，確實是一種奇蹟。毫無疑問地，某些過去的人物擁有強烈特質，足以越過墳墓，影響生者的人生。骷髏不只是沾滿塵埃的老舊遺物，而是生命的註腳，有時甚至具備足夠的共鳴能量，可以引導生者的想像。

第二次波灣戰爭之後，我前往伊拉克，而契思寧將軍的故事依然縈繞在我腦海。某一天，我發現自己坐在幼發拉底河河岸，四周只有負責戒備的英國皇家砲兵團；這又是另一個讓我再三回味的巧合。我不禁脫口詢問身旁的資深軍官：「英國皇家砲兵團有沒有成立慈善基金會？」我不知道自己為何提出這個問題，沒有人比我更驚訝。有禮的年輕軍官說，他們當然有慈善基金會，而就在他熱心介紹基金會的各種善行時，我的腦海出現一道明確的聲音，鼓勵我繼續研究契思寧將軍，並寫下這位藏在歷史背後的男人故事。或許有一天，我會將這個想法付諸實現，而英國皇家砲兵團也將會因此而受益。我相信法蘭西斯絕對也會贊同我的想法。

我必須承認，自己的確輕微迷戀著這名矮小的愛爾蘭男子，一開始只是興趣，後來變成一種小小的執迷：我曾經帶著全家人到愛爾蘭度假，就為了能找到他的墳墓，再用望遠鏡從遠方觀賞他親手建立的家園。幸運的是，我的先生非常體貼，接受我們的婚姻出現了「第三者」。

第七章

永誌不忘

死者為大（De Mortuis nil nisi bene dicendum）。

——斯巴達的契倫（Chilon of Sparta）

希臘聖人（西元前六〇〇年）

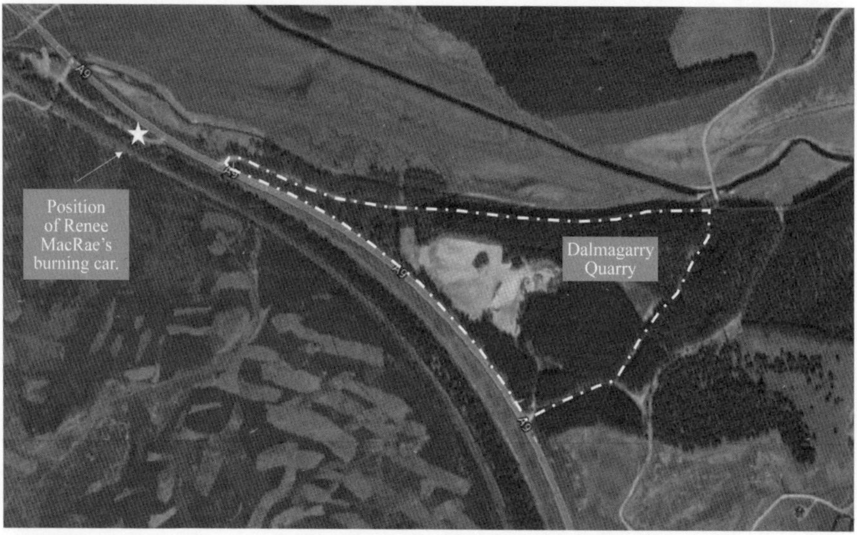

達馬格瑞礦坑地圖、A9公路與
芮妮．麥可雷（Renee MacRae）的汽車起火地點。

雖然研究考古遺骸非常引人入勝，但我的心依舊繫於現在和當下，希望能解開更多的現代死亡謎題，協助辨識逝者的屍體，或者起訴那些結束或傷害他人生命的罪犯。替失去親人的家屬找到真相，將行兇者繩之以法，讓受誣告者重獲清白，能夠為我帶來極大的滿足。

在學生時代，我探索了歷史的死者世界，也明白了自己對此並不感興趣，我決定繼續前進，尋找當下發生的刺激難題，面對每一次轉折和決定的挑戰。

我從來不想從事與生者有關的工作。雖然我可以理解治療與照顧病患的重要性以及隨之而來的巨大成就感，但我的內心總是偷偷地認為，活著的病人比死去的亡者更麻煩。我的個性中有一半是控制狂，另一半則是膽小鬼，這讓我發現我最適合更為單向互動的工作——換言之，只有我能夠提出問題。

倘若我當初選擇主修醫學，我很確定只要自己第一次犯錯，為某個人的生活品質帶來負面影響，或者毫無必要地加速他的死亡過程，我就會立刻失去自己做決策的自信，覺得自己是在危害病人。有些人認為這才是醫師應有的態度，但如果我傷害了病患，我永遠無法再繼續行醫下去。我認為自己的道路早在青少年時期就已非常明確，無論是肉店或停屍間，我的答案永遠都是死去的生命體。

法醫人類學家當然不是永遠都有辦法能找到正確答案，這種現象只會發生在俗濫的犯罪現場電視影集中，自命不凡的科學家總是能在影集尾聲取得勝利。在我們的記憶中和我們對自身名譽的認知中，無法解開的謎題或我們未盡力完成的案件，才會留下不可抹滅的痕跡。特別是無論我們何其努力，依然無法確定一具無名屍體的名字，或者明明知道失蹤者很有可能已經死亡，卻找不到屍體的時候。這種無法完成的使命在你的心中產生一種未竟之感，彷彿藏匿在肌膚底下的小蝨，任憑你用力抓撓，直到解開謎團之前，那種痛癢永遠不會消失。

我無法想像有任何事情，會比不知道摯愛的親朋好友身在何方或發生何事更為糟糕。他們還好嗎？不幸的命運是否降臨在他們身上？他們死了嗎？他們的屍體是不是被棄置在某個遙遠孤獨的灌木樹叢中，或者刻意埋葬在土地中的某個洞穴？這些念頭會不斷地折磨失蹤者的家長、手足、子女、親人和朋友。

面對失去時，我們的反應是悲傷，而非認清事實並且接受死亡。有些人困在未定狀態之中，無法知道親朋好友是死是生，通常更難適應。每天清晨甦醒時，他們都會遭到這個念頭打擊，因為這就是前夜入睡前的最後思緒，有時甚至會偷偷潛入夢境之中。隨著時間過去，有些人看似學會如何控制情緒，然而，只要一個名字、一個日期、一張照片或者一段音樂，就能在隨時毫無預兆地將他們拉入無盡可怕想像的黑洞中。這個現象也展露了人類在面對悲痛的雙重機制中，於「損失導向」和「復原導向」反應之間的擺盪不定。曾有一次，一對夫婦的孩子失蹤了，他們告訴我，那感覺就像世界陷入了恆久的語言障礙，腦海會無盡重播著相同的惡夢，讓你永遠無法開始痊癒。

同樣地，我也難以想像，失去親人的家屬因為永遠找不到屍體而無法妥善進行哀悼時，究竟承受著怎麼樣沉重無解的哀傷。在他們的腦中，縱然知道失蹤的家人已經死了，但心靈可能永遠無法認知到這個事實。舉例而言，親人死於火災、空難或天然災害的家屬，內心可能產生一種合理的期待，認為他們終究可以找到屍體，卻被迫接受不一定能找回家人的事實，反而增加了額外的傷痛負擔。

因此，法醫人類學家才會不分大小，一一檢驗所有屍體碎片，因為我們希望能找回死者的身分。一場發生在蘇格蘭的致命火災，就能清楚解釋我們如何讓事情有著關鍵的不同，讓一具可能永遠無名無姓的屍體，能找到自己的名字並入土為安。當時，有一棟偏遠郊區的房子遭到火舌摧毀，火勢大概已經延續一個小時以上，直到一位農夫看見遠方的紅色火光後才通知消防隊。等到消防員匆忙離開二十英里之外的消防隊，穿過蜿蜒的鄉村單線道抵達火災房屋時，現場只剩燃燒殆盡的空殼。屋頂已經坍崩，焦黑的屋瓦與閣樓中物品的殘骸高達三英尺，掩蓋了底下的一切。

附近的居民都知道，住在屋裡的老女士喜歡小酌幾杯，而且菸癮甚重。除此之外，我們也得知，該名女士在冬天時為了保暖，通常會睡在客廳的沙發床上，日夜都在壁爐中的燃燒著炭火。我們召開法醫策略會議，一致同意老女士遺體的殘骸應該位於沙發床附近。消防人員確認我們能安全進入房屋後，我們取得房屋內部大致結構圖，擬定前往沙發床的最佳移動計畫，試圖不要攪亂現場的重要證據。我們穿上宛如「天線寶寶」的防護衣，穿著黑色雨靴，配戴面罩、護膝以及雙層丁腈橡膠手套，痛苦地手腳並用，一寸一寸沿著屋內牆壁，慢慢前往客廳，同時用刷子、鏟子和桶子清除房屋一樓的碎石，不停尋找灰白色的碎骨。

我們的工作進度緩慢。火勢讓房子變得焦黑無比，又因為消防車的水柱而潮濕，四處都還在冒煙，溫度甚高，根本無法觸碰。兩個小時後，我們抵達東牆旁的沙發，謹慎地清除沙發上的磚瓦碎石，卻沒有在沙發床殘留的金屬框架中找到任何人體殘骸。我們發現沙發床並未展開，這代表了住在這裡的老女士，在火災開始前可能尚未就寢。

三個小時之後，我們舉行第二次的法醫策略會議以決定下一個搜索地點。沙發的殘骸已經清除了，我們討論是否應該繼續沿著房屋東牆搜尋，或者往西轉向房屋的主要空間搜索。在檢視屋內殘骸時，我察覺現場有一片小巧的灰色碎片，長度不超過三公分，寬度約兩公分。我們拍攝照片後拾起碎片。這個碎片是哺乳類動物的下顎骨，沒有牙齒，因為牙齒已經因高溫而產生石灰效應，或者說，被現場火勢燒成灰燼。

現在，我們推測老女士的遺體應該位於沙發床原本的位置和起火點之間。我們在此處發現極度脆弱的碎裂左腿骨、和尼龍物質融為一體的脊椎骨碎片、疑似老女士衣物的殘留物，以及一塊左鎖骨。

我們似乎發現了住在火災現場的老女士遺體，但該如何確認這些殘骸確實屬於老女士本人？我們不可能從已經化為灰燼的骸骨中抽取基因，而老女士雖然配戴假牙，可能也在火海中融化了。我們只能善用手中的線索，而那塊左鎖骨就是關鍵。這塊骨頭上有清楚的骨折痕跡。曾經斷裂又痊癒的骨頭，幾乎無法恢復原本從未斷裂的模樣。人類骨頭的痊癒過程就像縫補衣物一樣，鮮少能精準地修補如初，一定會留下曾遭受過折磨的線索。

老女士的醫療紀錄顯示，她大約在十餘年前曾因跌倒而造成左鎖骨骨折。這些資料足以讓蘇格蘭的檢察官確認女士身分，並同意將遺體交還家人以進行妥善的葬禮。我們找到的遺體殘骸很少，甚至無法填滿一個小小的鞋盒，但這樣已經夠了。

對於火災防範部門而言，這次的案例是一個警訊，提醒他們火災現場必須有一位法醫人類學家。他們承認，自己絕對無法找到已經變成一團灰色餘燼的人類遺體；事實上，他們可能從來就沒注意過灰色餘燼，只會將遺骸連同其他殘餘物一同清除。這次意外之後，蘇格蘭的法醫人類學家定期會與警方和消防人員一起前往致命火災現場。我們締造了良好的合作關係，證明這種付出很值得，重建只有科學家能夠辨識的人體殘骸。

◈

法醫人類學家最苦惱的失蹤人口類型有兩種，分別是毫無音訊的失蹤人口，這讓我們不知道從何開始尋找，以及沒有辦法找出身分的屍體。

我們都曾經在報紙文章中讀到，某個年輕男性或女性在星期六夜晚從派對回家途中消失了。在這種案例中，我們透過英國失蹤人口調查中心的研究結果，就能推測他（她）可能發生何事，啟動相對應的搜尋程序。舉例來說，如果他（她）回家的路線靠近水域，例如河流、運河或湖泊，搜救隊就會率先搜尋這些地點。英國每年大約有六百人的死因與水域相關，意外事件的比例最高（約百分之四十五），大約百分之三十為自殺，犯罪事件的比例只有不到百分之二。或許不太怎麼令人意外的是，在一整週當中，水域相關的死亡事件最常發生於星期六，這是娛樂休閒活動、過度用藥或酒精飲用的高峰時期。水域死亡意外事件有百分之三十發生在海岸、海濱或海灘，百分之二十七與河流有關，至於海域、港口和運河的比例分別為百分之八。與河岸相關的自殺死亡案件中，超過百分之八十五涉及運河與河流。這驚人的統計數字也解釋了為什麼水域是最主要的潛在搜尋地點。

針對失蹤孩童進行調查，也能替處理重大意外事件的警方團隊和專業諮詢人員提供無價的資訊。大多數被懷疑遭到綁架的失蹤孩童（超過百分之八十）都能迅速被尋獲，並安全回家，通常這背後並沒有任何惡意動機，孩童只是單純走失或迷路。而可以想見，綁架謀殺案件總是會獲得媒體報導高度關注，幸運的是這種案件極為罕見。受害者方面，女孩的人數多過於男孩，而且只有非常少數的受害人年齡低於五歲。統計數字雖然無法撫慰心急如焚的家屬，卻是建立務實情報調查的必要基礎。

如果警方無法迅速找到孩童，最有可能的原因就是惡意綁架。有些家庭傾向於相信坊間傳聞，認為遭到綁架的孩童會在數年之後安全無恙地與雙親團聚。這種例子雖然少見，卻也並非前所未聞，例如卡米耶・莫布里（Kamiyah Mobley）的例子。一九九八年，她在美國佛羅里達傑克維爾的醫院出生數小時後，被一個剛流產的女人綁架。十八年後，卡米耶終於在三百英里之外的南卡羅萊納州被找到了。她還健康而安全的活著，雖然她不知道自己的真實身分，也享受了平凡的快樂童年。只有非常少數的幸運家庭能享受這種結局，但代價相當沉重，特別是孩童的自我身分認同與歸屬感，都會因此受到根本性的傷害。其他更惡劣的綁架案件的受害孩童，可能會產生受虐後遺症——這是每個家長最可怕的夢魘。

雖然許多受到綁架事件影響的家屬都非常清楚卡米耶的故事只是例外，但他們即使經過數十年，內心依然保有微弱的希望之火，而這種心態或許有助於緩和刻骨銘心的痛楚。只要沒有屍體或沒有證據證明孩子已經死了，他們都會認為，放棄希望就等於拋棄孩子。

這些案件依然懸而未決，只要能夠為社會大眾帶來助益，例如為努力尋求一線生機的家人帶來希望，或有機會將依然存活的加害人繩之以法，我們都會耐心等待新的證據出現。正如一位警督最近提醒我的：「世上沒有任何不受關注的懸案。」每當發現一具屍體，且我們可以完成準確的身分辨識後，會將消息告知家屬，但他們從來不想聽到這些消息，因為這讓他們長年懷抱的希望和夢醒化為泡影，強迫他們接受失去孩子的殘忍事實。我們也非常清楚，隨著調查進度，開始揭露他們最親愛的孩子死亡前幾天的情況和環境，以及證實他的死亡，會對家人產生何其嚴重的痛苦。但我希望相信，從長期的角度來看，時間會證明揭開真相其實是一種微小的慈悲，打破家屬因為徬徨產生的失語和停滯，允許他們的生命接納特定程度的適應和痊癒。

我經常想起那些孩子依然不知蹤影的家庭，思忖著如果易地而處，我又會作何感受。一般而言，我盡力用匿名方式處理這本書所提到的私人悲劇事件，但我想要提出兩個例外的是兩位失蹤孩童以及一位母親，他們迄今依然下落不明，我相信，或許、只是或許，重新提起他們的案子，或許能找到線索，讓他們回到家人的身邊。他們的家人已經接受他們死亡的事實，唯一的願望就是找到摯親的下落，並且「帶他們回家」。誰知道，或需有某種方式可以喚醒某個人的記憶和良知，倘若還有一絲一毫最微弱的希望，能夠透過他們的故事替兩個家庭帶來期盼已久的答案，就值得我這麼做。我的祖母虔誠地相信命運，她教導我明白，我們永遠不知道在什麼時候，世間的安排會產生正確的結果。

第一位孩童的失蹤日期可以追溯至我的青少年時期。我的記憶非常鮮明，因為地點就在我的家門前。我從來無法想像在將近三十年後，我居然會親身參與英國史上其中一件跨時最長的失蹤人口追查案件。住在因佛內斯的芮妮・麥可雷（Renee MacRae），當時三十六歲，她與當時三歲的小孩安德魯（Andrew），在一九七六年的十一月十二日星期五失蹤了。一開始警方接獲的資訊是，麥可雷將兒子留給分居的丈夫後，前往基爾馬諾克（Kilmarnock）拜訪自己的姊妹。稍後，警方才查出她可能是去找交往四年的婚外情對象——事後證明，這個男人才是安德魯的生父——威廉・麥可多威爾（William MacDowell）。

當晚，在因佛內斯南方十二英里處，一位火車司機發現A9公路旁的停車場有一臺汽車起火。該臺汽車就是芮妮的藍色寶馬。等到消防人員抵達現場時，汽車已經完全損毀，現場並沒有芮妮或兒子的蹤跡。汽車內部亦無線索，雖然稍後在行李廂發現的血跡與芮妮的基因相符。當時，各種瘋狂的傳聞甚囂塵上，包括充滿異國風情的傳說，例如有架飛機關閉燈號，祕密降落在戴克羅斯（Dalcross）機場，迅速地綁架芮妮並將她帶到中東，與一位阿拉伯的石油大亨享受榮華富貴的生活。

這種傳說故事當然沒有任何事實基礎，早在遠久到不可考以前，社區居民就用這種方式回應無法解釋的辛辣事件，為之羅織天方夜譚和迷思神話，成為民間傳說的一環。這種故事雖然立意良善，卻依然會造成誤導，某些人也會藉此博取關注。無論原本的意圖為何，民間傳說無法協助調查，通常也會浪費警方的寶貴調查時間。

我還記得警察在某個周日下午曾來過我們家並和父親交談，超過一百位警察投入搜索芮妮和安德魯的行列，同時數百位當地志工與預備軍人也支援了這次搜索行動。他們檢查了鄉村地區每一棟破屋、舊舍和棚屋。而就像其他住在A9公路鄰近郊外地區的居民一樣，我們家也遭到搜索。住在因佛內斯的每一戶人家，都因為芮妮和她的兒子失蹤而受到影響。警方日夜搜索，調查卡洛登原野（Culloden Moor）與所有的建築物，尋找灌木叢地。英國皇家空軍甚至派出坎貝拉轟炸機（Canberra Bomber）搭載熱能探測儀器，飛過海灣地區和淹水的礦坑。因佛內斯受到滴水不漏的搜尋。

一位警佐負責調查此案，他從湯馬丁（Tomatin）北方的達馬格瑞礦坑開始進行，此地就在芮妮汽車爆炸地點的北方，只有一百碼左右的距離。警佐回報，礦坑發出惡臭，因此決定進行挖掘，卻因為某些原因而導致挖掘工作迅速停止，警方也開始暫緩此案調查。這種重大的意外事件，會在社區居民心中留下無可復原的傷痕。直到尋獲失蹤孩童之前，不僅整座城鎮的人無法向前看，他們親密的家人和朋友更是難以放下。如果一位年幼的孩童失蹤，失去的痛楚在經歷數十年後依然會尖銳無比。倘若安德魯迄今仍活著，他的年紀將為四十歲左右（芮妮則是七十餘歲）。每當兩人失蹤的年度紀念日快到之時，地方媒體就會重新報導他們的故事。一開始，媒體的報導似乎有些毛骨悚然，但這樣也能讓社會大眾繼續記得這個案件。

二〇〇四年，A9公路進行雙向通車的擴展計畫，需要用到達馬格瑞礦坑的砂石，讓警方有機會重新調查礦坑和周圍環境，終於能夠封鎖此地，調查當年留下的許多疑問。

達馬格瑞礦坑是一片孤立的三角形區域，面積大約九百平方公尺，地點在A9公路附近，走向西南側的陡坡，可以抵達方塔克溪（Funtack Burn），北方則是魯斯文路（Ruthven Road），這座礦坑就是一九七六年警方蒐集間接證據的地點。一位民眾回報，當晚曾目睹一個人走在漆黑的A9公路上，疑似推著嬰兒車（警方並未找到安德魯的嬰兒車）。也有其他目擊者表示看見某個人拉著看似死羊的物品，沿著上坡走入礦坑（據說芮妮消失當晚穿著羊皮外套）。巧合的是，芮妮的婚外情對象，比爾·麥可多威爾任職於當時開採礦坑的公司。這些微小的資訊，加上警佐當初在報告中提到一九七六的挖掘開始後所聞到屍體腐臭的味道，足以針對這件懸案，在礦坑現場重起搜尋，進行完整的全新調查。

我和英國一位優秀的法醫考古學家約翰·杭特（John Hunter）教授接獲邀請，負責領導這次的挖掘作業，尋找芮妮和安德魯·麥可雷遺體殘骸的可能跡證。英國皇家空軍在一九七六年拍攝的空拍照片，讓我們確認礦坑當時從各個角度觀察的地貌，並重建當年案件時期的準確模樣。在重建作業完成後，我們就能尋找遺體可能埋葬的區域。我們和礦坑的主人合作，他們提供的挖掘工人和專業駕駛也成為了與法醫調查團隊合作的一員。

達馬格瑞礦坑是一處荒涼之地，只能經由A9公路的支線進入，警方已經封鎖入口，只有我們能夠進出。媒體高度關注此案，過於熱情的媒體成員竭盡所能地影響我們的思緒。少數媒體認為警方隱瞞了線索——他們當然沒有——甚至想要施加壓力，找出相關資訊。感謝上天，當年挖掘時還沒有民用空拍機。我們甚至舉行了記者會來解釋挖掘團隊的計畫，並承諾只要找到任何進展，就會立刻通知媒體朋友，希望媒體滿意，讓我們可以不受干擾地安靜工作。事實證明，挖掘工作費時太久，我想媒體朋友終究感到倦煩，甚至忘了我們還在礦坑中。

這次挖掘作業無可避免地引起一陣猛烈的信件攻擊，薇芙稱為「十三號檔案」通訊紀錄——各種信件來自陰謀論者和心地善良的民眾等人，他們認為自己有必要參與這次調查，因為他們誤信坊間傳說和幻想可以提供解開謎題的關鍵證據。我收到數封信，建議我們應該挖掘A9公路下的某個特定地點——有位寄件人甚至親身前往公路，在柏油路面上標記黃色的X記號，好讓我知道確切位置。還有人表示，由於因佛內斯當地販賣人口的黑幫干涉，加上警方內部的戀童集團等因素，我們才一直找不到屍體。許多人提出自己主要懷疑的地點，甚至催促我們挖掘他家的馬場。我當然也收到相當大量的靈媒來信。我只能說，靈魂的世界必定相當享受解謎的樂趣，因為每位靈媒都提出不同的答案。我知道大多數的人只是想要幫忙，但實際上，他們的行為只是浪費我們的時間，並未創造實際的價值或協助調查。

在芮妮和安德魯消失的三十年間，礦坑已經被填滿、補平並且種植樹木。我們估計，必須花費一個月的時間，才能挖掘至一九七〇年代的原始地點以及可能埋有線索的區域。如果兩人的遺體確實在礦坑中，代表我們會需要更長的時間。

第一個任務就是清除礦坑周圍約兩千棵的樹木，露出現場的土地表面，並標示出礦坑原本的位置。現代林業工具砍樹、去皮且切段的速度相當驚人。過去必須花費數周的工作，現在只需數日就完成了。礦坑周圍刻意留下樹木，提供隱私保護以避免媒體拍攝，防範好奇的一般民眾從已經非常危險的A9公路闖入挖掘現場。我很有自信地認為，倘若芮妮和安德魯的遺體在礦坑中，我們一定會找到他們。但我在將這個想法告知媒體後，立刻感到後悔。我從來都不想給予民眾錯誤的希望。而如果我們失敗，至少可以排除礦坑這個地點在本案中的嫌疑。

礦坑很有可能是第一棄屍地點。一開始，遺體被藏在礦坑，隨後移動至第二地點，甚至第三地點。除了警佐最初回報的屍臭以外，這個推論也符合其他線索所提供的資訊。第一棄屍地點通常是犯罪現場（在這起案件中，很可能就是起火燃燒的汽車）鄰近的便利區域；此外，也可能是凶手熟悉的區域。因為大多數的謀殺都不是事先預謀，因此凶手多半會因恐懼而棄屍，留下附加證據。一旦凶手有時間冷靜思考之後，他（她）可能會回到第一棄屍地點，將遺體移動至更安全的區域，而這個地點一般而言都會距離犯罪現場更遠。由於第二地點的選擇經過深思熟慮，較難推測發現，第三地點的難度就更高了。

隨後的四個星期，我們陸陸續續從礦坑挖掘出超過兩萬公噸的塵土，挖掘工人、法醫考古學家和法醫人類學家攜手合作，在一次又一次挖掘機的鏟杓中，尋找骨頭、衣物、嬰兒車和行李的碎片。考古學家指揮挖掘工人在每次挖掘後，要立刻監控表面土壤，而人類學家則謹慎搜尋掘出的土壤。我們這裡的氣候有乾燥有潮濕，也有炙熱和冰寒的溫度變化，還有冰雹和刺骨寒風——有時候，這些甚至會全部在一天內發生。

我們的成果是什麼？我們準確重建了礦坑的地貌，回到一九七六年之前的狀態。我們也找到了相關物品，包括一包鹽醋馬鈴薯片的空袋子，足以證明當年吉米·薩維爾（Jimmy Savile）宣傳過女王登基二十五週年紀念活動。我們更明白，如果受害者的遺體真的被埋葬在此，我們絕對能夠找到，因為監控螢幕中曾出現過比預期更小的骨頭，可能是兔子或鳥。我們也發現那股腐爛屍臭的可能來源：當年流動廁所的排泄物和垃圾，都在一九七〇年代建設A9公路時期，埋葬於礦坑某處。

但是我們並未找到芮妮·麥可雷，也沒有發現安德魯，更不曾尋獲任何與兩人有關的間接證據或失蹤事件的跡證。參與本次艱鉅任務的成員，懷抱高度的希望前來，卻得到沮喪的結果，但我們知道自己盡了全力，而且非常有自信，無論芮妮和安德魯曾經待在何方，如今又在何處，都不在達馬格瑞礦坑裡。

本次挖掘工作的經費超過十一萬英鎊，如果可以找到芮妮和安德魯的蹤跡，只是一筆小錢。而負責的警察首長在母子消失將近三十年後才決定挖掘礦坑，也引發了相當激烈的討論。然而若能找到他們的遺體，他就會成為英雄。我個人認為他的舉動非常果斷勇敢，展現了警方無論時間多久，始終對終結本案所抱持的堅定信念。

回到辦公室後，我仔細反省了挖掘行動以及我們還有什麼其他方式能協助調查。我收到芮妮妹妹的手寫信以感謝我們的付出，這讓我非常感動。她唯一的心願不是復仇，而是讓姊姊回來，並且能以尊嚴的方式埋葬她、知道姊姊終於安全回家了：這是全世界承受如此不幸痛楚的家族，都有的同樣心願。他們用盡一生等待門鈴響起，來客或許會是一位帶著好消息的信使，但他們也明白，更有可能的結局是長久以來早已準備好迎接的心碎。

如果搜查工作成功，我們當然相當高興；倘若無法發現預期的目標，我們只能接受自己並未搜查到正確的地點，找不到原本就不在那裡的受害人。芮妮的妹妹以比我任何一次訪談都更觸動人心的方式總結：「時間永遠無法療癒痛楚，我也不相信時間可以緩和某個人的良知，讓他以為犯下謀殺之後還能夠全身而退。每當我讀到某個陳年懸案終於水落石出時，我總會得到希望；也許有一天，我們也可以。」

時間、耐心和良知是失蹤者家屬的希望來源。蘇格蘭警方從未放棄芮妮和安德魯，而他們的家人也一樣。不知身處何方的某個人，他（她）知道芮妮和安德魯究竟發生了什麼事，也清楚屍體埋葬在何處。或許他選擇保持沉默，不願坦承自己知情或聽聞的真相，也拒絕指控某個人。但隨著時間經過，他們對於某個人的忠誠會改變，或者家人和朋友也會死亡，而如果這個人或這群人尚有良知，即使他只是在臨終前憶起此事，也必須做出正確的選擇，終結失蹤者家屬的悲傷。

我想強調的第二個案件主角是十一歲的莫拉・安德森（Moira Anderson）。在一九五七年寒冷的冬天，她離開了科特布里奇（Coatbridge）的祖母家中，外出購買奶油以及送給母親的生日賀卡後，再也沒有人見到她。二〇一四年，莫拉・安德森失蹤的四十九年後，蘇格蘭的總檢察長法蘭克・穆荷蘭（Frank Mulholland）打破一般的程序，指控殺害她的凶手是已在二〇〇六年辭世的亞歷山大・賈特蕭（Alexander Gartshore）。賈特蕭是一位公車司機，也是最後一位目睹莫拉在世的人。他被裁定為殺害莫拉的凶手，但其意義絕對不同於有罪。就技術層面而言，除非他在法庭上被證明有罪，否則他依然是清白的。但他已經死了，無法出庭受審，所以此事無法發生。

我依然記得在二〇〇二年時，我和一位已經退休的謀殺重案組警探一起觀看電視上報導著劍橋郡索厄姆地區兩位女童荷莉・威爾斯（Holly Wells）、潔西卡・查普曼（Jessica Chapman）的失蹤事件調查進展。學校的管理員伊恩・杭特利（Ian Huntley）正在接受訪問，他宣稱兩位小女孩失蹤前曾行經他家，他也與她們交談過。退休的警探告訴我：「永遠要仔細注意宣稱自己是最後一位看到失蹤者的人，我覺得他很可疑。」我們現在都知道，本案最後的真相是杭特利謀殺了荷利和潔西卡。我敬佩著警探未卜先知的能力，他們靠著多年的經驗培養了無價的直覺。因此，現代警方調查雖然需要仰賴許多科技工具，但美好的老派調查方式絕對不該就此消失。

在調查莫拉・安德森案時，其關鍵背景人物是一位令人印象深刻的社會運動者珊卓拉・布朗（Sandra Brown）。布朗的年紀比安德森小幾歲，兩人在同一時期於科特布里奇長大。她固執地追查當天事件背後的真相，同時孜孜不倦地倡導兒童保護議題。二〇〇〇年，布朗創辦了莫拉・安德森基金會，協助受到孩童性虐待、暴力、霸凌以及相關問題影響的家庭。布朗在一九九八年寫了一本書《只要邪惡仍在》（*Where There Is Evil*），書中探討了莫拉的失蹤事件以及過去四十年來的調查結果。這本書強烈地展現了布朗希望在四十周年紀念日追求正義的決心，此書也用拉奈克郡（Lanarkshire）人的典型嚴謹態度，卻又同時保有憐憫和同情的口吻，來探討令人髮指的孩童虐待事件如何為所有人帶來巨大的影響。

珊卓拉相信，當時的科特布里奇有一個受到保護的戀童癖幫派，而一位名叫亞歷山大・賈特蕭的男子，就是綁架並且殺害莫拉的凶手。而珊卓拉這個主張的驚人之處在於，亞歷山大・賈特蕭是她的父親。

我在二〇〇四年第一次與珊卓拉見面，當時賈特蕭仍在世，而她正積極地調查任何有關的線索。珊卓拉在請求一位靈媒幫忙尋找莫拉後，決定與我聯繫（沒錯，靈媒真是無所不在）。她們找到一些人骨殘骸，希望請我協助調查。

她們在莫克蘭運河（Monkland Canal）尋找莫拉遺體時，發現了這些骨頭。顯然骨頭散發的痛楚和怨懟能量，已經讓靈媒無法負荷。靈媒毫無疑問地相信，骨頭傳遞的是一位孩童所受的苦難折磨，而他強烈認為那位孩童就是莫拉。

我對這種事情的立場相當明確：這全都是胡扯。雖然我也認為自己明白，人們為什麼會求助於自稱靈媒的人物，特別是當所有方法都已失敗，已經沒有什麼好失去了。有些「靈媒」非常熱心，但方向不對；有些靈媒只是江湖術士，讓我擔憂他們會對脆弱的家屬造成傷害。但既然已經找到骨頭了，我同意鑑定，並且清楚地向珊卓拉表示，如果鑑定結果確定骨頭是人類殘骸，我和她之間不必繼續往來，必須移交警方處理。珊卓拉尊重我的決定，也完全理解我的想法。我和她現在已經成為了親密的朋友，我知道她看到這些文字時必然會一笑置之，但我當時真的很好奇她是不是失去了理智。

她們以一種非常神祕的方式運送骨頭，這位靈媒顯然也任職於鄧迪大學——這才是真正令人訝異的巧合——但他希望保密身分，因此決定將骨頭留在我的辦公室門外。我一直等待著這些骨頭，終於有一天，它們出現了。這些遺骨凝聚著如此強烈的能量和痛楚，但靈媒居然毫不尊重地用超級市場的塑膠袋裝著，掛在我的門把上，袋子上用一張紙條寫著「莫克蘭」。在打開袋子前，我詳實記錄並拍攝照片，並且戴上面具和手套，以確保若袋中物品真的是人骨，就不會因此沾上我的基因，污染鑑定結果。我承認，我在打開袋子前確實有些緊張，但在幾秒鐘後我立刻驚呼：「看在惡魔的面子上！」袋中的骨頭是一頭母牛被切下的肋骨和肩骨。

我將消息回報給珊卓拉，她經驗老道，並未因此動搖。她認為這只是一次挫敗，她還會繼續努力。在往後的幾年中，我偶爾會與珊卓拉聯絡。她和莫拉・安德森基金會持續抨擊著英國的法治調查單位。二〇〇七年左右，她開始和我討論莫拉遺體埋葬在老莫克蘭墓園的可能性；她甚至拜訪了蘇格蘭的檢察總長（法蘭克・穆荷蘭的前一任總長），協商調查墓園事宜，而她認為他們會面討論的結果相當樂觀。

二〇〇八年至二〇〇九年間，珊卓拉持續和有關當局交涉，同時安排莫拉的姊妹接受基因採樣，並請我保管分析報告，以備不時之需。時至今日，我依然保存著這些報告。珊卓拉甚至給我一份完整的清單，記載莫拉消失當天的穿著，如果我們找到失蹤的外套釦子、鞋釦或者女童軍徽章，就能立刻察覺物品的重要性。珊卓拉已經進入完全戰鬥狀態，甚至獲准使用地面探勘雷達（GPR）調查墓園。我雖然不是地面探勘雷達的專業人士，但調查結果確實有些古怪之處。話雖如此，那兒畢竟是墓園，我們當然會發現挖掘過的洞穴以及埋葬在地下的人類遺體。

二〇一一年時，我和珊卓拉進行了一次漫長的會談，她向我詳細說明了她希望挖掘墳墓並進行解剖驗屍的理由。她相信，莫拉的屍體就藏在辛克萊・阿普頓（Sinclair Upton）先生的棺木底下，而阿普頓於一九五七年三月十九日葬於老莫克蘭墓園。

珊卓拉提出的理論認為，莫拉大約在二月二十三日失蹤當天就慘遭殺害，凶手是可疑的戀童癖集團。屍體可能隱密地藏在賈特蕭駕駛公車的某個小空間，直到他找到合適的棄屍地點。如果賈特蕭確實涉案，他必須盡快處理屍體，因為他近日就要在科特布里奇出庭，面對郡法院提出的虐待十二歲幼童指控，而賈特蕭很有可能被判處有期徒刑。事實上，當年的四月十八日，賈特蕭就曾被判在索頓監獄（Saughton Prison）服刑十八個月。入獄期間，賈特蕭和獄友提到，他最近認識了一位綽號「軟沙」的朋友，替他「替他完成了連他自己都不知道的巨大恩惠」。

辛克萊．阿普頓是賈特蕭的遠親。阿普頓於賈特蕭出獄一個月前過世，享壽八十歲。賈特蕭必定知道阿普頓的死訊，也清楚阿普頓會埋葬在莫克蘭墓園。這個無辜的老先生是否即時替賈特蕭提供了一個安全的棄屍地點，讓他能夠處理莫拉的屍體？地上已經挖好了洞，情況也非常理想：誰會想在墓園尋找一個失蹤兒童呢？賈特蕭一定也清楚，殯葬業者已經在週末挖好墓穴，好為週二的葬禮做準備。那麼，在阿普頓先生的棺木入土為安之前，莫拉的屍體是不是已經先被放入墓穴中，再用一層薄土掩蓋，永遠葬身此處？

我必須承認，珊卓拉的調查和演繹邏輯非常有說服力。我擬定了一個計畫，交給蘇格蘭皇家檢察辦公室，詳細說明調查墳墓需要的工作內容，而我和珊卓拉靜靜等待結果。法蘭克・穆荷蘭當年是地方法院法官，獲命擔任檢察總長，現在已是蘇格蘭勳爵。法蘭克是一位大人物，從不逃避重大決策，而且他也在科特布里奇出生，出生時間就在莫拉失蹤兩年之後。他和當地小鎮之間有強烈的聯繫，也非常清楚社群成員需要真相。二〇一二年，法蘭克要求懸案調查警探以調查謀殺案件的形式重新調查莫拉失蹤案。我和珊卓拉也獲得同意，與率領斯特拉斯克萊德（Strathclyde）警隊的派特・坎貝爾（Pat Campbell）總督察討論解剖事宜。到了這個階段，我已經和珊卓拉合作調查莫拉失蹤案已經八年了。

我們的協議內容如下，只要當地議會和所有相關家屬同意，我們會開始驗屍，將所有焦點放在潛在線索上，如果找到任何青少年的遺體，就立刻轉為法醫調查，因為莫克蘭墓園沒有埋葬青少年的紀錄。為了完成目標，我們獲得斯特拉斯克萊德警隊的協助，倘若開棺驗屍後調查性質改變了，就會轉由蘇格蘭皇家檢察辦公室主導。我們團隊的服務對象也會從死者家屬，轉變為皇家檢查辦公室。

我們建議挖掘墳墓的時間最好安排在夏季，因為日間較長，降雨較少，天氣更為溫暖，而老莫克蘭墓園的泥土多為軟土，夏季時較為乾燥，挖掘工作更容易進行。但是，行政文書工作最終在十二月才完成，我們只能從隔年一月的第二個星期開始挖掘。我的同事露辛娜・哈克曼（Lucina Hackman）博士和我開始思考，以後或許可以建議警方在冬天開始挖掘墳墓，這樣結局就會完全相反，讓我們可以在夏季進行挖掘，直白的建議的結果似乎不見得是最好的。

我們證實這座小型家庭墓園分為三個區域，總共埋葬七個棺木，三個棺木位於左側，下葬日期較為靠近現代，分別為一九七八年、一九八五年以及一九九五年；一個棺木位於中間區域，埋葬時間可追溯至一九二三年；另外三個棺木在右側區域。根據紀錄，阿普頓先生的棺木位於右側，一邊是他的妻子（於一九五一年下葬），另一邊則是更晚下葬的棺木（一九七六年）。一開始，我們沒有理由挖掘墓園左側或中間區域的墳墓。但若有必要，例如阿普頓先生的棺木不在原先預期的地點時，我們也已經獲得許可在另外兩區進行挖掘。

棺木不見得永遠都在它們應該在的地點。有時候，死者會因為各種理由而被埋葬在錯誤地點，例如在挖開墓穴後，發現空間不夠放入原本使用的棺木，或者純粹是人為疏失而導致棺木錯置。墓園的紀錄文件也不見得反應真實情況。事實上，我的祖母在一九七六年過世之後，我們打開墓穴，想要將祖母埋葬在祖父身邊，卻在該處發現一具嬰兒棺木。就我們所知，家族沒有任何孩童於死亡後被埋葬於此地。我們查閱墓園文件，也找不到埋葬紀錄；這種事情難免會發生。我們將孩童的遺體移至其他墓地。雖然這個處理方法讓我不太心安，但我們必須如此，否則祖母就要埋葬至其他地點，而我們也要替父親保留棺木空間，替他的離開做好準備。

我替老莫克蘭墓園的任務召集了夢幻團隊，露辛娜・哈克曼博士是我在鄧迪大學共事十六年的同事，而我與克雷格・康寧漢（Craig Cunningham）也是共事過十年的同事，而簡・畢克（Jan Bikker）還在念博士學位時，我們就認識了。我們之間早已培養深厚的相互尊重與信任，也習慣彼此合作，熟悉其他人的工作，不必開口就能明白彼此的需要。

在開始挖掘之前，必須鞏固墓碑的安全。最後，我們決定將墓碑暫時移動至他處，以避免墓碑滑落至挖掘中的洞穴砸到我們，在這裡增加另外四具屍體。若想要檢查阿普頓先生的棺木，我們就必須先挖出一九七六年埋葬的麥可雷利太太（Mrs. McNeilly）棺木。在這個季節，以軟土為主要成分的土壤非常堅硬，雖然現場準備了挖掘土壤的機器，機器也只能挖到棺木上蓋，其餘進度必須手動挖掘，避免破壞法醫檢驗的相關跡證。

我們已經獲得有關當局的同意，可以簡單進行法醫人類學檢驗，以確定第一個棺木中的遺體是否符合麥可雷利太太的相關資料和年紀。根據文件所述，麥可雷利太太於七十六歲時死亡，她的棺木是一九七六年經典款式，採用薄鑲板與刻花棺。考慮到土壤滲水程度，我們知道棺木的保存狀況可能不甚良好。當我們確認棺木中的遺體確實是麥可雷利太太後，謹慎將她的遺體放入厚重的屍袋，再移動至其他地點並進行嚴格保護，直到計畫完成後再將她置入新的棺材中，回到原本的安眠地。我們很高興確認遺體的檢驗結果符合她的身分。

由於冬季時，白天只有六個小時，我們需要此用發電機和光源，才能完成十個小時的輪班作業。準備暖氣是個不錯的主意，卻從未實現。時值蘇格蘭西部的冬日氣候，嚴寒如冰而且非常、非常潮濕。由於我們在溼潤的軟土中工作，雙腿逐漸開始下陷。如果我們想要後退一步，就會發現雨靴卡在泥濘中。因此，我們的雙腳永遠又髒、又溼、又冷。這種的工作環境讓工作的一天變得漫長而悲慘。如果還有任何人覺得法醫人類學很吸引人，他們應該在一月時到老莫克蘭墓園待一天，體驗一下冷風刺骨、膝蓋陷入泥濘的環境，四周是挖掘出來的穴牆，隨時可能坍塌變成自己的墳塚。

當我們抬起麥克雷利太太的棺木底盤，我們預期會發現阿普頓先生的棺蓋。想當然地，一道金屬光澤閃爍而過，而鏟子敲到木頭所發出的不同聲響，代表我們已經挖到了。阿普頓先生的棺木採用了當時棺木常用的厚實木頭，而且保存完整。金屬光澤則是因為鏟子敲擊到脆弱的棺木名牌。我們謹慎拆除棺木名牌，慢慢進行乾燥清理，直至終於看見阿普頓先生的名字、年紀，以及死亡年月。阿普頓先生的遺體躺在正確的地方，所有資訊也相符。但我們不知道莫拉是否在棺木內、棺木底部、棺木左右兩側，還是棺木下方本該在六年前埋葬阿普頓先生妻子的空間。任何情況都有可能發生，有鑑於此，我們必須進行全盤調查。

我們打開阿普頓先生的棺木，發現了完整的骸骨，接著謹慎拆解了所有骨頭，確保其中沒有任何青少年的遺骨（答案是沒有）。阿普頓先生的骨頭也一根又一根地放入厚重的屍袋，妥善保存至他可以回到墓穴之時。工作人員仔細拆除棺木的左右兩側，露出底板。如果珊卓拉的理論正確，這是最有可能藏匿莫拉遺體的地方，也就是阿普頓先生棺木底部以及他妻子棺木上蓋之間。我們抬起棺木底板，發現兩者之間的空間極小，幾乎連一張捲菸紙也無法塞入。無論莫拉人在何處，她絕對不在阿普頓先生的棺木內，也不在阿普頓先生和妻子的棺木之間。

儘管如此，這不代表莫拉的屍體並未被「塞入」墓園的某處，於是我們開始沿著阿普頓先生的棺木進行水平挖掘，並且仔細搜索棺木頂部和尾部的空間，卻依然一無所獲。我們最後的工作是檢驗阿普頓太太的棺木。如果阿普頓先生的葬禮開始之前，墓園工作人員就已經挖開墓穴，阿普頓太太的棺木很有可能遭到拆除，而莫拉的屍體會被置於其中。正如丈夫的棺木一樣，阿普頓太太的棺木保存完整。我們打開棺蓋，只看見一位老女士的遺體殘骸。在仔細檢查棺木周圍後，同樣一無所獲。無論莫拉身在何方，我們確信她不在老莫克蘭墓園。

我們必須通知珊卓拉這個消息，而她強烈地希望這次計畫能替莫拉的家人以及科特布里奇的居民帶來解脫，那一陣子以來，她靠著強烈的信念，努力不懈地促成這次挖掘行動。阿普頓先生的家人也非常煎熬，因為他們在不知不覺中被迫捲入一件與自己毫無關係的案件中；而他們的被迫參與，也證明了這種案件的波瀾能夠影響多少人。他們也希望我們能在墳墓中發現莫拉的遺體，以證明這次開棺行動確實值得；而聽到消息後，他們也和小鎮居民一樣失望。之後，他們親戚的骨骸重新下葬，家人於墓園舉行了一次紀念儀式。

一九五七年憑空消失的小女孩，迄今依然下落不明，這個案子尚未水落石出。由於莫拉已經消失六十年，擁有關鍵資訊的人物也已經日漸凋零。我們現在已經不可能起訴任何與失蹤事件有關的人物，但是時間迫在眉睫，希望能夠將莫拉小妹妹帶回家，讓年長的姊姊獲得安寧。

最近，懸案調查小組決定排放莫克蘭運河某個區域的水，並且進行徹底搜尋。他們接獲線報指出，莫拉失蹤的當天夜晚，曾有民眾目睹某個人將一個不明沙袋丟入水中。雷達探測結果也顯示河床出現異常物品，有關單位決定派出潛水夫調查。我們的團隊再次參與檢驗，但最後發現運河中的骨頭屬於一隻大型犬，可能是德國牧羊犬。他們將持續調查其他地點，也許有一天，我們可以透過情報或偶然幸運地找到莫拉。

在芮妮和安德魯．麥可雷的案件中，她們消失的時間比莫拉晚了二十年，家屬還有時間等待凶手或者知情的人出面澄清真相，以緩和他們的痛楚。他們因為失去親人而悲痛，無法得知真相則是最耗弱人心的重擔。如果我們的努力可以為他們帶來慰藉，一切的付出都有價值。倘若懸案的真凶依然在世，也能將他們繩之以法；謀殺罪從來就沒有追溯期限。

第八章

發現屍體了！

真正的身分竊盜並非帳務上或網路的身分，
而是在於竊取一個人的精神。

——史帝芬・科維（Stephen Covey）
教育家（一九三二年—二〇一二年）

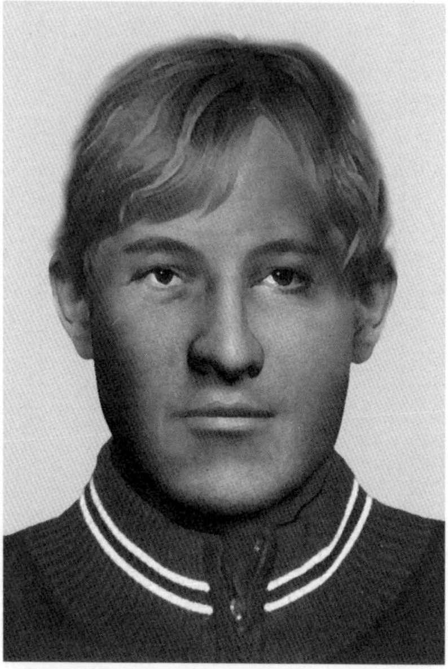

巴爾摩男性死者的臉部重建結果。

如果沒有屍體，就難以調查失蹤人士究竟發生了什麼事；其難度堪比找到屍體時，卻沒有明確身分線索的情況。

不幸的是，正如我們所知，「每具無名屍體都有相對應的失蹤人口報告，我們只需要連結兩者」的想法，只是過度簡化現實。找到一具屍體時，其失蹤人口報告可能位於另一個遙遠國家的警察單位，或者調查報告完成於多年前，早已存封且被人遺忘。也有可能沒有失蹤人口報告，因為根本沒人發現那個人失蹤了，或者沒人在乎他到會留意他的蹤跡。有些人可能認為這是對於社會的悲哀譴責，但事實是有些人就是不想與其他人互動，也不願意成為社群的一員，而只要他們並未違法，他們的隱私權和匿名權就應該獲得尊重。想要沒沒無名孤獨生活的人，倘若也沒沒無名孤獨死去，想要確認他們的身分是相當困難的一件事，更遺憾的是，有時候甚至不可能完成。

屍體死亡和發現屍體之間的時間差可能會創造複雜的情況。我們曾經被派至倫敦的政府救濟屋調查一名華裔男性居民，他已經超過十八個月沒有繳納房租，市議會最後決定強行進入屋內，取回政府財產。他們驚訝地發現，該住戶躺在床上，捆在鴨絨墊中，彷彿被繭困住。他是在睡眠中過世，死亡時間已經超過一年，遺體大半部分都已經變成骸骨。床上的棉被和床墊彷彿蠟燭燈蕊一般，吸收了屍體分解時的水氣，讓剩餘的軟體組織變得乾燥，也讓屍體變得猶如木乃伊。

這個男人孤獨生活，也獨自死去，沒人想念沒沒無名的他。警方挨家挨戶詢問各個鄰居，而他們根本不知道他已經失蹤了，但某些住戶表示，若是仔細想想，幾個月前確實發現他的窗臺飛出大量蒼蠅並飄出一陣惡臭，但他們以為只是夏季熱浪導致廚房垃圾發出異味。

我們無法鑑定死亡原因，死者也沒有留下任何指紋、基因或牙醫等等紀錄，以致於難以確定屍體就是登記住在這間房屋的男人。驗屍官依據血統和年紀，同意死者就是該名華裔男性。有時候，即使身處被百萬人包圍的大都市中，你依然可以消失在眾人的視線中。

這樣的事件因為沒有明確的起點，也缺乏管道聯絡能夠提供與死者相關線索的家人、朋友以及同事，而讓警方調查寸步難行。在理想世界中，警方擁有無限的金錢預算和人力資源，能夠專注處理失蹤人口資料與無名屍體。但我們都非常清楚現實世界的侷限，而隨著失蹤人口的數量日漸增加，有些人無論是生是死，永遠都不會被發現。事實上，儘管英國所有的警力單位付出了最大的努力，依然會留有無法辨識的屍體（即俗稱的「無名屍」）。每一年，警方會埋葬一些身分不明的無名屍，他們的家人和朋友也毫不知情，因為調查當局無法確定他們在世時的身分。

大多數人去世之後，身分並不成問題，因為我們大部分人都會在自家、醫院、療養中心或收容所等地點，在醫療監控下死亡。突然喪命者，例如意外事件的喪生者，身上通常也會攜帶身分證明，例如錢包或手提袋中的銀行卡、駕照或其他記載姓名的文件。即使一具屍體憑空出現，絕大多數時候也可找到死者的名字，因為他們可能死於自己擁有的住宅或汽車，且每個人身邊幾乎都會留下可以追蹤的文件線索。在這種情況下，警方可以迅速聯絡近親、確認死者身分並協助進行調查。

最困難的挑戰，就是在孤立地點意外發現一具屍體，屍體可能已經分解，沒有任何能輕易找到身分的間接證據，沒有傷口，警方也查無指紋和基因資料。這種時候，法醫人類學就派上用場了。法醫人類學是找回死者生前身分最好的方法；有時候甚至是唯一的方法。

法醫人類學家自有一套明確記載的鑑定過程，其中包含大量的常識推論、科學演繹詮釋，以及對於細節的注意。正如本書第二章強調的，法醫人類學家在面對人類遺體時，會想要尋找並且保存死者的兩種身分：生理身分，仰賴數種廣泛的分類指標來建立；以及個人身分，允許我們確認死者的名字。生理身分和個人身分彼此或許互有關連，但我們仍必須做好準備，因為檢驗過程需要漫長的時間和耐心。我們當然會立刻先進行基因和指紋檢驗，希望能夠省略生理身分的調查過程，並藉由快速比對的結果確認死者個人身分。雖然這通常是癡人說夢，我們最後依然要回到法醫人類學老派的處理辦法。

若是人體特徵能符合幾種不同的常態描述類別，就能協助我們縮小搜索的可能範圍。死亡的日期愈靠近現在，愈可以準確決定遺體生理身分的四種元素：性別、年紀、身材和血統，而這些上述特質讓我們可以發出失蹤人口通知。舉例而言，我們找到一位白人女性的遺體，年紀介於二十五歲至三十歲之間，身高大約五呎二吋。我們必須正確地檢驗出這些大略指標，若有錯誤，可能會導致屍體無法被指認，或者嚴重拖延調查進度。法醫人類學家可能也會以專家證人的身分出席法庭，因此，我們所有的見解都必須佐以有力的科學證據支持，也要抗拒誘惑，不能擅自假設。

◈

決定身分的第一個要素為「性」（sex），也就是「生理性別」，這個詞一如預期地非常直接，只有兩種區分：男性或女性。在法醫人類學的領域，「性」（sex）是非常專門的用語，不應該與社會上的「性別」（gender）相互混淆。「生理性別」指的是一個人的生理建構，而「社會性別」則是與個人、社會和文化的選擇有關，可能會與生理上的「性別」有所衝突。

人類基因組的基礎形式是二十三對，總計四十六個染色體。每一對染色體當中，一個來自母親，另一個來自父親——也就是核心基因構成分別來自父母。其中二十二對染色體，雖然稍有不同，但都具備相同的「雙元」結構（就像好幾雙相似的黑色襪子），而第二十三對染色體是性染色體，攜帶與性有關的基因資訊，而且與其他基因相當不同（就像放錯的異色襪子）。

大多數人應該還記得學校生物課學的內容，X染色體包含「女性」的基因構造，Y染色體代表「男性」（特別是染色體上的SRY基因）。女性的染色體為XX組合，而男性則是XY組合。因此，所有人都從母親身上繼承X染色體。如果父親提供的染色體也是X，嬰兒就會擁有XX組合而成為女性。倘若父親提供Y染色體，嬰兒就會是男性。在罕見情況下，性染色體會產生錯亂而造成特殊組合，例如柯林菲特氏症[1]（性染色體組合為XXY）或透納氏症候群[2]（性染色體組合為XO），但這些案例非常罕見，我在職業生涯中從未親眼見過。

從卵子受精開始，發展中的胚胎就已經有生理性別徵兆，但是，胚胎在前幾個星期看起來像是沒有性別，因為外觀和內在都缺乏男性或女性特徵。即使受精之後的八個星期，人體胚胎的軟體組織依然沒有顯著的生長跡象，難以判定嬰兒是男性或女性。一直要到第十二個星期，我們才能看出胚胎的性特徵。而當孕母接受第一次超音波檢查時，或許能從胚胎的生殖器外型得知嬰兒性別。

時至今日，有些醫院會選擇不判定嬰兒的性別，表面上的理由是醫療人手不足，沒有時間進行檢驗評估，實際上則有其他擔憂，例如避免判斷失誤造成的醫療訴訟，或者避免某些伴侶的文化價值重視特定性別而選擇墮胎。因此，在出生或進行超音波檢驗前，嬰兒的性別始終是一個謎題。我個人比較喜歡驚喜，從來不想知道我的孩子是男是女，正如我的公公所說：「只要孩子有一顆頭、十隻手指、十隻腳趾，男生女生有何差別？」

如果孩子的父母渴望事先知道性別，而超音波檢驗操作人員也願意透露，操作人員就會在超音波圖片上尋找視覺證據，就像產房護士、接生婆或任何一位在嬰兒出生時宣佈性別者所秉持的判斷依據——如果嬰兒有陰莖，就是男孩，若沒有，則是女孩——這就是生理性別的法定描述。雖然用這種證據作為決定嬰兒法定性別的基礎，在生物學、社會和文化層面都有嚴重缺陷，但自從開天闢地以來，這就是我們仰賴的判別方式，也依然是當前最好的方法。

從這個時候開始，嬰兒的童年通常已經寫好劇本。嬰兒會接受男孩或女孩一方的養育方式，吸收文化定義的性別及相關限制，而這一切的基礎都來自嬰兒是否擁有視覺可見的陰莖。倘若判斷正確，男孩在青春期體驗第二性徵變化時，生殖器官（包括陰莖和睪丸）就會發育成正常尺寸，並在手臂、腿部、胸腔、腋下、私處和臉部長出男性分佈方式的毛髮，聲

---

1 譯註：Klinefelter Syndrome，發生於男童間的比例大約為千分之一，由於多了一個X染色體，導致男性發育機能低下。

2 Turner's Syndrome，以三千分之一的比例發生於女性孩童，因為第二個X染色體的問題，可能造成矮小或者卵巢功能衰退。

音也會變得低沉。而女孩的胸部則會開始發育，臀部變寬，腋下和私處長出毛髮，月事也會開始。請各位讀者想像以下情況對性別認同的自信影響：在出生後十二年之間，你一直相信自己是一位男孩，但這時胸部卻開始發育；或者別人一直說妳是女孩，但這時胸部卻長出了毛髮。即使是在最理想的情況下，青春期依然是最敏感的時期，各種身體變化讓青少年們容易感到難為情。可以想見，年輕人也難免會因為這樣無法預期的青春期重大變化而感到沮喪萬分。

在絕大多數的例子中，出生時的所做性別判斷都是正確的，但法醫人類學家也必須做好準備面對特殊狀況。如果男性骨頭的顏色是藍色，女性骨頭的顏色為粉紅色，我們的工作就會變得非常輕鬆。雖然上述說法聽來荒謬，但且讓我們暫時假設藍色和粉紅色分別代表男性和女性。藍色是男性的SRY基因，生產睪酮素，而粉紅色代表基因缺乏SRY基因，讓體內的另一種性類固醇——也就是雌激素——來控制生理變化。每個嬰兒體內都有這兩種性激素，只是比例不同。而因為男性胎兒也有一個X染色體，除了原本主宰生理變化的睪酮素之外，他們體內也會生產雌激素，完成正常的人體化學功能。女性胎兒則會藉由無須Y基因參與的生理路徑生產少量的睪酮素，例如卵巢或腎上腺素。各位女性讀者，倘若您對這些說法尚有疑惑，請耐心等待至更年期，雌激素開始衰退，而睪酮素作用變得顯著，您就會看見自己長出鬍鬚。維多利亞時代馬戲團深受歡迎的鬍子女士並不是自然界的怪物，而是正常的人體變化。

生理性別，或者我們認知的「男性」或「女性」，攸關基因和體內化學效應產生的互動，這個互動也影響到了所有身體組織，包括大腦。試想，若一個粉紅色的胚胎過度生產睪酮素（原因是基因突變，造成腎上腺素增生），或者藍色胚胎無法啟動SRY基因或無法產生足夠的睪酮素（腎上腺素發育不全），或者是過度生產雌激素，基因性別和生理樣貌或心理性別認同之間就會產生混淆。

法醫人類學家必須了解我們在人骨中所看到的特質，其實是基因性別藍圖和體內生化效應產生複雜互動的結果，創造了一塊灰色地帶（或者，若沿用我們的色彩設定，應該是淡紫色區域），讓基因性別為男性的人可能流露特定的女性特徵，而基因性別上的女性可能會比性別光譜另一端，基因性別和體內生化效應關係或許更為一致的異性更為陽剛。而人類的美好之處，正在於如此多樣的組合，也讓人類成為迷人的生物研究對象。

即使遺體死亡的時間不長，鑑定死者的生理性別也是一種挑戰，特別是當遺體曾接受手術的情況下。因此，我們必須十分謹慎，確保自己不被任何間接證據影響（例如女用貼身衣物），並且仔細注意所有的先天特徵或手術痕跡。如果遺體缺少子宮，可能代表死者為男性，也可能是接受過子宮切除手術的女性，或是出生時因為器官發育不全（身體在胚胎階段無法發育器官）而沒有子宮的女性。倘若遺體沒有陰莖或胸部隆起，代表死者可能為女性，但同樣地，也代表死者可能接受過變性手術。

二〇〇四年，亞洲發生大海嘯，將近二十五萬人罹難，鑑定「生理」性別」和「社會」性別就成了死者身分鑑識者的主要任務。受到海嘯影響的其中一個國家正是泰國，而該國也是全球聞名的變性中心。在泰國接受由男性轉變為女性的手術費用，幾乎是在美國進行相同手術的四分之一。泰國每年進行超過三百次的男性轉變為女性的手術，而泰語中的「變性女性」（*kathoeys*）族群也獲得承認，成為社會中的第三性，泰國這裡並不適用嚴格的性別二分法。而當海嘯這樣的天災發生時，所有的外部身體評估，都必須仰賴體內鑑定的結果支持。

如果屍體開始分解，鑑定死者的生理性別將變得更為困難。人類死後，外部生殖器官會迅速腐敗，即使經由死後驗屍進行內部解剖鑑定，也只能提供有限的幫助。透過基因分析確認死者體內是否擁有SRY基因，有助於確定遺體的生理性別是否為男性，但對於女性遺體毫無幫助，除非能夠建立完整的染色體組型（個人染色體的完整剖繪紀錄）。那麼，當只有乾燥、碎裂或焦黑的人骨時，我們又該如何鑑定？

雖然藍色與粉紅色的骨頭只是我天馬行空的幻想，但完整的人體骨骼本身就可以當作理想可靠的生理性別鑑定指標。我們尋找的性別特徵就是人體在青春期，為了反應體內性類固醇荷爾蒙提升而加速成長的痕跡。如果遺體的雌激素荷爾蒙主導了那段發育過程，我們就會發現骨骼的「女性化」成長。但是，這個特徵不代表死者必定是女性，只是顯露出「粉紅色」的女性特質。我們主要會查看骨盆腔是否有重大改變，女性的骨盆腔會在青春期開始成長，這是為了迎接懷孕後的嬰兒胚胎，並於生產時讓嬰兒頭部能順利通過。

但是，女性的骨盆腔不見得永遠符合常態推論，比方說，胎頭骨盆不對稱（cephalopelvic disproportion）就是過去女性懷孕時的一大恐懼。如果骨盆腔的空間不足，無法讓嬰兒的頭部進入並離開產道的骨骼區域，生產過程就可能必須花上數日，沒有其他具體或母子均安的解決方法。讀者是否記得稍早提到在鮑爾多克挖掘出的羅馬母親和三胞胎屍體？在過去數百年間，許多女性都因為難產創傷而死。

如果周遭的人認為拯救母親性命比嬰兒的生存機會更重要時，接生者可能會使用令人毛骨悚然的產科工具，試圖拯救陷入胎頭骨盆不對稱困境的母親。舉例來說，「刺穿器」（perforator）就是一種外型近似長矛的金屬工具，用於插入母親的陰道，穿過子宮頸，並「刺穿」最先接觸的嬰兒身體部分。一般的分娩過程都是嬰兒的頭部朝前，因此貫穿器也經常用於刺穿頭骨的前端，即最大的人體「軟弱點」，使左右兩側的骨頭更靠近彼此，就能讓嬰兒頭部通過產道。

刺穿器的尾端有個鉤子，可以尋找骨骼中能被勾住的特定部位，通常是嬰兒的眼窩。在手術過程中，刺穿器會破壞嬰兒的腦部結構，讓強力將嬰兒頭部拉出產道的過程更為容易。

接著，刺穿器也能像剪刀一樣剪碎嬰兒屍體，一次次取出碎片狀的遺體。

時至今日，胎頭骨盆不對稱的情況已經較為少見，可能是因為人類的健康醫療技術普遍提升，也或許是適者生存理論的殘忍範例，胚胎導致孕婦死亡的情況逐漸淘汰骨盆比例不佳的人。然而在世上的某些國家中，分娩依然讓母親和孩童陷入極大的危險。根據世界衛生組織的調查報告評估，全球每年大約有三十四萬名母親因為難產而死，還有兩百七十萬名死胎以及三百一十萬名死亡的新生兒，這些幾乎全都發生於貧窮國家。在非洲南撒哈拉地區，女性分娩死亡的比例是七分之一，胎頭骨盆不對稱情況就佔了女性分娩死亡原因的百分之八。

在醫療資源較為充足的地區，骨盆腔的結構和大小已經不重要了，因為孕婦可以仰賴剖腹生產（Caesarean section），成功機率很高，也能夠同時保全母子性命。更為富裕的國家擁有良好的麻醉技術和抗生素藥物，也讓剖腹生產成為社會潮流下一個基於意願的合理分娩方式選擇。有時候，醫院也會因為採用自然分娩的風險對孕婦和嬰兒來說太高，對醫院而言也是個財務危機，而將剖腹生產作為更為安全的選項。

因此，在二十一世紀的西方世界，女性能夠擁有各種形狀結構和大小的骨盆腔，因而能保存多種骨盆腔結構的遺傳基因。諷刺的是，從骨盆檢驗古代人類生理性別的準確度和可信度，似乎高於近代的法醫人類研究案例，因為人類為了保持成功孕育後代的兩性異形[3]發展程度，似乎已經消失了。

如果說人體主要的循環荷爾蒙是睪酮素，其在青春期的主要目的就是增加肌肉質量。我們都知道健身愛好者服用額外的男性荷爾蒙，例如代謝型的類固醇，藉此減少脂肪並增加肌肉量。人體骨骼和肌肉的方程式只有一個：肌肉愈強壯，就需要愈堅硬的骨骼來承受其愈強的力量。在頭顱、長骨、肩膀、骨盆和腰部等部位，我們可以看見介入肌肉發達的區域。因此，睪酮素主導了骨骼的男性化。但我們再次強調，骨骼如果具備男性特質，並不代表死者的生理性別或基因性別一定是男性。

如果體內沒有主導的循環荷爾蒙，例如青春期前的孩童，骨頭則會傾向保持幼體發育或孩童樣貌，一般詮釋為更趨近粉紅色，而非藍色。而一般在人骨上能找到的相關變化在青春期前並不會發生，因此，我們無法在孩童骸骨上進行有效的生理性別判斷。

如果可以分析完整的成人骨頭，法醫人類學家應該能在百分之九十五的案例中正確地判斷生理性別，但是不同的種族血緣也會有不同變化，這是我們必須考量在內的一點。舉例來說，荷蘭人是地球上平均統計身高最高的「種族」，但他們的嬰兒體型並沒有比其他西方族群的嬰兒更大。因此想當然地，荷蘭人的生產問題比例非常低，因為荷蘭女性的體型更高大，不容易產生骨盆無法適應嬰兒體型的問題。其他族群的女性身材較為嬌小，但生產的嬰

3 譯註：dismorphism，是指同一物種的兩性差別，也可以翻譯為性別二態性。

兒體型相同，因此，她們的骨盆呈現更大程度的兩性異形發展，這是因為自然界必須讓她們能安全地適應嬰兒體型。上述的研究結果讓我們明白，若想從荷蘭人的骨頭判斷生理性別，會是一大挑戰。

顯然地，如果骨頭受到損傷或斷裂，例如火災或骨折，判斷生理性別的難度也會隨之增加。想抱持一定程度的信心來判斷死者的生理性別，我們必須要能夠辨識最細小的骨頭碎片，並判斷這塊骨頭在人體中的位置——這是屬於末梢肱骨、近端股骨還是肩頰骨的棘上碎片？——我們之所以檢驗這些部位，是因為這些是能夠突顯兩性最大差異的獨立區域。因此，我們仰賴可以呈現兩性異形的人骨殘骸來進行判斷，像是骨盆中較大的坐骨切痕、脖子後方的頸部肌肉突起點、耳後乳突大小，以及眉下的框上脊等部位都藏著重要的線索。

從骨頭判斷死者生理性別時，兩性異形愈顯著，法醫人類學家的鑑定結果就愈準確。但是我們必須永遠謹記在心，法醫人類學分析仰賴的骨頭特質，都會受到體內生化效應的時間與程度影響，不是證明個人生理或基因性別的絕對證據。

決定死者的生理性別相當重要，而背後原因非常明顯，如果我們希望用失蹤人口資料比對無名屍體，只要排除異性，就可以縮小一半可能範圍。但凡事都是一體兩面，如果我們判斷錯誤，找到死者正確身分的機會就完全消失了。

◇

雖然我們在辨識成人的生理性別或基因性別極為成功，對孩童性別的判斷卻非常不精準。然而，若要討論生理身分的第二個因素——年紀——結果卻是完全相反。要準確判斷在世成人的年紀已經有相當的難度——而且活人提供的線索比比屍體還多——從遺體鑑定死者的年紀就更不容易，特別是遺體已經變成骸骨，甚至是更糟糕的碎骨。

在現實生活中，如果一個人的年紀愈大，精準衡量年齡的難度就愈高。而只要隨便走進一間小學教室，我們就能對學童年紀提出非常準確的評估，差距不會超過一年。觀察中學教室的學生時，正確估計學童年紀的機率也很高，但其中幾位學生的外表可能看起來更老成或更年輕，因為每個人並不會在同一時間經歷青春期的各種生理變化。如果想要猜測聚集一室的成年人歲數，好吧，我們都很清楚，推測的結果可能會讓某些人聽了高興，卻會得罪至少一半的人。

在人類生命發展階段的初期，年齡、臉部長相和體型之間的關係非常緊密。臉部是準確的衡量指標，因為臉型的變化必須配合牙齒的發育。每一年，我的孩子過生日時，我都會替他們拍照作為年齡紀錄，讓我知道他們的臉部和外型在什麼時候開始產生何種變化（所有好的科學家都會將孩子視為自己的小小培養皿）。他們第一個重要的改變發生在四歲至五歲之間，臉部下方的下巴會在此時發育出足夠的空間，準備迎接六歲左右的恆齒成長。第二個重要改變則是在青春期之前，下巴再度發育，迎接第二次的恆齒成長。隨後就是可怕的荷爾蒙，宛如怒氣翻騰的浪潮，沖向他們（和我們）的生命，而他們美麗而成熟的臉龐也會在此時慢慢浮現。

年紀和體型之間的關聯反應在孩子選購自己衣物的方式。衣物的販售基準是年紀，而不是尺寸，因為成衣製造商能以一定程度的信心預測人體大小，舉例而言，在出生至六個月之間，嬰兒從頭頂到腳趾的高度大約是六十七公分（二英尺又二英寸）。我們選擇孩童衣物的標準也不是「三英尺又五英寸高孩童的衣服」，而是「四歲孩童的衣服」。孩子長大之後，年齡的標準也變寬了：嬰兒的衣服以三個月作為區間，不是六個月，學步孩童以上至十二歲左右的孩童衣物，則是用一年或兩年作為標準。青春期之後，身體會產生巨大變化，年齡和體型之間的相互關係也更難以預測。

在檢驗胎兒或嬰兒的遺體時，上半肢長骨（肱骨和橈骨）和下半身長骨（股骨、脛骨和腓骨）的長度可以讓我們推測死者的年齡，誤差在數個星期的範圍內。年輕孩子遺體的年齡檢驗誤差範圍為數個月之間，年紀較大的孩子則是二年至三年之間。

然而，評估死者年齡的方法不只是單純的測量數字，還有其他細節。在孩童身體中，有些骨頭由數個部分組成，這是為了未來的發育成長保留空間，而在身體成熟後，這些部分將融合起來。由於骨頭成長和融合的規律與年齡增長息息相關，骨頭的融合發展階段是非常可靠的指標。舉例來說，成人的股骨（大腿骨）雖然是一塊骨頭，在孩童階段卻由四個部分組成：骨幹、末梢關節尾骨（位於膝蓋）、近端關節點（位於大腿），以及與肌肉相連的大轉子。在孩童的股骨結構中，第一個從軟骨轉變為骨頭的是骨幹，時間大約在子宮胚胎成形後的第七個星期。膝蓋中央的骨化過程（骨頭首次成形）則是在出生前才會變得明顯可見——事實上，過去在進行X光掃描時，膝蓋中央的骨化也是用來判斷子宮嬰兒是否已經發育，能否在臨床上視為完整嬰兒的一項指標。骨化也是非常重要的起訴要素，用於判斷母親是否扼殺擁有合法地位生命的孩子，這比扼殺胚胎的罪行更嚴重。

股骨頂端的骨頭會在嬰兒出生的第一年之後，開始轉化為實骨，而大轉子頂部，也就是臀中肌、臀小肌、股外側肌和其他肌肉附著處，會在兩歲至五歲之間成為關節骨中心。隨後，不同的骨頭部位開始向彼此延伸，最後終於融合為實骨。

女性在十二歲至十六歲之間、男性在十四歲至十九歲之間，股骨的頂部會開始和骨幹結合，大轉子則在一年後結合。最後一塊融合為實骨的單位是末梢關節尾骨，位置就在膝蓋，發生於女孩的十六歲至十八歲之間以及男孩的十八歲至二十歲之間。所有的部位結合之後，骨頭就不會繼續成長。人類全身的骨頭長度停止生長之後，身高發育也完成了。

由於人體大多數骨頭的發育和成熟程度遵守一定的規律，我們可以藉此評估死者可能的年紀；當然，前提是死者的骨頭發育必須按照預期的方式生長。而身體的特定部位將可提供更多資訊，舉例而言，成年人的手有大約二十七塊骨頭，而十歲孩童的手至少由四十五塊不同的軟骨構成，這是評估生者和死者的年紀相當好用的一項指標。手骨資訊容易取得，就倫理層面而言，手部也是能夠合理暴露在X光輻射中的部位，這個方法經常用於檢驗為了移民或庇護而佯裝成青少年的孩童。

世上超過一半的人口出生時並未取得正式的證明，因此沒有文件能夠確定他們的年紀。如果這些人留在特定地區內，且當地執政當局認為此事無妨，就不會造成問題。但是，當沒有出生文件的人移民至社會結構仰賴正式文件證明的地區時，就會與當地的政府產生爭議。

簽署聯合國兒童權利公約（Convention on the Rights of the Child）的國家同意保護兒童免於傷害，並確保他們得到食、衣、住和教育的權益。如果政府當局發現孩童假造合法移民身分或偷渡過境，有時候會請法醫人類學家鑑定他們的年紀，特別是當犯罪法庭認為孩童可能是攻擊行為者或受害者的情況，例如遭到人口販運的孩童。

我的同事露辛娜．哈克曼博士是英國唯二有資格檢定活人年紀的從業人員。她使用人類骨頭的影像——包括電腦斷層掃描、X光或核磁共振——在當事人出庭受審之前，檢定他（她）的年齡，藉此確認是否符合犯罪責任年齡、合意行為年齡，或者作為處理國際孩童權益案件的證據。

過了童年和青春期之後，人體內與年齡相關特質和實際年紀之間的關聯就會變得薄弱。在四十歲以前，我們還能在五年的誤差範圍內合理地準確推論年齡，但四十歲之後，人類的骨頭就會開始大量退化。坦白說，所有人都會衰老，其速度取決於基因、生活方式和健康。我們可能都認識實際年齡六十歲、看起來卻像四十歲的人，或者實際年齡四十歲、外表卻像六十歲的人。在觀察年齡為五十歲至六十歲的遺體時，我們傾向於使用「中年成年人」等描述方式——我討厭這個標籤，因為這個標籤也符合我的年齡——而在處理六十歲以上的遺體時，我們則會稱為「年長成年人」，真是令人髮指！這一切都代表了，無論面對活人、屍體或者遺骨，我們都無法有信心地正確評估年齡光譜偏上層的人。

因此，我們擅長鑑定成年人的生理性別，卻不擅長確認青少年的生理性別；能夠準確鑑定孩童的年紀，但鑑定成年人年紀的能力卻相當平庸。另外兩項生理身分指標，身材和血統呢？一般而言，我們非常善於處理前者，另一個則不太擅長。在理想情況下，上蒼仁慈的話，我們最有能力處理的應該是評估死者身分最重要的指標。但不幸的是，我們真正擅長的是身材評估，但身材可能是四項生理特徵中，最不重要的一環。

上述的說法和電視節目中法醫人類學家的夢幻工作明顯不同，對吧？但是在現實世界中，我們必須明白，如果一個人的身分難以辨識，最好的解決方法就是仰賴經驗、專業能力，以及四種指標綜合所得的可能結果。如果任何一位人類學家宣稱自己有百分之百的信心能夠鑑定人類遺骨的性別、年紀、身材和血統，代表他是一個危險而經驗不足的科學家，無法理解人類的多元性。

◇

英國平均成年人的身高範圍差距為十六英寸，介於五英尺至六英尺四英寸之間（一百五十公分至一百九十三公分）。若是有人的身高不在這個範圍內，就會被視為特別矮或特別高。女性的平均身高為五英尺五英寸（一百六十五公分），男性的平均身高則是五英尺十英寸（一百七十八公分）。誠然，身材會受到基因和環境的強烈影響；如果你的父母身高很高，你可能很高，倘若他們很矮，你可能也會很矮。預測孩子的成年身高有兩種方法。第一，將孩子兩歲的身高乘以二（我們在人生的前兩年就長到成年身高的一半高，是不是很奇妙？）第二，計算所謂的「遺傳身高」（mid-parent height；英文的字面意義為「父母身高中位數」）。以男孩的身高為例，計算的方程式為（單位為公分）：父親的身高加上母親的身高，再加上十三之後，將結果除以二；至於女孩的身高，則是父親的身高減掉十三之後，加上母親的身高，將結果除以二。

若想要了解基因造成的影響，我們只需要觀察世界不同地區的平均身高差異就能知道。荷蘭男性的平均身高最高，平均身高六英尺（一百八十三公分），而東帝汶男性的平均身高最矮，平均身高為五英尺三英寸（一百六十公分）。拉脫維亞女性的平均身高最高，以平均身高五英尺七英寸（一百七十公分）打敗荷蘭女性，而瓜地馬拉女性的平均身高四英尺十一英寸（一百五十公分）則是最矮。

在歷史紀錄上，最高人物是來自於美國依利諾州的羅伯．派辛．華德洛（Robert Pershing Wadlow）。華德洛在二十二歲時英年早逝，死時身高為八英尺十一英寸（兩百七十二公分）。他因為人類成長激素過度分泌而承受不幸的痛苦，即使在一九四〇年過世時，也依然繼續成長。最矮身高紀錄保持人則是尼泊爾的錢德拉．巴哈鐸爾．丹吉（Chandra Bahadur Dangi），身高一英尺又九．五英寸（五十四．六公分）。他雖然患有原基性侏儒症，卻比同症狀的患者更長壽，二〇一五年過世，享壽七十五歲。

上述例子展現了基因對身高的影響，但基因並不是決定成人身材的唯一因素。除了罕見的成長疾患，更常見的因素包括營養、海拔、疾病負擔、成長差異、酒精、尼古丁、出生體重，以及荷爾蒙，都會影響人類成年之後的身高。在所有條件有利的情況下，孩童可以達到可能身高範圍的頂點；但若是在十五歲之前經歷過不利環境，身高可能會比預期身高更矮。

由於西方文化認為身材高大是魅力的象徵，矮小則是劣勢，大多數的人經常會傾向於高估自己的身高。在推測他人身高時，評估基礎也是對自身高度的認知，所以容易高估。因為人類不願意承認自己的身高隨著年紀增長而降低，在我們一生之中，總是宣稱自己的身高還是青春年華時代的數字。但無論我們喜不喜歡，每個人實際上都會變得愈來愈矮。超過四十歲之後，人類的身高每十年會降低一公分左右；七十歲之後，每十年降低三到八公分。

人類的身高由全身各個部位的長度和厚度構成，從腳底的皮膚到頭頂的皮膚，包括骨頭的長度與高度（跟骨、踝骨、脛骨、股骨、骨盆骨、薦骨、二十四根脊椎骨以及頭骨），加上骨頭之間的關節空間與關節軟骨的厚度。隨著年紀增長，軟骨厚度和關節空間會跟著萎縮。各種臨床症狀如關節炎和骨質疏鬆症，也會改變骨頭和關節，降低人的身高。信不信由你，人類的身高隨著每天不同時刻改變。平均而言，人類就寢前的身高會比起床時矮了半英寸，而起床後三個小時之內，那高出的半英寸也會消失，這是因為軟骨固定了位置，導致關節空間壓縮減少。

若想要以人骨判斷死者身高，難度很高，因為我們必須計算不同骨頭、軟骨和關節的數字，才能加總推估。當發現一具骨頭完整的屍體時，由於屍體的軟體組織還在，我們會用捲尺測量死者橫臥時的身高。在停屍間內，和以長骨推估孩童年紀的程序一樣，我們也會利用長骨推測死者的身高。顯而易見的，如果你的手臂很長，特別是你的腿也很長，你應該會很高；反之亦然。我們將十二根長骨（股骨、脛骨、腓骨、肱骨、橈骨、尺骨，每種骨頭都有兩根）放入骨頭長度測量儀器，再將數值套用至根據個人性別與血統所得出的適當統計數字衰退調整公式計算，就能得到死者生前的身高，落差範圍在三公分至四公分之間。

然而，在現實世界的法醫人類學調查中，身材不太可能做為辨識身分的主要指標，除非死者的身高異於常人。我認識一個家庭，他們抱著一絲微弱的希望，認為我們檢驗的遺體並不是他們的孩子，甚至質疑基因檢驗的相符結果，他們的理由是因為遺體身高大約五英尺六英寸，而他們的兒子身高是五英尺七．五英寸。也因為這樣，我們的評估結果才會設定誤差和推測範圍。

評估死者生理身分的第四個指標是血統，過去則稱為「種族」。現在的法醫人類學家避免使用「種族」這個更容易引發情緒反應的詞彙，因為這可能含有社會不平等的負面含意，造成先入為主的臆測和誤解。除此之外，我們尋找的生理證據也是遺體更為長久的血統起源。鑑定死者的血統可以說是調查過程中的相當重要的一環，但法醫人類學家使用的語言與警方不同。警方希望知道的結果是，他們應該找哪些族裔社群進行調查，例如中國人或波蘭人。但不幸的是，我們無法從遺骨檢驗中明確地辨別各種相似的生物特徵，藉此區分死者的族裔。

我們會利用各種生理特徵進行分類，例如死者的膚色、眼睛或頭髮顏色、鼻子或眼睛的形狀、頭髮的類型或是語言。多位點序列基因叢分析結果已經可以在相當程度上確認社會大眾廣為接受的假設，只要用一滴血，就能檢驗出我們過去以基因特徵劃分為四個血統起源的地區。「來自非洲」（out of africa）的觀念迄今依然屹立不搖，這也是我們的第一個血統分類，代表著起源於非洲南撒哈拉地區的人。第二個血統族群是從北非延伸、穿越歐洲，直至東方中國邊境區域的族群。第三個血統族群包含亞洲大陸的東部地區以及整個北大西洋、北美洲、南美洲和格陵蘭島地區的族群。第四個血統族群的地緣關係較為封閉，包括南太平洋地區、澳洲和紐西蘭。上述四個族群分別為四種古老的人類族裔：非洲人種（Negroid）、高加索人種（Caucasoid）、蒙古人種（Mongoloid）和澳洲人種（Australoid）。

雖然我們可以簡單地區分祖先的起源，討論近代歷史時，一切都變得更為複雜。如果我們仔細檢驗基因以了解自己的血統歷史，我想許多人都會大吃一驚。在遠古時代，血統族群之間的交融非常有限。但是到了現代距離逐漸變小的世界中，隨著世世代代過去，族群交融變得更普遍頻繁，四個古老族群有著明顯差異的基因訊號也變得愈來愈薄弱。

基因無法用任何可靠的方式，來區別中國男性與韓國男性之間的不同，或是英國女性與德國女性之間的不同。舉例來說，如果某人的外公是印度人、外婆是英國人、爺爺是奈及利亞人、祖母是日本人，基因將無法協助我們評估此人的血統。

我們可以在人體上找到一些保存較為完整的基本特徵差異，特別是人類的頭骨臉部區域，以檢測人類身上受到較多保護的血脈特徵。現在也有能夠計算不同頭骨尺寸的電腦評估系統，用以推測某個人最有可能屬於何種血統，但這樣的結果必須經過謹慎評估。在這種情況下，我們會希望借助毛髮或其他軟體組織來協助我們確認血統，或者透過衣物、文件，以及宗教珠寶等個人物品取得線索。雖然基因分析是我們最大的希望，但分析結果只能透露血統起源，卻道不清國籍歸屬，更無法讓我們判斷一個有著印度血統的人，究竟是在孟買或倫敦出生。在這一點上，只有靜態同位素分析能夠幫助我們。

◈

確認四種生理身分的指標之後，我們的下一個工作就是尋找足以證明個人身分的特徵，好讓我們聚焦在一個人身上，排除其他人選。為了達成目的，我們必須使用國際刑警組織認可的其中一種方法或所有方法，包括基因比對、牙醫紀錄或指紋分析。如果死者只留下骸骨，幾乎不可能取得指紋。但有時候，即使屍體腐爛程度相當嚴重，我們依然有機會取得指紋。

如果基因資料庫沒有相符的結果，警方可能會尋求社會大眾的協助，希望他們提供線索。為了建立死者的身分——找回他們的名字——我們需要情報，寄望社會大眾能提出建議，幫助我們排除特定人選，或者能讓調查人員繼續追查。當警方釋出死者相關資訊時，例如：一名黑人男性，年紀介於三十歲至四十歲，身高五英尺八英寸，就代表了警方排除了其他可能性，包括女性、孩童、老人、身材過度嬌小或高大的人，以及其他血統的人。但是正如先前所述，在失蹤人口資料庫中，依然會有數千筆資料符合如此廣義的生物特徵剖繪。

警方發送的失蹤人口協尋海報中，可能會包含目標人物的長相圖片，而繪圖的根據則是臉部重建圖像，就像第二章提到的林地自殺者協尋海報。而法醫藝術家或法醫臉部重建專家則仰仗我們提供的正確生理特質資訊。如果法醫人類學家認為失蹤人士是女性，實際上卻是男性，或是我們相信他是白人，實際上卻是黑人，又或者推估年齡為二十歲左右，實際年齡卻超過五十歲，這樣的臉部重建結果絕對不可能像失蹤者。

二〇一三年的一個案例證明了臉部重建結果有效協助加快辨識死者身分的過程。愛丁堡的柯斯多芬山丘（Corstorphine Hill）發現了一具遭到肢解的女性遺體，我們掌握的少數線索只有手指上的特殊戒指以及牙醫處理痕跡。我的同事卡洛琳・威金森教授重建了死者可能的臉部模樣，調查當局將結果發送至各國後，一位愛爾蘭都柏林的居民認出死者是自己的親戚，名為菲莉絲・鄧李維（Phyllis Dunleavy）。這位鄧李維太太一直與自己的兒子待在愛丁堡，她的兒子卻宣稱母親早已回到愛爾蘭。在發現屍體一個月後，我們終於確認了死者身分，檢方也起訴兒子謀殺母親，隨後宣判有罪。

死亡、處置遺體和指認死者身分之間的時間愈近，取回證據的機會就愈高。在這個案例中，辨識死者身分的速度毫無疑問地加快了調查工作的時程，也是成功起訴的關鍵。

當我們找到死者屍體的可能身分時，就能從骨頭抽取基因，與母親、父親、兄弟姊妹或子女的基因進行比對，有時甚至可以找到失蹤者本人的基因進行對比，例如牙刷、梳子或馬尾髮圈上的斷髮，其髮根上可能會留有失蹤者的細胞。在英國，我們得以查詢國民保健署留存的葛瑟里（Guthrie）測驗樣本卡。這種樣本卡自一九五〇年代起，樣本卡保存了幾乎所有新生兒的血液樣本。院方從嬰兒腳跟抽取血液，將血液滴至試紙上，檢驗各種基因症狀，包括鐮刀型紅血球疾病、苯丙酮尿症、甲狀腺機能低下症以及囊狀纖維化症。英國各地的國民保健署相關單位都保存葛瑟里測驗樣本，但將樣本挪做法醫檢驗使用也引發了一些爭議，因為當初民眾同意檢驗可使用的用途中並不包括法醫檢驗。在二〇〇四年的亞洲大海嘯中，葛瑟里檢驗樣本卡至少與一位罹難者的基因相符，幫助我們確認死者身分，並將屍體送回家人身邊。至於隱私問題、檢驗結果是否與死者身分相符，以及未經同意使用基因資料作為身分識別用途的正當性，則是律師爭論的問題了。

英國國家犯罪情報基因資料庫（NDNAD）設立於一九九五年，是全球最大的基因資料庫，儲存將近六百萬筆資料，相當於英國人口的百分之十，而其中百分之八十資料來自男性。根據最近統計報告顯示，這個資料庫協助警方在百分之六十的犯罪案件中找到嫌疑犯。如果能直接接替全英國公民建立完整的基因資料庫，或許就很有可能減少無名屍體和懸案數量。但是，人民是否允許國家系統的利益凌駕於人民的隱私和匿名權之上這點，引發了十分兩極的討論，有如一顆一捅就炸的蜂窩，我想公眾議論還會持續好長一陣子。

有時候，通常是在懸案中，一個人的基因樣本可能會在不經意之間幫忙指證了與自己有血緣關係的嫌疑人。其中一個案例就是「鞋子強姦犯」，他在一九八〇年代於約克夏郡南部性侵了至少四名女性，同時還企圖性侵另外兩名女性。而嫌犯也會在攻擊女性後，偷走對方的鞋子。二十多年之後，一位女性遭控酒後駕駛。警方在資料庫比對她的基因之後，發現她與強姦犯的基因有血緣連結。事實證明，她就是強姦犯的姊姊。當警方突襲犯人的工作地點時，發現了一百多雙女鞋，其中包括受害者的鞋子。法院將此人判處無期徒刑，至少要服刑五十年。

雖然牙醫就診紀錄並未建立全國資料庫，但大多數英國公民都曾在一生中某個時間看過牙醫，留下牙齒的修補矯正紀錄——只要我們可以找到他們的牙醫。許多人甚至有超過一組的牙醫病歷。不是每個人都會一直去看同一個牙醫，而且也因為許多牙齒治療程序不受國民保健署補助，除了正式登記的牙醫以外，一個人的私人診療紀錄也有可能會在其他牙醫診所留存。由於愈來愈多病患選擇前往國外追求更好、通常也更便宜的牙醫美容服務，特定的醫療紀錄甚至不會留在同一國家內，而且這種紀錄鮮少能夠追蹤。加上許多牙醫只保留財務記帳相關的文件，因此，我們能夠取得的資訊可能難以協助正在進行的口腔調查。

近年來，牙醫就診紀錄引起更複雜的討論，諷刺的是，起因是牙醫技術的進展。我和許多同年代的人一樣，牙齒並不整齊。我的口腔上顎屬於典型的北歐血統特徵，寬度不足以容納所有的牙齒，所以牙齒變得擁擠紊亂，彷彿老舊墓園的墓碑。我在十四歲的時候早已補過所有牙齒，我體內的金屬追蹤紀錄，包括銀、水銀、錫和銅，可能也早已超標，而這都要歸功於蘇格蘭人的古老飲食習慣，以及我們缺乏氟化物的飲用水。我的牙齒或許不怎麼整齊漂亮，卻絕對不會與其他人的混淆，因為我多年來一直接受了多次根管治療、貼面處理和智齒拔除。如果有天我的屍體需要驗明正身，我的牙醫可以毫不猶豫地證明我的身分。

相較之下，現在許多年輕人擁有完美的牙齒。他們配戴矯正器，確保所有牙齒都整齊完美，能夠展露好萊塢式的潔白笑容（但牙齒應該是淺黃色，而非白色），即使他們補過牙，也會使用白色補料而讓人難以察覺。我很確定，我的家庭牙醫將無法從牙齒辨識出我女兒的身分。

在英國，任何人如果遭到逮捕，或因犯罪嫌疑（或犯罪事實）而遭到拘留，就會留下指紋紀錄。Iden1是搜尋指紋和掌紋的資料庫，擁有超過七百萬筆的十指指紋，每年完成超過八萬五千筆犯罪現場指紋比對結果。指紋比對系統也用於入境管理，英國簽證和移民官員每個星期預估完成四萬次比對。

只要找到遺體的生物特徵和可能身分，符合國際刑警組織認可的三種指標之一或兩種以上的組合，通常就足夠我們確認個人身分。即使主要指標無法提供協助，通常也會有次要身分指認來源，例如傷疤、刺青、衣物、照片或者其他個人物品，允許我們做出合理判斷，確認死者遺體與特定失蹤者身分相符。

至於我們無法找出名字的屍體——例如從來沒有找到名字的失蹤人口屍體——才是糾纏法醫人類學家的不散幽魂。而對我來說，其中之最就是在東鄧巴頓郡巴爾摩地區發現的一位年輕男子。他的相關資訊記載在本書的最後。我想厚臉皮地請求讀者的協助，透過本書中所描述的故事，或許某處的某人能夠幫助我們破解他的身分之謎，讓他可以回到家人身邊。

這個故事開始於二〇一三年的一月，我們鄧迪大學的研究團隊接獲通知，巴爾摩地區一處偏僻林地中所懸掛的人類遺體，屍體分解狀況非常糟糕。當屍體在二〇一一年十月十六日時被人發現時，可能已經在該處待了六到九個月。失蹤人口資料庫和基因資料庫中並沒有任何符合人選，遺體的個人物品也無法協助我們找到死者身分。檢察官認為屍體死因並不可疑，推測應是自殺，但他要求在以「無名屍」埋葬死者前，必須進行最後一次的調查以確定死者的身分。檢方請我們檢驗遺骨，建立生物剖繪資料（由克雷格．康寧漢博士負責）、重建臉部輪廓（由克里斯．瑞恩博士負責），並且分析遺體身上找到的個人物品（由簡．畢克博士負責）。

所有的骨盆骨、顱骨和其他長骨顯示，死者可能是一位男性。從肋骨軟骨（連結肋骨尾端和胸骨的軟體組織）、恥骨聯合（私處後方，骨盆前半左右兩側之間的關節）以及第一和第二薦椎接合處（位於脊椎底部）的老化狀態判斷，死者的年紀介於二十五歲至三十四歲之間。他的血統可能來自北歐，髮色淺淡——遺體上仍有頭髮——身高介於五英尺八英寸至六英尺一英寸（一百七十五公分至一百八十五公分）之間，身材苗條。我們找不到指紋。他的牙齒曾經過治療，但無法追蹤任何資料。

找出死者身分的最佳機會可能是屍體上的許多傷痕。他的左側鼻骨有骨折傷痕，已經復原，但在世時能夠用肉眼察覺，就像鼻子歪了一樣。死者顱骨底部的翼外板也有痊癒的骨折跡象。這兩個骨折傷痕或許來自同一次創傷事件，發生時間推測在死前數月。他究竟是出了意外，還是暴力毆打的受害者？

他的下巴左側也有骨折傷，但第一次的驗屍報告忽略了這點。此處的骨折並未成功癒合，但可能是痊癒中。這種傷勢必須在醫院治療，以骨釘和骨板協助復原。但死者並未就醫，每次吞嚥時很有可能承受著極大的痛苦。是不是這種永不停歇的苦痛，導致死者決定自殺？

他的膝蓋骨已經出現關節退化跡象，這種情況在死者這麼年輕的人身上並不常見。走路可能也會讓他感到痛苦，所以他可能是跛腳前行。他的左側上方中央齒也斷了，起因可能是造成臉部其他傷勢的同一次事件。他每次張開嘴巴，都可以直接看見牙齒的缺縫。

死者穿著淺藍色的短袖V領POLO衫，衣服正面有字體和印花設計圖案；深藍色的長袖圓領拉鍊羊毛衫；拉鍊牛仔褲與灰黑色綁帶運動鞋（紅色鞋底）。牛仔褲的長度符合估計的身高範圍，腰圍也與POLO衫、羊毛衫的尺寸相符。這些衣物是否讓你想起什麼？請參閱本書最後的清單，確認細節，包括衣物的品牌、標籤和尺寸。

這個男人究竟是誰？其中一個推測認為，死者是居住在巴爾摩周圍林地的一位流浪漢。那位流浪看符合我們的描述，在發現屍體後，也沒有人看見該名流浪漢，所以他確實是一位可能的人選。但是警方也不知道流浪漢的名字，無法繼續追蹤這條線索。

或許，這位來自巴爾摩的男人根本就不想被人發現。他可能相當害怕，所以選擇躲藏。但是，誰是打斷他鼻子的真兇？他為什麼選擇活在痛苦和悲傷之中，而不是尋求醫療協助？又為何「奪走」自己的生命？這是何等詭異的描述。他用什麼方式「奪走」自己的生命？誰迫使他「奪走」了自己的生命？人類對於死亡的語言描述總是模糊不一。死亡提出了許多問題，有時候我們無法光靠自己找到答案。

我相信每個人的生命都有「身分權」，同樣地，每個人死後也有身分權。少數人可能會選擇不要執行這個權利，但如果某個人的身分遭到剝奪，留在人世的我們就有義務竭盡所能找回他的名字。無論時間過了多久，這個真理永遠不會改變，只會讓任務變得更為艱鉅。然而，就像死於一九八七年的國王十字車站火災的亞歷山大·法隆（Alexander Fallon），在十六年後才找回自己的身分一樣，而這個案例證明了我們還是有辦法完成任務。

在世上某處，必定有個家庭正想念著巴爾摩的那名男子。我們強烈希望能帶他回到家人身邊。

第九章

毀屍滅跡

讓我承受火焰和十字架的折磨，讓我迎戰野獸，
讓我面對斷骨與被肢解的屍體。

——安條克的依納（Ignatius of Antioch）
主教和烈士（可能生卒年：西元三五年——〇七年）

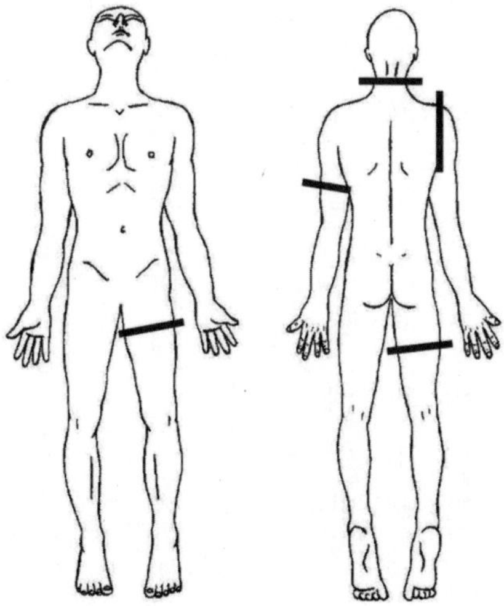

潔瑪．麥克勞斯基（Gemma McCluskie）身體被肢解部位示意圖。

將人體肢解以作為奉獻或懲罰的行為，就某種程度而言，幾乎存在於所有文化中。描述西班牙在殖民新世界暴行的歷史木刻文物，或者解剖學家威廉・杭特於十八世紀創作的「末日審判」諷刺雕刻作品，全都表達了人類對解剖完整肉身屍體的接納度。事實上，幾乎所有的社會文化都曾在歷史上的某個階段，基於文化、宗教或儀式等理由以各種方式肢解屍體。直到相對近代時期，以肢解褻瀆人類身體的行為才被視為惡行，並視同於犯罪行為，如謀殺罪。

當然，並非所有的肢解行為都是犯罪行為。職場工作意外或運動傷害都可能導致人類失去部分肢體，跳軌自殺也可能造成身體肢解和屍體破裂，正如致命的公共傷亡事件也會造成同樣結果，例如在墜機現場，我們也會看到且必須搜索罹難者的斷肢殘骸。

在英國每年的五百件至六百件謀殺案中——佔總人口數比例低於十萬分之一——大約僅有三起與肢解行為有關，這其實非常罕見。但是這種案件一旦發生，就會立刻點燃社會大眾與媒體的想像力，讓肢解謀殺案獲得比其他犯罪案件獲得更大篇幅的報導版面，為小說、電視影集和恐怖電影提供豐富的創作靈感。

在現實世界，究竟該如何處置屍體，才能不讓其他人發現？每個人都認為自己能夠完美處理這個問題（許多人的答案來自電視影集《夢魘殺魔》），甚至能提出構成完美謀殺案的理論。但是，任何完美的謀殺案都不會留下屍體，犯人也不會遭到懲罰——我們聽到的所有犯罪，都不算是完美犯罪。倘若凶手全身而退（這種事的確有可能發生），我們仍會處於無知的幸福之中，完全不清楚他們的犯案手法。即使找不到屍體，檢方依然可以起訴嫌疑人，只是這種案件更難以證明嫌犯有罪。

屍體是非常笨重的物體，即使是在最有利的情況下，屍體的體型、重量以及缺乏配合能力等特點，都會導致隱藏屍體的過程困難重重。除非刻意將屍體留在死亡地點（屍體發現地點包括床底、櫥櫃、衣櫃、浴室置物空間、閣樓、地下室、花園、工具棚、車庫、煙囪上以及新建陽台和新鋪車道下），否則凶手一定會需要將屍體移動至其他地點。事實上，凶手通常必須儘速將屍體移出犯罪現場，好讓自己和屍體證據保持距離。

但若想要移動屍體，還要處理許多實際問題。你能夠完整安全地移動屍體嗎？如果不能，你要在哪裡肢解屍體？用什麼工具？又要用什麼東西包裝被切下來的屍體？相信我這很有必要，因為屍體一定會滲出血液和體液。哪種容器的空間夠大？你又在何時移動屍體？會不會被看見？路上到處都是監視器，你也可能會被路過行人看到。要使用哪種運輸工具？又該把屍體載去哪裡？抵達目的地後，你又要如何處置屍體？你可以獨自完成嗎？

如果凶殺事件出於事先預謀，凶手可能已經預先考慮過該如何處理屍體，但是絕大多數的謀殺都是起於一時衝動，通常沒有事先計畫。一旦加害者發現受害者已經死亡，無論原先的意圖是否為殺害對方，上述所有問題和其他問題都會湧入加害者已經驚慌失措的腦海中。

因此，加害者的解決方法通常考量不周，全靠當下的衝動念頭才能完成。在這種情況下，幾乎沒有人具備相關經驗。大多數的凶手都是第一次、也是僅此一次殺人並且分屍，容易在不經意的情況下，留下證據線索，而被警方和科學調查人員發現。

一件謀殺案件是否為預謀犯案的重要性，並不亞於凶手是否蓄意肢解屍體的重要性。如果是預謀犯案，法院在認為被告有罪時，通常都會判處更重的刑責。倘若一件謀殺案被視為最為惡毒的犯罪，蓄意肢解遺體會被認定為額外的侮辱行為，已然泯滅人性。這種情況下，法律將會將肢解證據視為加重謀殺的證明，依此判罰。女王監獄所有的無期徒刑犯人都是謀殺和加重謀殺犯，足以證明英國社會十分嚴肅地看待上述罪行。

犯罪肢解案件其實非常罕見，許多警察可能在職業生涯中只處理過一次相關案件。因此，他們經常尋求其他專業人士的建議，例如法醫病理學家和法醫人類學家，因為我們在這個領域的經驗更為豐富。我在鄧迪大學的研究團隊已經看過太多相關案例，足以接受指派擔任英國國家刑事局的專業顧問。

根據加害者的意圖，犯罪肢解一共可分為五種類型。防衛型肢解是迄今最常見的類型，比例大約百分之八十五。這個奇特的名稱反應了加害者必須盡快方便地處理屍體的必要性，背後動機則是消滅犯罪證據以及隱藏攻擊行為——而他們的攻擊行為通常是、但不盡然是謀殺。換言之，防衛型肢解是一種為了達到目標的行為，而不是加害者原本的犯罪意圖，同時也符合加害者在犯罪當下的邏輯思考，他（她）必須將屍體縮減為可以處理的大小，有效率地將屍體從犯罪現場移開，並且在不被察覺死亡事件的情況下丟棄屍體。

根據統計資料顯示，被害人多半認識凶手和肢解者，而且謀殺案件通常發生在受害人或攻擊者的家中，肢解地點則是謀殺現場，使用的工具來自廚房、工具棚或車庫。毫不意外地，浴室——容易沖刷清理大量液體的場所——則是最常見的屋內肢解地點。除此之外，浴室（淋浴間或浴缸）也有專為承載人體大小和外型設計的容器。因此，在疑似發生犯罪肢解的案件中，大多數的犯罪現場調查警官（scene-of-crime officer；縮寫為SOCO）都會從浴室開始調查。

低身切割屍體，或者在浴室、浴缸等有限空間中砍斷屍體都很麻煩，血跡和人體組織會四處濺灑。加害者總是相信自己事後已經仔細擦拭牆壁，清理乾淨，但浴缸或淋浴間的出水孔底部或牆壁上通常都還會留有血液，調查U型存水彎內部也能找到許多跡證，正如仔細觀察浴缸或淋浴間的表面，就會發現鋸子或鋸肉刀留下的痕跡一樣。想要切開屍體又不留下痕跡，其實非常困難。

防衛型肢解通常被視為凶手處理屍體過程的解剖方法，因為將屍體切為六個部分才易於移動：頭部、軀幹、兩塊上肢和兩塊下肢。而獨立的軀幹部分依然非常沉重而巨大，難以移動，但凶手通常不會切開屍體軀幹，以避免處理和暴露複雜的人體內臟。此外，切斷人骨也相當困難，因為骨頭十分堅硬——骨頭的硬度必須足以日夜支撐活人的身體重量，承受撞擊和跌倒。一般的刀子無法切開人骨，大多數的工具是鋸子、鋸肉刀，甚至是修剪花園樹木的刀具。凶手第一個肢解的部位通常是四肢。因為四肢與身體只有一處相連。而與屍體相連的四肢也會妨礙凶手搬運，只要切開，就更容易處理。一般而言，凶手會從股骨切開腿部，或者從肱骨切除手臂，割斷屍體的四肢。

若想要切斷頭部，問題就更大了，因為脖子由許多相連重疊的骨頭構成，就像孩童的積木玩具，難以乾淨俐落地切除。然而，真正的挑戰則是心理上的問題。大多數的加害者都會選擇讓屍體保持臥倒姿態（臉部朝下）而非仰躺姿態（臉部朝上）：據說看著受害者的眼睛，會讓他們不敢肢解仰躺的屍體。

就實際操作上而言，肢解者可能認為從後方切開人類頭部比較簡單，但如果你知道自己正在做什麼，事實上從正面切開人類頭部會更容易。徹底切除受害者頭部的景象，會讓許多人感到畏縮，而到了這個階段，儘管切開軀幹是項艱難且不舒服的行為，這時似乎是個更好的選項。但解剖軀幹的決定通常是大錯特錯，那只會造成更難以隱藏的髒亂。當軀幹完整時，內部器官還可以留在身體內腔中；一旦暴露，就會流出大量液體，製造相當可怕的惡臭。

除非凶手準備將分解的身體部位藏在住宅中，否則他就必須將這些殘肢移出浴室並帶出建築物之外。大多數的加害者會將屍塊藏在塑膠袋或垃圾袋，有時候會使用保鮮膜或其他類型的家庭塑膠製品或布製品，例如浴簾、毛巾或鴨絨墊。在處理過程中，凶手必須盡量避免藏匿人體部位的包裝品或容器外緣沾染到血跡和人體組織。舉例而言，大型塑膠袋可能會被切下骨頭的尖端刺破，毛巾沾染過多血液則會滲漏。

將屍體捲入毛毯的想法，通常是伊令喜劇[1]時期的概念了——現在最常見的屍體運輸工具，則是附有輪子的行李箱或帆布背包。沒有人會特別注意帶著行李箱坐入汽車或計程車的人，或者在路上拖著行李箱移動的路人。犯罪者傾向於將屍體棄置在自己熟悉的地點，而河流、海灣、運河或海中等水域則是常見的選擇。

防衛型肢解的目的也包括隱藏死者身分。在此種狀況中，凶手會專注處理肢解過程上。凶手的主要目標為損毀死者臉部（混淆肉眼辨識身分）、牙齒（避免警方比對牙醫紀錄）和手掌（摧毀指紋證據）。有時候甚至會割除死者皮膚，抹滅刺青證據，並且扯下各個身體部位所配戴的珠寶。

慶幸的是，他們的作為幾乎不會成功。凶手以為自己知道哪些身體部位是辨識遺體的關鍵，但法醫科學的能力遠遠超乎他們的想像。正如我們所見，身體的每個部位幾乎都能夠用

1 譯註：Ealing comedy，為伊令工作室（Ealing Studio）在一九四七年至一九五七年間製作喜劇的非正式名稱。

於協助辨識身分。在過去一個世代以來，以人體作為畫布進行新興實驗的藝術文化興起，讓法醫專家獲得更廣泛的線索來源。愈來愈多人決定刺青，或者在身上各處打洞配環，也會仰賴矽膠雕塑胸部、屁股、胸肌甚至小腿曲線——所有在身體進行的整形行為都是新的辨識契機，只要留下足夠的跡證就行。

很顯然地，尋獲完整屍體是成功找到死者身分的最佳機會，但有時候，即使遺體已經嚴重分解、甚至遭到肢解，也能提供重要的辨識線索。加害者或許摘除死者身上的配環，但如果肌膚仍完好，穿孔的痕跡依然具有相當價值。整型手術的殘留物——如果我們幸運，發現肉眼可以辨識的矽膠填充物編號——足以發揮最大的用途，讓我們能夠追查整型手術的施作地點和病人身分。剝皮或肢解也許能夠移除刺青，但如果你了解刺青的原理，就會明白，只要粗淺的解剖知識就能找到刺青墨水留下的痕跡。

人類的肌膚分為三層：表皮（epidermis）、真皮（dermis），以及皮下組織（又稱下皮，hypodermis）。最外層的表皮（肉眼可見的皮膚）由持續脫落的死細胞所構成，一天會脫落將近四萬個細胞。因此，任何留在表皮層的墨水都會緩慢消失，最後徹底不見，就像暫時刺青，例如漢娜彩繪紋身（henna）使用的墨水。在表皮下方的則是真皮，也是刺青藝術家的針頭瞄準之處。此處有許多神經末端，但沒有血管，所以刺青過程會感到疼痛，卻不應流血。想像一下被紙割到的感受，你不見得會流血，卻無比疼痛。這是因為紙張會割穿表皮及真皮中的感覺神經末端，但深度卻未達皮下組織的血管。

若刺青過深進入皮下組織，其實無益，因為心血管系統會將墨水視為身體廢棄物並進行排泄處理。刺青墨水的染色分子結構很大，為惰性物質，不會因為體內循環而衰退，因此不與免疫系統互動，而能成功留在表皮和皮下組織之間的真皮層——有點像是三明治中的起司。其中一些墨水分子確實會衰退（刺青也會因為時間褪色），殘留物質被吸入淋巴系統後排泄。

真皮內所有淋巴管都會連結至尾端的隆起區域，也就是淋巴結。淋巴結分布在人體內部，特別集中於四肢頂端，即鼠蹊部和腋下。在這些區域的淋巴結功能就像淋浴間中蒐集頭髮的集水管一樣：而由於刺青墨水分子過大，無法穿過淋巴結，染色分子最後就會集中在此。身體曾經刺青過的人，淋巴結最後都會沾染墨水的顏色。

在解剖的領域中，我們總是非常注意這種無傷大雅的人體特徵。求學時，我在解剖親愛的大體老師亨利的腋下時，他的前臂上有著老派水手會有的那種藍錨刺青，我同時也發現他的淋巴也是藍色的，略帶紅色，而紅色就是刺青圖案旁的字體顏色。時至今日，刺青已成為必備的時尚配件（在美國，二十歲至三十歲族群之中有將近百分之四十的人身上至少有一個刺青），我們愈來愈常看見淋巴結染色，而當刺青藝術家開始使用彩虹色調後，當代人口千變萬化的淋巴結色彩也五花八門。

請想像一下，當找到一具被肢解的軀幹遺體，上肢不見蹤跡時，如果屍體尚有皮肉，我們就可以檢驗其腋下的淋巴結，分析其中是否蘊藏任何染色分子，結果就能告訴我們死者其中一個上肢或兩個上肢是否有刺青，以及消失上肢的刺青顏色。不幸的是，我們無法判斷刺青圖案是海豚、鐵絲網還是單純的字體，例如「媽媽」。倘若沒有任何線索，刺青至少是調查的起點。

雖然我不太喜歡，但我的一個女兒身上有三個刺青（至少我知道的有三個），也會在身上打洞配環，很有可能還進行了身為母親絕對不該知道的身體整型手術。即使我想過有朝一日自己要刺青，也是基於務實的理由。我曾經思忖過，在錶帶遮蔽、別人看不到的肌膚表面刺青，寫上「英國，蘇」以及國民安全號碼，這其實是仿效蘭道夫・邱吉爾夫人的風格。據說，她的手腕上有一條蛇刺青。如果有一天我不幸在大型意外事件中罹難，或者死後找不到遺體，手腕上的刺青就能協助身分辨識團隊開始調查，稍微減輕他們的工作負擔。但是我到目前為止，還沒有足夠的勇氣接受刺青。我還記得，我在十五歲生日那天走進因佛內斯當地的飾品店，想穿耳洞當作送給自己的生日禮物——我向店員說，如果他們要我先預約，過幾天再來，我絕對沒有膽子，所以當下不做不行——也許，刺青對我來說還太遙遠了。

有些防衛型肢解者可能會嘗試徹底摧毀屍體，像是使用化學藥劑或者焚燒的方式。想要溶解屍體並非某些人想像的那麼簡單，不僅因為使用強酸或強鹼非常危險，若想取得足以溶解屍體的劑量，也會引起懷疑，想要找到不被強酸或強鹼溶解的容器也相當困難。

我曾經處理過一宗發生在英格蘭北方地區的案件，一名男子坦承在謀殺岳母之後將屍體分解。他宣稱自己將岳母屍體放入裝滿醋和氫氧化鈉液體的浴缸中，等到她的屍體變成液體後再沖入排水孔中。他的化學知識相當貧瘠，這種謊言當然不攻自破。醋是酸性，氫氧化鈉為鹼性，兩者會產生中和效應，抵銷彼此的效用。除此之外，市售商品的化學成分也不夠強烈，根本無法將成人骨頭、牙齒和軟骨溶解為液體，再排入水管中。想做到這點，就必須使用超級強烈的酸性液體，而家用水管能夠承受強酸的可能性微乎其微。

即使嫌犯坦承犯案，有時候他所提出的荒謬證據，也會天真得令人想哭。這名男子後來改口承認自己肢解岳母的屍體，並將屍塊丟入當地城市的各個垃圾桶，但我們從未發現她的遺體，也沒有任何證據支持嫌犯家鄉流傳的神秘傳說，這個傳說認為，男子將岳母遺體藏在他經營的印度烤肉串商店。

第二種常見的肢解類型是「侵略型肢解」，有時候稱為「過度殺戮」。這種行為源自強烈的憤怒，通常是凶手在謀殺過程中達到了一定程度的憤怒，並延續至肢解階段，因此肢解的結果通常會清楚地展現屍體所遭受的暴力。侵略型肢解可歸類為一種幾近雜亂的行為模式，缺乏邏輯思考。在這種情況下，凶手經常在受害者死亡前就開始肢解，有時候甚至成為受害者的死亡原因。分析屍體的傷痕模式有助於我們判斷凶手是否符合侵略型肢解，而最典型的案例就是英格蘭最有名的連續殺人犯開膛手傑克，凶手在維多利亞時期倫敦的白教堂區街道屠殺了至少五名女性，可能受害人數超過十一人。

開膛手傑克的可疑人選超過一百個，但令人失望的是，幾乎沒有證據可以證明威廉・伯瑞（William Bury）就是開膛手傑克。伯瑞是鄧迪地區處決的最後一名犯人，他因為謀殺且肢解妻子愛倫（Ellen）而遭到處刑，死前曾居住在白教堂附近的堡區。倘若伯瑞是傑克，那我的辦公室櫃子中收藏的就是開膛手傑克的頸椎。

第三種肢解類型是攻擊型肢解，通常是因為凶手為了性樂趣而謀殺被害人、讓被害人痛苦以達成虐待性愉悅，或者刻意讓屍體受傷之後的結果。這種類型的肢解通常涉及破壞身體的性部位，可能也是謀殺案的主要目的。幸運的是，這種案件相當罕見。

戀屍型肢解是所有肢解中最稀有的類型，卻在電影和小說中獲得不成比例的過度關注，因為這類肢解行為涵蓋了令人作噁又可怕的暴力及道德淪喪行為。這種類型的肢解動機可能是將屍體特定部位視為獎盃、象徵或者戀物癖；食人癖也屬於這個類型。值得注意的是，戀屍型肢解並非永遠發生於殺人行為之後。舉例來說，凶手可能恰好取得一具屍體，又或者與掘屍和褻瀆屍體行為有關。基於人道、倫理和宗教信仰，我們相信屍體應該永遠安息，社會大眾可以接受意外不慎打擾死者，或者基於正當原因而挖開墳墓，卻絕對無法容忍有人故意侵犯屍體。

最後一種肢解類型為「傳遞訊息型肢解」，通常由暴力幫派或戰爭集團使用，以藉此威脅敵人要求他們放棄特定行為，或者強迫多為年輕人的受害者與之合作，要求他們不要加入對手幫派，而是加入自己的幫派。這種肢解行為傳遞了強烈而清楚的訊息：如果你不答應我們的要求，這就是你的下場。

一九九九年至二〇〇〇年的大部分時間，我作為英國法醫團隊的一份子，前往科索沃（Kosovo）協助前南斯拉夫問題國際刑事法庭（International Criminal Tribunal for the Former Yugoslavia）進行審判時，就曾目睹這種類型的「傳遞訊息」。當一名年輕男性（通常是阿爾巴尼亞裔）遭到綁架後，會被肢解成一片又一片的小型屍塊，其中部分遺體會被放在其他年輕人的家門口，作為一種「呼籲」，建議他們不要加入國家議會成立的科索沃解放軍。對某些人來說，這種方法能收到即刻的效果。對於其他人而言，只是刺激他們內心的民族決心，加入對抗塞爾維亞叛軍的戰爭。

◈

身為國家任命的法醫專家，我的團隊經常接獲請求，協助調查肢解案件。即使屍塊沒有散落在兩個不同行政區，這種案件本身就已經非常複雜，但我們在二〇〇九年時就接獲了這樣一起屍塊分散在兩郡的案件。

警方起初之所以接獲這起可疑的死亡事件，是因為有人在赫特福德郡（Hertfordshire）的鄉間小路旁發現藏在塑膠袋中的人類左腿和左足。由於遺體非常新鮮，乾淨俐落地從髖關節切除，警方認為可能是鄰近醫院的手術解剖廢棄物。警方立刻聯繫區域內的所有醫院，確認手術後焚化廢棄物的過程是否出現任何異常跡象，但所有院方都堅決表示屍塊並非來自於他們。在比對基因資料庫之後，也找不到任何符合資料。遭到遺棄的肢體明顯屬於一位成年的高加索男性。雖然我們可以透過腿部長度推斷死者身高，但僅靠腿部所能提供的有限資訊，我們也找不到符合當地或英國失蹤人員管制局紀錄的資料。

七天之後，只剩下手肘至手腕處的左前臂出現了，同樣包在塑膠袋中，發現地點是另外一條公路旁的水溝，距離左小腿遭到丟棄的地點二十英里。左前臂的基因比對和左小腿基因相符。又過了兩天，一位來自萊斯特郡（Leicestershire）的農夫，驚慌失措地帶著一顆被丟棄在他乳牛牧場的人頭出現。由於負責調查人頭的警察單位與先前不同，這個案件並未立刻和先前出現的左小腿和左臂連結起來。萊斯特郡警方一直在尋找一位受到高度關注的女性失蹤者，他們認為死者頭顱可能是她的——然而，雖然頭顱的死亡時間不久，卻因為皮膚和軟體組織已經消失而無法進行臉部辨識，法醫病理學家相信消失的原因可能是遭到動物啃咬。經過我們的分析後，結果顯示死者可能是男性，此外，頭骨和失蹤者照片的比對結果也不相符。

萊斯特郡警方也搜尋了基因資料庫，卻徒勞無功。數天以來，兩個地區的警力各自在管轄區域尋找其他消失的身體部位。接著下一週，自膝蓋切開的右小腿出現在赫特福德郡，用塑膠袋包著藏在旅行日用衣物包中，發現地點則是農村小路的停車場。四天之後，警方終於找到死者的軀幹，軀幹上連著左上臂，一起發現的還有右手臂，但右手掌遭到切除。軀幹和右上臂整個被毛巾包住放入行李箱中，被丟棄至郊區的田野排水管，發現地點一樣是赫特福德郡。

所有屍體部位的基因比對相符，但國家基因資料庫卻查無資料，因此若想建立死者身分，並進一步追查死因和凶手（或凶手們），都非常有挑戰性。雖然腳掌還在，手掌卻已遭到切除，下落不明，由此可見凶手的肢解方式不符合一般的六塊規律。然而屍體的丟棄方式確實吻合常見的肢解動機：減低棄屍難度。由於遺體缺乏手掌，臉部也遭到損毀，代表凶手可能還有額外的防禦動機：掩蓋受害者的身分。

死者遺體散落在如此廣大的地理區域，造成行政管理的紊亂。誰應該負責領導調查行動？發現死者頭部的警察單位？找到第一個身體部位的警察單位？還是擁有最多身體部位的警察單位？這是一個重要的後勤分配問題，必須整合不同的警察單位，共同調查一件重要案件。但之後的事實證明，在我們所見過的兩方警察合作行動中，這是最專業的一次。

露辛娜・哈克曼博士和我一起從蘇格蘭前往南方協助調查。漫長的旅途讓我們有時間長談——倘若奧運舉辦交談比賽，我們一定每次都能替英國贏得金牌。雖然我們在中途繞道前往英格蘭北部地區，協助處理另外一個案件，牽扯到毒品幫派勢力的爭鬥和一具臉部受損的屍體，但我們依然花了許多時間來討論肢解案件。我們所做的假設並不符合警方目前的理論，因此我們必須利用這七個小時的車程仔細梳理，才能提出自己的想法。如果我們錯了，就會成為特威德河[2]以南最笨的兩個呆子。但倘若我們是對的，赫特福德郡和萊斯特郡的警方就要開始積極偵辦了。

我們並不同意警方對凶手犯案手法的假設，因為某些關鍵就是不對勁，而我們是兩個最容易起疑心的中年婦女。我們的第一個疑問是肢解的位置。凶手的肢解模式幾乎完全符合一般肢解行為，但肢解方法相當詭異。從未肢解任何屍體的人——坦白說，大多數的人都沒有相關經驗——最有可能嘗試的切割方式，就是從四肢的長骨開始切開手臂的肱骨和腿部的股骨。鄧迪大學研究中心的研究結果認為，如要肢解屍體，多數人的第一選擇是尖銳的廚房刀具，隨後才會發現這種刀子雖然可以切割皮膚的軟體組織和肌肉，卻不能切斷骨頭後，才會前往工具室或車庫尋找鋸子，通常是木鋸或鋼鋸。而喜歡烹飪的人可能也會考慮使用切骨工具，例如廚房的鋸肉刀或放在外屋的斧頭。但這個案件中的屍體模樣更接近「從關節拆除四肢」，而不是鋸斷，這種情況非常罕見。事實上，這也是我們第一次接觸此種案件。我們必須仔細觀察骨頭表面，才能決定凶手到底是使用哪種類型的工具，但能肯定的是此事必有蹊蹺。

第二，凶手處理屍體頭部的方式與其他屍體部位不同。首先，屍體發現的地點位於其他郡縣；其次，屍體頭部未經包裝，也是唯一失去軟體組織的部位。我們不相信法醫病理學家提出的理論，他們認為原因是動物啃咬，但屍體頭部沒有任何由家禽或野生動物啃咬造成的常見齒痕。

犯罪工具痕跡分析（Tool-mark analysis），至少在原則上，是一種非常直觀的分析方式。當兩個物體碰撞後，較為堅硬者可能會在較為柔軟者的表面留下痕跡。舉例而言，如果你用鋸齒麵包刀切割一塊起司，因為麵包刀是較為堅硬的物體，就會在較為柔軟的物體表面，留下多個脊狀痕跡，在這個例子中，起司就是那件柔軟的物體。同樣的道理適用於骨頭。如果骨頭接觸尖銳物體，例如刀子、鋸子或動物牙齒，就會留下能夠辨識的痕跡，而痕跡的樣式可能足以辨識造成傷痕的物體或工具。因此，如果死者頭部的軟體組織消失是因為動物的啃咬進食行為，應該會看見動物牙齒所造成的特殊痕跡，但我們嚴重懷疑這個理論的可能性。

死者頭部已經沒有皮膚和肌肉，眼球、舌頭、口腔底部和耳朵也消失了。如果一隻動物

2 譯註：River Tweed，位於愛丁堡南方，是蘇格蘭邊境的河流。特威德河以南就是英格蘭地區，以北則是蘇格蘭地區。

可以如此吞食人類遺體，並且未留下任何痕跡，簡直是神乎其技。我們相信，我們可以在不同肌肉黏著骨頭的區域找到尖銳刀具的切痕。倘若事實真是如此，除非野生或生活於人類花園的獾類在一夜之間奇蹟進化，變得善於使用人類刀具，否則很明顯地，死者頭部的軟體組織是遭到人類親手移除——而這就需要進一步解釋了。死者頭部被乾淨俐落地從第三頸椎和第四頸椎之間切除，肢解位置也有不尋常的問題。

直到親自檢驗屍體之前，我們閉口不談自己的想法。參加案情簡報會議時，我們也彬彬有禮地聆聽警方提出他們推測的動物啃咬理論。在這種環境中，我和露辛娜非常注意自己的眉毛。有人說過我們的眉毛會說話，如果我們不同意別人的說法，眉毛就會上下擺動，彷彿方向不一的眉毛百葉窗一樣。有一次，我們以專家證人身分出席英格蘭的法院審判時，頻頻聽見檢察官提出令人難以置信的證據。但我們同時也知道自己就坐在陪審團正前方，他們可以看得很清楚。我們不得不時刻壓抑眉毛的自然反應，甚至因此覺得額頭開始痛了起來。我和露辛娜在撲克牌桌上表現一定非常糟糕。

我們在會議中隻字未提，並且盡力控制眉毛的反應，直到我們終於進入停屍間，得以近距離檢查屍體。凶手的技巧非常值得注意，他（她）完全切除了死者頭部的組織。我們也在原先預期之處找到刀痕，就位於頭部後方、頭部側邊以及下顎下方。所有的軟體組織早已不復存在；實際上，死者的整張臉都被割除了。

令人驚訝之處不只如此。在檢查遺體其他部位之後，我們發現凶手一次就完美地肢解了死者的手腕，準確地切入腕骨和前臂長骨（橈骨和尺骨）之間的關節。死者的臀部也被切除，從髖關節摘除股骨，而左手肱尺關節切除手法的專業程度讓我們明白，無論凶手是誰，他（她）必定非常熟悉解剖。更重要的是，凶手清楚知道如何解剖人體，也不是第一次肢解屍體。

不使用鋸子、鋸肉刀或其他類型的大型工具進行肢解的案件非常罕見，但這具屍體的每一個部分都清楚地顯示，凶手並未在任何階段使用重型或鋸齒狀的工具，唯一的工具就是一把銳利的刀，而這才需要真正高難度的技巧。就連遺體頭部上，也沒有發現任何切割痕跡。事實上，這種俐落的肢解行為完全像是解剖學家、停屍間工作人員或者外科醫師的手法，才能將髒亂、問題和費力程度降至最低。請原諒我就不在此處分享箇中秘訣了。

露辛娜和我透過許多手勢和眉毛動作暗暗地交流了許多想法。警方也察覺事情不對勁。而我們也察覺了他們的不安，因此在確定相關證據之後，就立刻召開會議發表我們的發現。一如往常地，他們會在一開始反駁我們的觀點（「但是，法醫病理學家認為……」），但在看見無可反駁的證據後，他們就匆忙離開會議室，開始倉促地用行動電話進行聯絡。

我們推論著凶手的可能職業：獸醫？屠夫？外科醫師？狩獵場看守人？法醫病理學家或者解剖學家？應該不是同行的法醫人類學家吧？無論凶手是誰，他（她）的肢解技巧雖然高超，丟棄遺體的能力則完全是另一回事：除了手掌之外，其他遺體部位很快就被發現了。

被害者的死因非常直接，他在背部遭受一把四英寸長的刀攻擊兩次，其中一次刺穿肺部，不久以後就斷氣身亡。法醫病理學家推估凶手花費了十二個小時完成肢解過程，但我們不同意這項推論。凶手的肢解技巧程度讓我們相信他（她）可以輕而易舉地在一個小時之內完成所有過程，再用另外一個小時，包裝屍體部位並清理現場。

當法醫人類學家完成分析、拍攝照片，並交出報告之後，可能永遠都不會知道調查結果，除非我們持續注意新聞報紙的報導。因為我們在全國各地工作，不見得與警方保持密切聯絡，但民眾會因為電視犯罪影集時而產生錯誤的印象。有時候正如這個案件，我們沒有收到任何後續通知，直到數個月之後才拿到法院傳票。我們不知道警方找到什麼，也不清楚調查結果，所以我們只能帶著自己發現的證據走入法庭，通常也不清楚案件和證據之間的相關脈絡。

我討厭出庭，在這個冷漠詭異的場所工作，是科學職業中極具壓力的一環。法庭的規則並非由我們制定，我們也鮮少知道辯護策略。在英國的對抗制法律系統中，其中一方會想證明你是全球頂尖的專家，另一方則希望證明你只是滿口胡言的白痴；我經常體驗這兩種處境，也常在中間受到兩面夾擊。

這個案件在媒體報導中變得相當知名，被稱為「拼圖謀殺案」。警方檢驗了所有遺體部位後，檢驗結果與一名住在倫敦北部的失蹤男性相符，牙醫紀錄也確定了死者身分。警方在死者公寓的臥室、浴室，以及汽車後車廂發現了血跡，但痕跡只有一點點，凶手和共犯——一名男子和一名女子同時遭到起訴——清理得很乾淨。

檢方以謀殺和其他相關的竊盜和詐欺罪名起訴這對情侶。由於被告共有兩名，代表法庭將進行三次律師詰問，加上檢方可能還會再度詰問。因此，我們必須準備接受四次詰問——真是開心啊！在一座陌生城市中出席陌生的法庭作證，面對一年前處理的案件，沒有任何建議可言，所有的情況加起來只會讓你更緊張。如果有人請你出庭討論證據，你一定會假設他們相信你的證據具備審判價值，但你既不清楚具體內容，也不知道律師或檢察官的問題究竟會引導你完成何種結論。

在法庭中，第一個向你提出問題的，永遠都是尋求你協助的人。就這個案件而言，則是檢方。一般而言，這個階段是法庭詰問中最溫和的一環，但是當他們詢問到我的年齡時，我總是猶豫不決。並不是因為我拒絕承認自己的年紀，而是年紀對我而言不重要，所以我聽到這個問題後經常會停頓思考一下，引發眾人竊笑。我的猶豫縱然只有剎那，卻足以讓我卸下武裝。每次發生這種事，我都會責備自己忘了事前記住自己的年齡，儘管我從未記得。在這種環境中，年紀永遠不是我內心思考的重點。

檢方引導我說出自己的專業資格與與案件相關的證據，一切都很順利，但光是如此就已經用了一個早上，法官決定暫停審判，進入午餐休息時間。這代表你必須離開法庭，消磨一個小時之後，再回到法庭中，接受兩名辯護律師的詰問，這才是正式進行法庭對抗與挑戰出現的時候。而這場坐在證人席上的詰問很可能會延續到第二天，這件事情讓我更緊張，因為我不能在這段時間與任何人討論案情。

第一個辯護律師看起來很迷人，但這永遠是一個警訊。他同意我擁有合格的專業證人能力，希望討論我們的主張：肢解者擁有精細複雜的解剖知識。他告訴我，他的當事人曾是私人健身教練，也擔任夜店保鏢，既沒有任何解剖訓練背景，不曾在肉店工作，也不住在屍體出現的郊區，更不從事郊區戶外活動。被告當然也絕對不是外科醫師、獸醫、解剖學家或法醫人類學家。這樣一來，被告要如何完成我描述的精準解剖，或者具備我推測的專業知識？

在這種時候，你的頸部後方會開始冒出冷汗，緩緩地流至脊椎。你開始思考：我怎麼會犯下如此荒謬的錯誤？你開始反覆懷疑自己，卻始終無法提出其他合理的答案。辯護律師旋即將話題引導至犯案工具。他推論，肢解屍體實際上應該會需要特殊的工具。而我的回答是，在這個案件的手法中，只需要一把尖銳的廚房刀具就夠了，前提是凶手知道如何解剖。

「您說的沒錯，但家庭用的刀具，銳利度並不足以解剖屍體，對嗎？」

回答時，我已經知道自己的說法必然會引起麻煩：「律師先生，恕我直言，我家廚房的刀子就夠銳利了。」

他的反應很快，立刻回應：「請務必提醒我，絕對不要到府上吃晚餐。」法庭響起一陣笑聲，我嚇呆了。我從來沒有在法院審判過程中，看過律師如此幽默的表現，更別提這還是一宗褻瀆屍體和謀殺罪的案件。或許我無須感到如此驚訝，畢竟死亡和幽默是老朋友了，除此之外，在承受數日的心力消耗後，法庭的出席者反而會感謝律師的幽默一語緩和了現場的緊張情緒。我何其希望能用一句睿智機靈的臺詞反擊，卻沒有勇氣。耍嘴皮子是冒犯律師的最快方法，因此，我聰明地選擇了沉默。

接著在一瞬間，一切都結束了。第二位被告的辯護團隊律師並未提出問題，檢方也沒有交互詰問。我原先預期出庭過程最惡劣的環節，就在剎那之間結束。這件事情告訴我們，你永遠無法猜到法庭審判過程會發生何事，尤其是當你不屬於必須遵守辯護策略的團隊時。

在開庭之前和審判期間，被告和共犯都堅稱自己無罪，但在審判結束之前，他們毫無預警地認罪了。男性被告承認自己謀殺被害人，女友也承認協助犯案、教唆以及妨礙司法正義。凶手的刑期因為肢解行為而有所加重，而因為兇嫌在審判結束之前才認罪以及犯行嚴重，認罪並未幫他減輕刑期。他被判決最低三十六年的有期徒刑。

在判刑不久之前，被告透過對案情發展也相當意外的律師坦承，他還肢解過其他四名男子。警方對於被告的自白非常驚訝，但被告拒絕透露被害人的身分和藏匿屍體的位置等相關細節。

被判刑的男人確實曾受一間夜店的合法聘僱為門口警衛，但他也是一個惡名昭彰的倫敦幫派訓練的「刀手」。如果幫派殺害線民或任何造成麻煩的人，就會在午夜時分將屍體帶到夜店後門，由「刀手」肢解屍體，再將屍塊交給「棄屍人」，他的責任就是處置屍塊，通常會埋葬於艾平森林（Epping Forest）中。本案的凶手宣稱，他就是將受害者的手掌丟棄於艾平森林。

凶手曾在一位資深刀手底下擔任學徒，學習如何用最有效率的方式肢解人類屍體。幫派分子在處理屍體上的精細分工，也解釋了為什麼凶手的肢解技巧嫻熟，「棄屍」能力卻相當糟糕。但誰又能想像「肢解屍體」居然會是某個人真正的「職業」呢？誰會在履歷上列出這份工作呢？

我從未如此慶幸自己和露辛娜的想法是對的。凶手切除受害者的臉部軟體組織，就是為了隱藏法醫證據。一開始，兩名共同被告都主張對方才是凶手，並且提出了兩種不同的謀殺方法。只有檢驗死者頭部和頸部的軟體組織才能確定何者所言為真。因此，凶手移除臉部的手法是一種保險，避免他們被警方逮捕時被查獲證據。他們相信，如果我們不能證明哪一方說謊，法院就無法定罪。他們最後為何選擇認罪，我們永遠不知道原因。

他們的動機似乎只是財務方面的利益。他們偷走了受害者的身分，變賣他的財產並結清他的銀行帳戶。受害者是一位純真無辜的男人，在凶手走投無路時收留他們，而他們的回報是殺了他並且褻瀆他的屍體。

◈

在法庭上，我從來不允許自己受到在場任何人的影響而分心。我只會和律師及法官有眼神交會。我不曾看向被告，即使我在街頭看見他們，我也不想認出他們。我鮮少直接看著陪審團的面容，除非法官特別要求我被向他們解釋某件事情，我不想因為他們的臉部表情，而無法專心回答自己必須回答的問題。我通常會將視線聚焦在最中央位置的陪審團成員肩上，也不會讓自己的眼神飄至旁聽席，因為我知道被告或原告家屬的痛苦絕對會影響我的專注。儘管他們的淡薄神情往往讓我驚訝，特別是在悲慘的謀殺案中。他們必須聆聽如此私人的描述，內容何其殘忍，讓我忍不住思忖他們到底如何承受法庭的公開討論，以及新聞記者當場寫下的每個悲痛細節，這些會立刻出現在網路和隔日的新聞報紙上。家屬也是受害者，而他們的悲傷如此鮮明。

媒體有報導死亡事件的職責，但他們喜歡使用失禮的標題，以致於報導的內容令人不悅。死亡事件愈詭異，報紙銷量愈好。我很確定，如果這種濫用死亡事件創造價值的嗜血報導，曝光的是他們自身家屬的私事，他們肯定無法如此心安理得，但只要還有讀者渴望閱讀這種聳人聽聞的死亡故事，我們就永遠無法擁有感同身受的新聞報導。

如果死亡案件影響到我個人，我不知道自己能不能堅強面對——若我的女兒是被害者、我的兒子是加害者，我一定沒辦法面對。這種情況出現在二〇一二年的一宗案件中，引發媒體強烈關注，因為受害者是一位電視劇的女演員。

潔瑪．麥克勞斯基的哥哥東尼在她失蹤後，立刻向警方通報。他公開呼籲，希望妹妹能夠平安回家，也加入了搜救行列。然而自始自終，他都知道潔瑪的下落。

潔瑪和哥哥一起住在倫敦東區的房子。潔瑪回到家時，身影曾經出現在監視攝影機中。此處也是潔瑪最後一次使用行動電話通訊的地點。五天後，距離攝政運河不到一英里處發現了一個手提箱，裡面是年輕女性遭到肢解的軀幹。刺青辨識和稍後的基因分析確定了屍體就是潔瑪。一個星期之後，包在塑膠袋內的小腿和手臂也找到了，出現在同一個運河區域。直到六個月後，潔瑪的頭部才被發現，同樣在黑色塑膠袋中，位置是運河更上游的區域。直到這個時候，檢方才能夠確定潔瑪的死亡原因。

潔瑪的哥哥大麻成癮甚深，許多人都知道他的行為難以預測，而根據相關調查報告，潔瑪也開始失去耐心，不想再忍受哥哥的不負責任與逐漸嚴重的毒品濫用。她哥哥承認，在他忘記關上水龍頭而導致浴室淹水之後，兄妹發生了一次爭執。他也坦承自己大發脾氣，卻否認曾毆打、殺害或肢解潔瑪。

潔瑪的死亡原因是鈍器重擊頭骨。這場謀殺事件所有的要素和泯滅人性的後續處置，都是典型的防衛型肢解案例：雙方因為毒品引發的激烈爭執；攻擊者和受害者認識彼此；死亡事件發生於被害者家中；攻擊者肢解屍體，並未事先計畫並仔細研究；屍體被肢解為典型的六個部位，包裝在塑膠袋內，並使用旅行袋或公事包運送屍塊，丟棄在與凶手居住地點相近且容易前往的水域。凶手一開始的肢解失敗，最後使用另外一種工具才成功；兩次肢解的工具都來自家庭廚具，分別是一般刀具和鋸肉刀。這些特徵指向凶手過去並沒有這種類型的犯罪經驗，於是，東尼·麥克勞斯基成為了最大嫌疑人。

由於他堅持表示自己對此事沒有記憶，因此，以下內容部分為事實，部分為推論。可以確定的是，潔瑪的頭部至少遭到一次致命重擊，工具為某種沉重物體，但尚未鑑定或找到兇器。潔瑪可能是在她跌倒之處死亡。東尼當時可能使用了毒品，情緒變得亢奮且憤怒，發現自己殺害潔瑪之後非常害怕，沒有勇氣承擔責任，而是選擇藏匿屍體，並堅持自己無罪。

潔瑪的房子很小，只要警方前來尋找潔瑪的下落，根本無處藏匿屍體。東尼知道自己必須丟棄屍體，也清楚若想把潔瑪的屍體帶出房子，又不會被發現，唯一的方法就是肢解。但是，東尼究竟在哪裡肢解潔瑪的屍體？我們不知道。最有可能的地點是浴室，但浴室沒有任何血跡證據，事實上，警方甚至在浴室地板發現完整的灰塵。或許他在地板鋪設塑膠墊片，再將潔瑪屍體放上，並使用毛巾吸收屍體血液。無論他做了什麼，他確保了肢解場所的地面並未沾染上任何跡證。

在某個時刻，他脫掉潔瑪的外衣，只剩下貼身衣物。你究竟該從何開始將一個人肢解成屍塊，又如何下手？而且，受害者還不是普通人，而是你自己的妹妹？任何心智正常的人都會覺得這是一幅可怕的景象，而他必定也是受到心中強烈的絕望驅使，才會這樣做。或許他在廚房四處搜尋，看到廚房的刀架時就決定使用其中一把刀——因為潔瑪家中遺失了一把刀。

他從潔瑪的右腿前方開始，使用一把鋸齒刀，從臀部和膝蓋之間大約三分之一處開始肢解。不須多說，他第一次的嘗試失敗了，但他在放棄之前總共切了五十六次。隨後，他發現另一個更沉重的工具，可能是一把鋸肉刀，也因為使用鋸肉刀的效率更好，隨後的肢解過程都繼續使用鋸肉刀。他只在一處使用錯誤的工具，代表他在肢解過程中慢慢學到了方法。他一共切了至少九十五次，除了一開始使用精緻刀具的五十六次，又切了三十九次。

肢解完成之後，潔瑪的軀幹被塞入滾輪行李箱。監視攝影機拍到麥克勞斯基將一個沉重的袋子放入計程車的後車廂。警方尋線找到計程車司機之後，他確定乘客要求將計程車開往鄰近的運河，並指認了被告。麥克勞斯基之後大概又在相同的時間左右，帶著潔瑪的肢體和頭顱再度前往運河丟棄，但沒有監視器畫面可以確認。我們推測，由於第二次丟棄的屍體部位較輕，不需要搭乘計程車。

我接獲傳票，必須出庭提供證據。我不確定自己出席作證可以提供什麼幫助，但我猜測檢方認為，在法庭上提出肢解過程的完整科學解釋以及凶手切割的次數，有助於展現肢解棄屍的漫長過程與麻木不仁。在這種情況中，你必須謹慎遣詞用字，因為你知道家屬也出席了審判，你絕對不想再增加他們的痛苦與悲傷。我們盡量避免使用情緒化的字眼，但實在沒有其他詞彙足以描述肢解犯罪這種可怕的攻擊行為。

我必須在法庭上準確描述潔瑪屍體承受的種種一切，確認肢體和頭部遭到切除的順序，以及凶手每次在肢解時，潔瑪的屍體頭部是朝上還是朝下。我在潔瑪的家屬面前仔細說明細節，一邊聽著啜泣和哭喊，令人何其煎熬。我很慶幸，辨方律師接受了我提出的證據，沒有交互詰問，讓家屬可以免於再度聽見潔瑪承受的苦難。

我進出證人席的時間不超過一小時，就在我準備離開法院時，一位家庭聯絡官詢問我是否願意和潔瑪的父親見面。他已經和所有參與女兒案件的成員見面以表達個人謝意，他也想要和我會面。

在我們法醫人類學的世界，面對自己的工作時，我們必須勉力保持在臨床上抽離情感，盡可能避免受到死者家屬朋友即刻的悲痛和哀傷影響。我在海外工作時曾和受害者家屬見面，但我在英國時從未有此經驗，更別提還是謀殺和肢解案件審判的家屬。他聽著我提出證據，一一細數他的兒子如何攻擊他的女兒。我感到十分緊張且坐立難安。在這種情況下，你應該說什麼？又能說什麼？我不知道，也不想體驗他的痛苦，我沒有任何言語可以撫慰潔瑪家人的悲痛。但是他對我別無所求，他只是單純地認為致謝是他的責任，他必須完成這個使命。

我在證人休息室等待家庭聯絡官將麥克勞斯基先生帶來，同時感受著一股冷熱交錯的複雜感受。房間的門悄悄打開，一位矮小精實的先生走進來，看起來很有自信。他的模樣就像你在倫敦東部酒吧看見的男人，在其他情況下，他可能還能成為一場派對中的靈魂人物。他和我握手致意，不發一語地坐下。我知道他的內心已經破碎了，某個東西已經死了，而他的眼睛背後溢滿了悲傷的井水。他正在替自己親愛的女兒完成最後一次服務，感謝盡忠職責的人努力追查真相，將他的親生兒子繩之以法。他展露了驚人的堅毅來感謝所有工作同仁，包括從運河中將女兒遺體撈出的潛水人員、犯罪現場調查警官、刑事調查警官，現在輪到法醫人類學家。他的表情流露莊嚴、尊重和責任，在他面前，我的反應糟糕且多餘。

只要我還活著，那個男人對女兒的愛——事實上，還有他對兒子的愛——都會留在我心中，就像一座燈塔，證明即使在最駭人惡劣的對立環境中，人性和同情心始終能戰勝一切。

第十章

科索沃

比起任何天災，人類創造了更多不人道的殘忍行為。

——山繆・馮・普芬多夫（Samuel von Pufendorf）
政治哲學家（西元一六三二年——一六九四年年）

科索沃的第一天。

隨著日子一天一天過去，我們的世界似乎變得愈來愈小。我們渴望得知發生在世界各地的事件資訊，也因為這些傳播資訊的科技急速發展，這樣的渴望更加變本加厲。以前的新聞傳遞管道只有每天早上的報紙、廣播電台的新聞快報，以及固定時間播放的電視新聞，但這種日子早就消失了，過去的全球新聞，感覺有如現在的當地報導。

一開始，是有線電視讓我們習慣了二十四小時收看新聞。電視新聞的工作人員能夠從全球各地的攻擊事件或災難現場，在事發幾分鐘之內，將照片影像傳遞至電視前，以滋養我們追求訊息的需求。二〇一四年，馬來西亞航空飛機在烏克蘭墜毀，在乘客和機上工作人員的家屬知道摯愛親人罹難前，飛機殘骸冒煙的照片就已經出現在全球媒體的畫面中。我還記得從前那個年代，惡耗總在門響之後，通常是在深夜時分，由一位將帽子夾在腋下、面色凝重的警官所傳達。

到了二十一世紀，連整點新聞也不夠了。無止盡的報導循環只能提供有限的消息，但我們還是盡可能地從這些報導內容中榨取資訊。時至今日，社群網路和行動電話讓我們可以在移動時得知最新資訊，不必坐在客廳盯著方盒般的螢幕，才能追上時事發展。

當然，世界無時無刻都在改變，大多時候會帶來正面積極的結果。新的科技產生革命性的影響，讓我們的生活更好，但我偶爾會想起一位令人畏懼的蘇格蘭高地女王，隨著日子過去，她開始害怕學習改善過的郵務系統，因為這代表她必須在每個工作日傳遞自己的公告。

「難道一個星期承受一次壞消息還不夠嗎？」她哀道：「現在你們想要我每天都說一次。」

有時候，我們忘了單純的生活也有優點。我們追蹤的許多新聞報導實際上並沒有任何益處，也不會直接影響日常生活，但我們依然想知道最微小的細節。我們被動地吸收大多數資訊，甚至到了無動於衷的地步，但我確實擔憂資訊疲勞會產生一種危機，讓我們以為這個世界已經沒有什麼能令人驚訝。

死亡用各種方式成為了新聞標題的主角，無論是她在戰爭、飢荒，到人為或天然災難中毫無偏好地大肆掠奪生命，乃至於看似隨機地帶走某個人的摯愛以及受到公共尊重的人物。死亡在二〇一六年的名聲不太好，許多人都認為她在那年帶走了太多重要的公共人物。但事實上，與其他年代相比，二〇一六年的死亡率並未增加。一旦這種觀念根植於人心之中，我們傾向於將隨後發生的類似事件，視為佐證這個錯誤理論的證據——這是法庭醫學領域相當知名的問題範例，稱為「確認偏誤」（confirmation bias），換言之，就是預先提出一個假設，再尋找相符的證據。

二〇一七年，當全世界瀰漫著一股可怕氣息，許多人藉由魯莽單純的計畫傷害、甚至殺害了許多公共場所的無辜人民之時，死亡似乎悄悄跟在了英國後面，化身為隨機的恐怖攻擊。在倫敦的西敏寺區和倫敦大橋區域，發生了使用車輛輾過行人，再用常見的家庭園藝刀具攻擊路人的事件。使用這種手法的第一起案例就是二〇一三年英國皇家陸軍樂隊鼓手李・

里格比（Lee Rigby）的謀殺事件，引起了社會震驚。這種攻擊手法讓情治單位防不勝防，難以事先預期且避免事件發生。恐怖主義的本質誠然就是創造恐懼，而我們的直覺反應固然可以發揮一定效果，例如在倫敦周圍的橋樑設置安全防護措施，卻也只會讓恐怖攻擊者調整方法，再進行新的攻擊。我們唯一能做的，就是不向暴政妥協，也不要讓自己陷入野蠻的行為之中。

整體而言，除非我們直接受到新聞報導的事件影響，否則媒體傳播的死亡事件無法在日常生活留下深遠且長久的印象。發生在遠方的戰爭、獨裁軍事政體的活動雖然在上個星期吸引了我們的注意，卻依然無可避免地逐漸從螢幕新聞標題中消逝，因為我們新聞消費者會將目光轉向最新的藝人八卦、實境節目醜聞或政治人物紕漏。直到有一天，某地發生的某個事件改變了我們的看法。剎那之間，報導內容就變得真實且貼近自己的生活，你還來不及察覺，就已經開始主宰你的人生方向。

這樣改變我人生的事件，就發生在一九九九年的六月，我接到彼得・法尼辛斯（Peter Vanezis）教授電話的那一刻。法尼辛斯當時任職於格拉斯哥大學，也是英國內政部聘請的病理學家，而我是格拉斯哥大學的法醫人類學顧問。我已經認識彼得非常多年，因此我對他的來電毫不意外。他問我週末有何計畫，我還愚笨地以為他只是想約我共進晚餐，於是我說我週末沒有安排。「很好。」他說：「妳週末要到科索沃去。」

從那時候起，我開始密切注意科索沃危機，並仔細思考記者報導的每一句話，希望理解科索沃的所有資訊。我慚愧地承認，我還得翻閱地圖才知道科索沃位於何方。

一九九〇年代期間，我和其他人一樣知道波士尼亞地區的暴行，而且非常驚訝，時至今日，這種事情居然還能發生在歐洲的大門外。我也相當清楚，我們接收的新聞已經經過「消毒」，因為某些內容過於殘忍，不適合報導。倘若我們的所見所聞就足以造成人心徬徨，你可以肯定現場的情況絕對更為惡劣。但是，波士尼亞對我來說依然只是「某個地方」，某個外國地點，那些事件總會有人妥善處理。

按照現代的標準，過去的新聞細節以及可信資訊總是來得比較慢，直到恐怖的圖片開始流傳，才能喚醒我們的警覺，注意到無辜民眾受迫害的真實程度。自第二次世界大戰之後，歐洲地區的民眾從未承受過如此嚴重的掠奪。

在國際危機事件中，若有關單位通知可能需要法醫人類學家進行協助，我們不會收到事先警告，也不知道我們是否真的需要進行協助，更不知道我們要離家多久。且讓我致敬一九七〇年代的馬丁尼廣告臺詞——「任何時間、任何地點，無論你身在何方」——我的團隊也被稱為「馬丁尼女孩」（你可能要有一定年紀，才會理解這句老掉牙電視廣告台詞的意義）。

隨著危機加劇，我們就會嘗試建立背景訊息資料庫、尋找可靠的新聞報導，並且啟動廣泛的網路資訊調查，以備不時之需。因為我們知道，大規模致命意外事件唯一可以預期的，就是它的不可預期性。

到了一九九八年，科索沃的相關情資已經非常明確，當地的人道危機已經惡化至無法容許的地步。聯合國開始和塞爾維亞總統斯洛波丹・米洛塞維奇（Slobodan Milosevic）和相關政府官員進入協商程序，以確保科索沃當地的軍隊和武裝幫派撤離。歐洲安全與合作組織（OSCE）[1]的報告相信，當地的反人道主義犯罪已達到了前所未見的規模，武裝攻擊的對象也波及平民——包括老人、女人和小孩。雖然外交和政治協商的速度看似緩慢且成果不佳，但當你開始清楚看見事件發生的地點、時間、原因和方式，了解自己在其中微小但確實的位置，這一切的過程變得十分令人著迷。

和平維護部隊就在科索沃的國界邊境外，他們深刻了解當地發生的謀殺、強暴和凌虐事件，卻只能絕望地等待進入科索沃的訊號。但在聯合國認定所有和平努力的手段均已無效之前，他們束手無策。他們必須遵守適當的國際外交規則，雖然這背後的理由非常明確，但當你知道一天的不作為，就會導致無辜的人民無家可歸或遭到屠殺時，一切都顯得那麼不合理。倘若當地的民兵集結反抗，或者爆發游擊戰，這也毫不令人意外，因為這些人民必須奮戰才能生存。這是一個複雜又可怕的情況，無法迅速而圓滿的解決。

◈

巴爾幹地區對衝突一詞並不陌生。自一三八九年開始，此地就是政治和宗教衝突的溫床。在當時聲名狼藉的科索沃戰役[2]中，鄂圖曼帝國血腥而狠毒地重挫了中世紀的塞爾維亞王國，而穆斯林和基督徒也陷入了世世代代的戰爭中，形成深埋心中的憎恨及不平，以至於數百年來，這裡仍定期爆發嚴重衝突。

成功的氛圍鼓舞了獲勝的鄂圖曼人，他們開始吞併塞爾維亞的基督教省分，其中就包括科索沃，自此以後，當地就是倍受爭議的領地。二十世紀中期開始，南斯拉夫共產主義聯邦共和國的總統約瑟普·狄托（Josip Tito）進行了漫長的鐵血統治，積極鎮壓科索沃當地的民族主義，讓這個地區籠罩著一股不安的和平。

---

1 譯註：Organisation for Security and Co-operation in Europe，前身為一九七五年成立的「歐洲安全與合作會議」，會員國包含所有歐洲國家，宗旨為維護歐洲局勢穩定。

2 譯註：科索沃戰役發生於一三八九年六月十五日，但關於這場戰爭的歷史資料真確度依然莫衷一是。大多數的歷史學家認為，唯一能夠確定的資訊，即這場戰役是鄂圖曼帝國入侵者與科索沃當地居民的戰爭，而領導科索沃軍隊的就是拉薩親王。這場戰役也被視為鄂圖曼帝國的開國戰爭，成功佔領巴爾幹半島。

但是，雙方的民族主義狂熱並未有絲毫衰減。數百年來，如此強烈的情感一觸即發，幾乎就像留存於基因的印記一樣，讓彼此以敵意相互看待。塞爾維亞的濃厚民族主義以及將科索沃視為塞爾維亞正當領土的信念，銘刻在科索沃戰役紀念館的碑文中，這段文字可能出自於中世紀時期的塞爾維亞領袖拉薩親王（Prince Lazar）。他的紀念碑一直到一九五三年才被豎立起來。

所有的塞爾維亞人，以及塞爾維亞的子嗣
擁有塞爾維亞血脈，繼承塞爾維亞傳承者
倘若並未參加科索沃戰役
就無法如願以償，繁衍後代

沒有兒子或女兒
他的雙手無法孕育萬物
沒有紅酒與白麥
讓他遭受萬世萬年的詛咒

一九七四年的南斯拉夫憲法擴展了科索沃的自治權，同意由佔當地多數的阿爾巴尼亞裔穆斯林自行管理，而他們正是鄂圖曼人的後代。這讓原本處於主導地位的基督教塞爾維亞人對此舉心生不悅，因為南斯拉夫控制了他們心中的精神聖地，同時，塞爾維亞人也將穆斯林的存在和權利視為無可容忍的污辱。

當狄托於一九八〇年過世後，懷有不同政治目標的人開始顛覆、挑戰科索沃當地的脆弱和平。一九八九年，斯洛波丹．米洛塞維奇（Slobodan Milosevic）強迫通過立法，開始侵犯科索沃的自主權。當年三月以暴力鎮壓示威運動是第一個明確的徵兆，預示著往後的動亂。科索沃戰役六百週年紀念日時，米洛賽維奇暗示，塞爾維亞的民族主義發展可能引發「武裝戰爭」。不久以後，南斯拉夫共和國便開始瓦解。

雙方是否一開始就暗藏殺機，或者只是因為抗爭加劇，才導致場面升溫？無論真相為何，塞爾維亞人的任務似乎就是要驅趕在聖地佔有一席之地的「害蟲」（這是引述我在當地聽到的字眼）。潛藏六百餘年的餘燼終於受到煽動，轉變為緩慢的火勢，最終化為憤怒的業火，人性慈悲蕩然無存。

科索沃的第一個動盪跡象出現在一九九五年，當地於一九九八年開始爆發武裝衝突，部分原因是一九九七年的阿爾巴尼亞起義，導致超過七十萬支戰鬥武器外流。其中許多武器落在年輕的阿爾巴尼亞男人手中，「科索沃解放軍」（Kosovo Liberation Army: KLA）就此萌芽，開始針對國境內的南斯拉夫當局發動游擊戰攻勢。南斯拉夫立刻將增強武力送入科索沃，試圖維護秩序，而塞爾維亞準軍事部隊[3]也開始報復科索沃解放軍，同時訴諸外界的政治支持，最後造成兩千名科索沃人喪生。

一九九八年三月，科索沃解放軍領袖的居住地發生交火，六十名阿爾巴尼亞人，遭到塞爾維亞反恐特別部隊（the Special Anti-Terrorism Unit of Serbia）屠殺，其中包括十八名女性和十名孩童。這起事件引發大規模的國際譴責，到了秋季，聯合國安理會對於科索沃居民因為當地武力擴張而流離失所表達高度關切。國際社會持續藉由外交方式進行協商，希望降低衝突危機，但也害怕許多無家可歸的難民必須承受險峻的冬季氣候折磨，於是北大西洋公約組織（NATO）下令在科索沃上空進行有限度的空襲和空戰，確保雙方停戰。雙方最後同意，塞爾維亞的軍隊將在十月底開始撤出科索沃，但撤軍效率不彰，停戰協議也只維持了不到一個月。

一九九九年的前三個月，科索沃開始出現炸彈攻擊、埋伏和謀殺事件，特別針對那些想要越過國境，前往阿爾巴尼亞的難民。一九九九年一月十五日，後續追蹤報導指出，有四十五位阿爾巴尼亞人在科索沃中央的瑞塞克（Račak）鄉村遭到冷血槍殺，國際觀察員也被拒絕入境。瑞塞克大屠殺是改變北大西洋公約組織態度的分水嶺，他們決定發起空襲，但此舉只是讓科索沃境內的阿爾巴尼亞人承受更殘忍的對待。北約組織繼續空襲轟炸，火力毫無減弱，在持續將近兩個月之後，米洛塞維奇終於向國際壓力讓步，接受國際和平協議。

空襲戰鬥暫停的數日間，聯合國科索沃和平維護部隊進入當地，前南斯拉夫問題國際刑事法庭的首席檢察官路易絲・亞伯（Louise Arbour）要求所有北約會員國準備提供義務法醫團隊協助。我原本只是被動地在電視新聞畫面中觀看戰爭毀滅的場景，也在這個瞬間成為了國際法醫團隊的一員。

當我在一九九九年六月接到彼得・法尼辛斯的來電時，完全無法想像這次事件將對我的人生造成何種衝擊。當時我完全沒有在英國境外從事法醫人類學工作的經驗，也非常天真無知，不清楚事件現場的運作方式。我只知道屆時必須檢驗非常多的屍體，但不曉得自己的角色定位，也不知道要如何前往科索沃、在當地待多久，以及整件事情背後的意義。但即使我現在已經全盤明白，也依然願意一口答應這個任務。

我從來就不想拒絕這項任務。我的丈夫湯姆也堅持我必須接受邀請，前往科索沃。他是一個了不起的男人，我十分受到上天的眷顧，在學生時期就和他結為好友。他非常善於處理

3　譯註：paramilitary，指結構組織、訓練程度和職能都具備軍事戰鬥能力的單位，但不隸屬於正規軍隊。在世界各國，準軍事部隊的定義和性質皆有不同，例如，加拿大的皇家騎警、義大利憲兵與我國憲兵都是準軍事部隊，但叛軍或私人軍事服務公司也被視為準軍事部隊。

家庭生活的改變。當時，貝絲已經是青少年，葛蕾絲剛滿四歲，安娜只有兩歲半。我們決定聘請暑期保母，而我準備前往科索沃，迎接這趟改變整個人生的經歷，即使我當時根本不清楚這次的經驗涉及什麼，也不知道它將對所有人產生漫長的衝擊。

彼得和英國其他法醫團隊成員在六月十九日率先進入科索沃，我在六天之後才加入他們的行列。我只知道自己要從倫敦搭乘飛機，前往馬其頓（Macedonia）的斯科普里（Skopje）機場，在那裡的某人會帶我前往某處的飯店。隔天，我在另外一個地方與聯合國官員見面，並在他們的護送下穿過科索沃國境，因為嚴格說來，當地依然是受到控管的軍事區域。我將在科索沃停留六個星期，這就是當時我所了解的行程細節。

當我走出斯科普里機場的入境門，毫無準備地當頭迎上當地的炙熱高溫、噪音與人山人海。這裡的每個人都在大喊以獲取人群注意，想要尋找他們認識的朋友或提供收費計程車服務。我毫無頭緒，不知道該和誰見面，也不清楚我們的目的地，因此感到非常煩惱緊張。我站在入境門，凝視對面的人群向旅客揮舞如海浪般的白色名牌卡片，希望可以看見自己的名字或找到能夠指引我的訊息。這個時候，我才突然明白自己身在異鄉，不會說當地語言，也無法使用行動電話。如果真的沒有人出現，把我當成一件可悲的遺失行李領走，我真的不知道自己該怎麼辦。倘若我的母親知道這件事，肯定會殺了我。正因如此，我們當時並沒有讓她知道我要前往科索沃，直到我抵達之後才說出真相，這讓她束手無策，只能擔憂哭泣。顯然，在那六個星期裡，她都整天以淚洗面。

最後，我終於看見一張白色的小卡片，用潦草的馬克筆字跡，寫著一個單純的英文詞，至少是我熟悉的詞：「布萊克」。我告訴自己，既來之，則安之。於是我走向拿著白色卡片的男子，想要和他交談。但不幸的是，他的英語溝通能力和我的馬其頓語溝通能力，或者任何南斯拉夫南部地區的語言一樣，都是不存在的。我們也不能用法語溝通，最後只剩下蘇格蘭凱爾特語這個選項，我知道自己走投無路了。我們無法理解彼此語言的任何一個音節，最後只好選擇使用手勢溝通。他要我跟著他，此時此刻，我的腦海突然閃過值得一生銘記的好建議：不要上陌生男子的車。如果說我的神經一直都處於高度警戒之中，在那個當下顯然已經支離破碎，向我哭訴著這可能是我一生最愚蠢的決定。倘若我在馬其頓的某個安靜街道遭逢搶劫、謀殺，或者更糟糕的命運，也只能責怪自己了。

男人帶著我進入一臺老舊生鏽的計程車，引擎聲咆嘯，封閉的車內空間流竄一股有害氣味。他一直關著車窗，可能是想要隔絕街道上的空氣污染，但是外界的空氣不可能比車內更糟糕了，特別是他手上還點燃了第三支香菸。坐在這臺汽車中，我覺得自己就像是同時遭到高溫烹煮和毒氣虐待。他沉默地開車，行駛大概數英里後便離開市郊，沿著泥土路爬上山脈，將羽毛狀的煙塵拋在車後。我心裡暗暗計算自己如果跳出正在行駛的汽車，會造成何種程度的損傷（我手中緊緊抓著裝有護照的手提包，這稍微撫慰了我的心情——倘若真有不測，至少我還有護照），此時，汽車突然轉彎，眼前出現一座建築物，模樣就像貝茲旅館[4]自黃金時代過後，經歷十年的老舊模樣。

煙塵和污垢覆蓋了建築物的窗戶，屋頂也掉了幾塊磚瓦。前門外的樹拴著一條長了皮膚病的狗，鏈條在風裡鏗鏘作響。我的司機不發一語，我在內心已堅定地認為他會是殺死我的凶手。他作勢要我留在車內，自己則消失在建築物中。現在不逃走，以後就沒機會了。我開始策劃自己的逃脫路線，一邊思考如何取出後車廂的行李，一邊時刻注意司機是否回來了。

正當我握住門把準備逃走時，窗戶突然發出一陣拍打聲，還有一道尖銳的呼喊，這一定是找我的，因為我是車中唯一的人。我轉動把手，搖下車窗，看見兩個面帶微笑的陌生人。他們的發音清晰，操著英國外交及聯邦事務部官員的腔調，詢問我是不是蘇·布萊克？他們說自己來自英國大使館，猜測我可能希望和他們同車離去，因為這間旅館不太適合我，我必須說，我同意他們的想法。

當那個人和我的司機交涉時，我忙於整理行李，突然覺得這種情況可能只是從一個火坑跳進另一片火海，但我已經開始認為自己正在拍攝詹姆斯·龐德的〇〇七電影，而不是榔頭電影公司[5]出品的恐怖片。我只能相信他們自稱的身分，卻依然不知道自己要前往何方。但是如果他們真的想要殺我，至少會在下手時說英語。我認為局勢已經有所好轉了。

幸運的是，他們並不是嗜虐殺人狂，而是非常迷人的夥伴，他們將我帶到斯科普里一間非常精緻的旅館（四個小時前，我從機場開始這段旅程，而旅館就在機場旁邊）。我享受他們的陪伴與美好的晚餐，當天晚上，我像嬰兒一樣熟睡，身心俱疲，連恐懼的力氣都沒有。隔天早上則花在處理無可避免的文書工作上，替越過國界邊境的混沌旅程做準備，穿過各個檢查點，我們在漫長的卡車行列中等待，和想要離開科索沃回家的卡車護衛隊同樣冗長。

我從來沒有參加境外部隊，因此我必須承認，在這段漫長的車程中我開始感到緊張不安。科索沃的國境邊界依然保持高度的軍事管理，必須獲得許可，方能出境入境，我們也相當清楚，這個區域還有狙擊手，更別提還有埋在地上的土製炸彈正等著迎接我們。我們從馬其頓出發，經由埃萊茲漢（Elez Han）進入科索沃，再往西南方前進，越過雄偉的山道前往普里茲倫（Prizren）市。

在科索沃境內的前進步調變得緩慢且危險，因為路況惡劣——路面上的坑洞比月球表面的坑洞更巨大。司機全副武裝，而無線電的溝通內容也令人緊張——塞爾維亞人並未完全撤軍，相關情報也相信，當地還有殘存的反抗勢力。甚至有一度因為路況太糟糕，運輸卡車猛

4 譯註：Bates Motel，電影《驚魂記》中事發的旅館。

5 譯註：榔頭電影公司（Hammer Film），亦音譯為悍馬電影公司，成立於一九三四年的英國倫敦，在一九五〇年代中期至一九七〇年代拍攝許多知名的哥德式恐怖電影，描繪許多經典人物，包括科學怪人、德古拉伯爵和木乃伊。

烈跳動，在高速狀態下緊急轉彎，司機必須起身站在煞車板上，因為卡車差點撞到一臺坦克車的尾部。我想我可能尖叫了——而且是再度尖叫。我從不知道自己可以像小女孩般尖叫，但科索沃似乎帶出了我的另一面。或許這些話很愚蠢，但我的天啊，坦克真是巨大，近距離觀看更為恐怖。我的心臟宛如跳到了嘴邊，直到我在坦克的軍綠保護色中，看見了紅、白、藍相間的小旗子。

我的心中湧起一陣輕鬆感，眼前的坦克車是「我們的」。身為驕傲的蘇格蘭人，我從來不覺得英國國旗代表我的身分認同，但我永遠不會忘記那天看見英國國旗的感受，在這片不歡迎外來客人的土地上，國旗就油印在坦克車巨大的尾部。就在那一刻，英國國旗變得如此重要，我願意滿懷感激地承認，英國國旗讓我獲得保護感、安全感，以及歸屬感，撫慰我愈來愈嚴重的恐懼。

由於沒有時間讓我先抵達住處，運輸卡車直接將我送到第一個「起訴現場」，其他隊伍成員已經在那兒等待。穿過滿是煙塵的長路盡頭，抵達位於外緣的防禦前線，我第一個看見的就是又一臺坦克車，這次是德軍的。這些軍人非常有效率且彬彬有禮，在戰場前線冒著生命危險，讓我們可以平安工作。一排汽車停在封鎖線前，與運輸卡車並排，原來是少數幾位剛毅堅忍的新聞工作者，他們與我們一起行動，就像過去隨著軍隊流動的平民。起訴現場的出入口已經用犯罪現場的膠帶封鎖，我們的工作總部則是犯罪調查現場的白色帳篷，就駐紮在運輸卡車旁邊，遠離攝影機可窺探的視線範圍。這個場景就像常見的犯罪現場，周圍環境的相似程度，反而讓我們獲得詭異的慰藉。

在帳篷中，我們穿上一如往常的白色犯罪現場調查連身衣、雙層乳膠手套，以及厚重的黑色雨靴，在攝氏三十八度的氣溫中汗流浹背。倫敦警察廳負責提供警務支援，安全顧問則是倫敦警察廳的反恐部隊——當時的名稱為SO13。現在回想起來，其實有些詭異，在北愛爾蘭局勢穩定以及蓋達組織和後來所謂的伊斯蘭國恐怖主義興起之間的平靜期，反恐部隊其實很低調。

這個犯罪現場的背景故事讓我的腦袋變得清醒。三月二十五日，北約組織開始炸彈空襲的隔天，塞爾維亞警察特別部隊洗劫了位於普里茲倫市附近的瓦利卡克魯薩（Velika Kruša），這是科索沃的第二大城，也是科索沃與阿爾巴尼亞邊境旁最後一個大型的城市延伸地帶。當地居民在鄰近森林尋找庇護地點時，只能眼睜睜看著自己的家園陷入火海。他們別無選擇，只能加入難民隊穿過國境，前往阿爾巴尼亞，即使知道自己可能會被搶劫、虐待、強暴與謀殺。武裝暴徒攔下難民團，拆散男人、小男孩與他們的家人後，將他們趕入一間廢棄的兩房小屋，兩個房間門外各站了一位槍手，用AK47步槍掃射他們。暴徒的同夥將沾滿汽油的稻草，從窗戶丟進屋內，再用火把點燃。有關報導認為，當天晚上一共超過四十名男人和小孩羅難，我們不知道難民隊的成年女子和女孩的遭遇，無論真相為何，我們認為她們也沒有逃過一劫。

神奇的是，還有一位生存者倖存，成為了國際戰爭犯罪法庭審判過程的關鍵證人，前南斯拉夫問題國際刑事法庭也立刻將案發地點標示為法醫證據蒐集現場。將特定地區指定為起訴地點的主要標準是「當地有明確的資訊」，也許來自一位可信的目擊證人，指出事件的時間地點、事件的涉及者，以及可能的事發經過。法醫團隊則會依據指示蒐集所有相關跡證，記錄、分析並且彙整成報告。如果報告內容也支持證人的說法，這起事件就會獲得優先順位，成為以戰爭罪起訴米洛塞維奇與其同夥的證據。

當時我並不曉得，彼得・法尼辛斯是在抵達瓦利卡克魯薩之後，才決定致電給我。我在他面前調查完起訴現場後，他似乎以優雅的態度說了這句話：「我沒有能力，但我知道誰有。」謝謝你，彼得，我真是毫無壓力。

在炙熱的天氣中，身穿白色的犯罪現場調查連身衣、比自己雙腳大三號的黑色橡膠警用雨靴、面罩，以及雙層橡膠手套，其實一點都不迷人。我全副武裝地站在焦黑的小屋門外，看著裡面宛如夢魘的場景，完全找不到適合形容的詞語。小屋中央的門通往一道走廊，左右兩側各自有一個房間。其中一間房間至少有三十具屍體，另一個房間大約十餘具，屍體疊在彼此身上，躺在與房門呈對角線的角落，所有的屍體都遭受劇烈的燒傷、嚴重的腐爛，也都被坍塌的磚瓦所掩蓋。

他們已經陳屍在此長達三個月，科索沃的夏季持續加溫，準備讓昆蟲、囓齒動物和野狗飽餐一頓。破碎的屍體遍佈蛆蟲，某些部分已經潰爛，遭到食腐動物啃咬。只有一種方法可以清理案發現場，就是穿上護膝，手腳並用，有系統地從大門爬進屋內，撿起並篩選地板上的所有碎片。我們必須找回所有的屍體部位和個人物品，例如衣物、身分文件、珠寶等，讓死者的家人和朋友可以辨識身分。更重要的是，我們還要搜尋子彈和彈殼等犯罪證據，這些在日後或許能夠連結到特定武器，並由此開始追查開火者、他們的指揮官，以及相關高層人物。這就是「證據鏈」（chain of evidence）——我們都知道，即使鎖鏈非常強硬，也難免有脆弱的一環，我們不希望法醫團隊蒐集的證據成為脆弱的一環。

在這種情況下，你沒辦法戴著厚重的橡膠手套，因為你必須親手感受肉眼無法觀察的碎片。骨頭的觸感非常特別，獨一無二，也是我們重新建構死者遺體的必要部位。我們可以推估死者的大致身形，一次辨識一位死者，雖然現場非常凌亂，增加了工作的挑戰性。氣候高溫炎熱，氣味難以忍受，你開始汗流浹背，汗水流入手套，或滴入眼睛引起持續刺痛，簡直就是極端的不悅。

我們也接獲警告，務必小心土製炸彈，因為先前就出現了一個——事實上，他們在我抵達之前就找到一個土製炸彈，引線放在移動路徑上，目標不是殺人，而是炸斷雙腿，造成癱瘓。我從未看過任何炸彈，就算在我碗裡出現我也不認得。我向SO13的爆破物專家提出自己的擔憂，他是一個難能可貴的人物。他說，如果我發現任何擔憂的物品，最好的方法就是通知他們並且離開該區域。他們會立刻穿上裝備，替我們檢查。他也建議我不要掏出死者衣物的口袋，裡面可能藏著刮鬍刀和皮下注射器，同樣的，目標不是殺人，而是造成傷害。最後他看著我的眼睛，緩慢而清楚地說了一句：「無論你想做什麼，絕對不可以切斷藍線。」這才是真正擾亂人心的發言，彷彿我真的會切斷任何物品，不可能，我怕被炸死。

請想像一下這個場景。汗水流過我的臉龐，從手臂滴入手套中，我的雙手和雙膝著地在殘骸上移動，面對面看著地上流竄的大量蛆蟲與腐爛的人體組織，突然間，我看見了金屬閃耀的光芒。我能多勇敢？答案是一點都不勇敢——我的大腦立刻從頭到腳發出雙黃線警告，我大聲喊出來，要求隊員撤退，並由炸彈小組穿上裝備進入現場。他們似乎在現場處理了數個小時，當他們回到基地時，我們正來回踱步、不安地等待。他們的臉色凝重，脫下厚重的身體防護裝置，負責帶隊的長官走向我，站得很近，他的嘴巴幾乎就要碰到我的耳朵。他的語氣非常清楚，不帶一絲家長般的憐憫與同情。他說：「小女孩，妳不知道自己何其幸運，居然還能活著。」然後他把手伸到我眼前，一根小湯匙閃閃發光。

我怎麼會知道呢？不必多說，團隊夥伴一連數日殘忍無情地嘲笑我。如果當天的餐點備有湯品，我的湯碗裡就會出現四根湯匙。我也在自己的工具包中發現湯匙，甚至連床上也有；我簡直成為了科索沃的廚具女王。我用幽默感承受所有的譏諷，因為這是一個訊號，代表我已經融入他們了。我的團隊夥伴都是善良仁慈的人，如果他們願意花時間嘲笑你，就代表他們喜歡你。

在那個時候，我是隊中唯一的女性，在某些情況下確實會讓人很為難，但對我來說沒有任何問題。我是三個孩子的母親，自然能輕易地融入母親的角色。我會聆聽每個人的苦惱，如果他們喝了太多，我會哄他們睡覺，為他們提供建議，也不會造成任何威脅。每個人在我這都有綽號——約翰・包恩（John Bunn）的外號是「黏黏的」，保羅・史洛普（Paul Sloper）則是「小滑頭」——我很喜歡自己的外號「母雞媽媽」，或者其他表達親愛的綽號。不幸的是，我又再次不小心說錯話，替自己贏得更生動的綽號。好吧，那是一次意外。

當我們清理完第一個房間，準備進入第二個房間時，現場的軍方人員安排了一天媒體日。一群外國官員，包括英國外交及國協事務大臣羅賓・庫克（Robin Cook）都會放下身段，加入我們的行列，觀察起訴現場的狀況。庫克先生和隨扈搭乘直升機抵達現場後，勇敢地穿上白色衣物，實際觀察遭到焚燒的建築物。我早先就因為他身為政治人物的身分而不喜歡他，想當然爾，我很難以友善的態度對待他，更別提欣賞他。他完成鏡頭前應有的誇張舉動，但就在攝影機關上、拿掉麥克風之後，他和我一同站在門旁，他望著第二個房間，明顯因為眼前的景象而感到驚訝。他無疑正在想像幾個月前，在此地喪命的男人和男孩身上所承受的苦難。他對我說：「如果我閉上眼睛，我依然聽得見他們的尖叫，我可以感受他們的痛苦。我們怎麼會允許世上發生如此惡劣的行為？」他的所作所為正是法醫人類學家不被允許做的：他正在體驗死者的感受，而我尊重他的人性關懷和誠實。

當我們離開案發現場，沿著揚起煙塵的道路回到消毒工作站之後，發現封鎖線外出現一排又一排的攝影師。所有的長鏡頭都對準我們的工作人員。我轉向倫敦警察廳派來的資深調查警官（Senior Investigation officer，SIO），提出自己的評論之後，他替我取了一個綽號；一直到今天為止，他都如此稱呼我。那時候，我在脫下犯罪現場調查連身服後譏諷道：身為團隊裡唯一的女性，我不得不像戰地妓女（camp whore）一樣看著攝影師。自此以後，每張聖誕節卡片，每次電話聯繫，他都稱呼我為CW，我的丈夫還因此而嚇壞了。但是，正是這種荒謬無稽才能讓我們能夠繼續努力，面對最為莊嚴肅穆的時刻。在面對死亡之時，幽默感才能消解緊張。更何況，有些人的綽號更難聽。其中一位法醫病理學家，隸屬稍後才抵達的調查團隊，我必須保密，不能說出她的真名，因為她的綽號是達格納姆（Dagenham），距離巴金（Barking）只有兩站的距離[6]。

我們清理完瓦利卡克魯薩的兩個房間後，竭盡所能地辨識每位屍體的身分，記錄所有個人特徵。我們找到的死亡原因也符合目擊證人的說詞，大多數死者都死於槍傷。最老的受害者可能已經八十歲，最年輕的大約只有十五歲——在凶手眼中，他不是一個孩子，而是一個男人，必須在他持槍反抗之前，盡快殲滅。

每具屍體都有一個編號，私人物品也仔細整理好，骨頭樣本則送往進行基因分析。確認死者個人身分的過程並不是很順利，不只是因為火勢和屍體分解的程度，也是因為塞爾維亞的反叛軍已經銷毀了許多受害者的個人身分文件。我們保存死者的個人物品與衣物，在仔細清理後由失蹤者的家屬指認，作為尋找死者身分的另一個方法。在確認死者身分之前，我們必須完成基因比對的前置作業，同時也替每具屍體編排獨特的身分號碼（unique reference number；URN）之後，就會還給家屬，讓他們進行葬禮。

我們設置了一間停屍間帳篷，裡面有不鏽鋼桌，可以進行驗屍，但一開始，我們是在蒐集證據的地點，也就是焦黑小屋的庭院外，進行死者遺體分類。我們在一口井和運輸卡車的後車廂之間，橫擺上兩塊木板，充當驗屍桌。現場沒有電力、自來水、燈光、廁所或休息區，雖然現場工作設備粗糙，卻充滿了巧思。倘若我可以選擇，我更喜歡待在能接受真正邏輯難題挑戰的環境，而不是待在舒適的環境，卻被不可踰越的官方規定限制。證據的品質，永遠是我們心目中最重要的考量。我可以自豪地說，英國法醫團隊提出的法醫證據，從來不

6 譯註：達格納姆和巴金都是倫敦的行政區，在過去的地下鐵系統中，只相隔兩站（現在則是三站）。在英國口語中，barking mad的意思是毫無理智、瘋子或傻子之意。因此，「距離巴金只有兩站」也用於譏諷某個人毫無理智或者非常愚蠢。

曾在國際刑事犯罪法庭上受到質疑。

雖然證據的品質是我們主要的動力，保護死者的尊嚴以及尊重家屬的傷痛也同樣要緊。我們在普里茲倫西北方的塞希（Xerxe）將一座廢棄的穀倉改建為臨時停屍間時，這個原則變得十分重要。一開始，幾乎沒有路人關心我們的工作，但隨著難民陸續從阿爾巴尼亞返家，我們無法繼續維持工作場所的隱私。因此，我們決定將工作團隊分為兩組。復原團隊負責將屍體從現場帶到停屍間，而停屍間團隊在封閉建築中安全地工作，而不是讓所有人一起在犯罪現場工作。

我們原本只有能夠進行X光檢驗的螢光鏡，現在卻有了奢侈的屋頂，花園水管的自來水，以及喜怒無常的發電機，雖然它一定是地球表面最吵鬧的古怪機器。

屍體被排放整齊，等待解剖，但檢驗這些屍體就像在生產線工作。我們的工作也有期限，因為大規模的社區葬禮就快要到了。我們日以繼夜地工作，希望趕上舉辦葬禮的星期六。這是科索沃第一次舉行社區葬禮，雖然我們早已知道必定會有媒體來作秀，卻沒有做好心理準備對抗龐大的攝影團隊入侵小小的停屍間。他們在外面的停車場過夜，希望拍到相關照片或採訪工作人員，當一無所獲時，他們的脾氣就像炙熱的氣溫一樣開始逐漸惡化。團隊夥伴猜想他們對女性比較友善，所以決定讓我充當獻祭的羔羊，與媒體交談，提供他們想要知道的資訊，以緩和他們日漸嚴重的不滿。

屍體已經完成檢驗，家屬可以來停屍間取走屍體，運往葬禮現場。多數家屬駕駛牽引機，將屍體放在後方的小型敞篷拖車，或者使用某種類似騎乘割草機的工具，將屍體載往貝拉塞夫卡（Bela Cervka）山丘的墓地。由於屍體數量眾多，移走屍體必定相當費時。荷蘭軍隊負責維持塞希當地的安全事務，他們就駐紮在不遠處，位於奧拉霍瓦茨（Rahovec）的釀酒廠。我們非常擔心媒體，所以他們決定增強停屍間的夜間戒備，並由當地的志工協助。就在第一個家屬抵達之前，我接受了一些媒體採訪，帶著驚訝、甚至些許害怕地應對他們排山倒海的問題，以及針對我本人和團隊的不滿。

有一度，甚至有位記者大喊：「停屍間裡也有孩子嗎？」

「是的。」我有禮地回應。他接著繼續提問，我是否知道孩子的屍體位於停屍間的何處？我同樣報以肯定的回答。他接著要求我讓他們參觀遺體，而我保持風度地以堅定的態度拒絕他。就在這時，他當眾質疑我的母親身分，甚至要我「和自己發生性行為」。如果說我在當下失去了對媒體朋友的同理心，已經是輕描淡寫的說法了。我既已下定決心維護死者遺體的尊嚴，若有任何人不同意，他們也只能慢慢等待。

為了實現這個理念，我想我或許越過了專業界線，投入了個人情感。也許這是錯的，但我毫不後悔。只要我們還在，媒體不可能拍攝到這些孩子離開停屍間的畫面。藉由當地社群網絡的協助，我們祕密地向當天即將前往停屍間取走屍體的家屬傳遞了訊息，解釋了情況，並詢問他們是否願意將葬禮延至當天稍晚。他們欣然同意，而我們直到當天下午才讓家屬領走孩子的屍體。到了這個時間點，許多人已經開始聚集在墓地，而墓地與停屍間有些距離。媒體必須面對艱難的選擇：如果他們繼續待在停屍間外，試圖拍攝悲傷父母帶著小棺材離開的畫面，他們就會錯過墓園的大型葬禮。而決定放手一搏的記者也並未獲得相應獎勵。孩童屍體被放在一般成人棺材中，除了家屬之外沒有人知道真相，而且孩子的屍體直到最後才離開停屍間。當天媒體拍攝了許多墓地的照片，但沒有任何內容暗示任何一位受害者是孩子。或許這是用重大的犧牲換取微小的勝利，卻是真正重要的勝利。

家屬非常感激，甚至邀請我們加入葬禮，這是一種殊榮。走在送葬隊伍的最後方並參與家屬的集體哀悼，讓我們相當感動。我們行走時，一位女士請我們喝茶與冷水。我們接受了茶，因為茶水已經煮沸，卻只能假裝喝下冷水。這個區域的許多水井都因為浸泡屍體而產生嚴重的污染，我們是一個小團隊，不能允許任何人病倒，但我們也不希望冒犯女士的好意，畢竟茶與冷水已經是她能提供的最好禮物。

隨後的兩年，我們在科索沃的許多起訴現場工作，也見證多次大型葬禮，但沒有一次像貝拉賽夫卡這裡的山丘葬禮，讓人產生如此強烈的個人感受。

一九九九年，我兩度進行了科索沃之旅，每一次都是六到八個星期；隔年則四度前往科索沃。我很榮幸成為第一批進入科索沃的國際義務團隊成員，也同樣自豪我是最後一群離開科索沃的工作者。我們每天的工作時間為十二至十六個小時，一個星期通常工作七天，等到六個星期的任務時間結束之後，你的內心已經做好準備，隨時可以回家——倘若你的心情並非如此，這很明顯是一個警訊，警告你必須立刻回家。

與全世界切斷聯繫是一種詭異、甚至近乎迷人的體驗。某些人的職場或私人生活並不快樂，前往科索沃是一種逃離的出口。我們在這裡根本不知道其他地方的訊息，不管是誰死了、哪部大牌製作電影上映了，還是某則八卦醜聞的最新發展如何。而每當到了旅程的盡頭，我總是迫不及待地想回家看看家人，品嚐正常的生活。

我們偶爾可以使用衛星電話，通話的次數正好讓我們可以聯繫自己在乎的人，以保持正常的精神狀態。我記得有天夜晚我非常想家，決定打電話給湯姆，抱怨我和他與女孩之間如此遙遠的距離。他問我這裡的夜晚如何，我說很美，天空清澈，月亮皎潔明亮。他說，他坐在我們位於斯冬希文（Stonehaven）的屋外花園長椅上，抬頭凝視天空中的同一個月亮。我們的距離其實不是如此遙遠，對不對？我喜歡滿月，也愛我的丈夫。

我們每一次的工作環境都不一樣。縱使需要遵守一般工作程序，但每一天都有新的挑戰和難以預料的事件發生。現在我們雖然擁有室內停屍間，也無法確定每次都能在此解剖。我們經常需要步履蹣跚地穿過鄉間小路以抵達遙遠的犯罪現場，只因汽車無法通行。如果不能將遺體運到停屍間，就要把停屍間設在屍體旁邊，我們就像是真正的「田野工作者」。

一日，我們被領往非常偏遠的地區，在地勢惡劣的區域中行走一個小時以前往山丘上的一塊小草原。根據報告指出，老人、女性和小孩在此與難民隊中的男性分離，因為男性難民將被帶往它處，接受命運的安排。暴徒將小孩帶到草地的另一頭，要孩子跑向自己的母親。孩子因為害怕而迅速奔跑，在穿過草原時，他們的母親和曾祖父母滿懷恐懼地看著他們；暴徒立刻開槍射殺了孩子。在所有的孩子死後，暴徒旋即射殺女人和老人。

我已經不知道該如何描述這種經過冷血算計的濫殺無辜行為有多麼殘忍、泯滅人性和令人痛苦。我們知道這對所有團隊成員來說都很難受，而隨著腳步愈來愈靠近受害者的埋葬地點，心情也變得更為肅穆。有時候，你希望聽見某些幽默的笑話，化解沉重的氣氛，但那一天，沒有人說笑。這是一個可惡卑劣的地方，發生過無法以言語表答的野蠻惡行。

我們在地上鋪設了塑膠墊片，從這片廣闊的亂葬崗中檢驗一具又一具的屍體。此處的屍體保存程度較為良好，可能有兩個原因：地下溫度較低，能減少昆蟲活動的頻率，並降低屍體分解速度，此外，也能避免動物進食。但從另一個觀點來看，保存狀況良好的遺體其實更難處理，因為遺體更容易辨識，讓團隊成員難以做到法醫工作者必須保持的情緒分離。

一次，一位兩歲小女孩的屍體就躺在我眼前的塑膠墊片，身上還穿著睡衣和紅色橡膠靴。我的工作是替她脫下衣服，讓警察官員測量服裝大小作為證據資料，再開始進行解剖調查，分析摧毀她小巧身軀的槍傷彈道。

驀然，我感受到氛圍的變化。那一天我們所有人都很安靜，但更為沉重的寂靜降臨了。我抬頭，只看見一整排的警用雨靴和白色的犯罪現場調查連身衣。我一時無法明白，為什麼每個人都站在我面前，阻擋我的視線。直到我起身，才知道他們究竟怎麼了。有一位團隊成員犯下最基本的錯誤，他受到情緒干擾，讓他將自己的女兒臉孔投射到被肢解的小女孩屍體身上，因此無法面對眼前的景象。其他男性成員唯一知道的解決方法，就是讓他平靜自己的心情，不要看見死去的女孩。

身為團隊的母親，我不允許他們用這種方法處理。於是我不發一語地脫下手套，將連身衣褪至腰間，用雙臂擁抱他，讓他哭出心中的痛苦。我想在那一天，團隊中的男性成員終於明白，他們不必永遠堅強。有時候，特別是在面對駭人的無辜死亡事件時，一個人不得不落下眼淚，而這人可以是我們當中的任何一人。盔甲上的裂縫並不是軟弱的象徵，反而代表著你的人性。

二〇〇〇年，在我們最後一次漫長的科索沃旅程中，警方派出了一組輔導團隊。那時候，我們在科索沃已經待了八週，和同事彼此緊密生活了那麼久的時間，已經非常了解彼此，團隊也成為了我另一群家人。我們透過共同的目標和經驗塑造了緊密的聯繫，相互支持彼此的需要，即使外人的介入是出於好意，也不受歡迎。

輔導員將我們聚集在一間枯燥乏味的房間內，請我們圍圈坐下。他們要求我們配戴名牌，才好創造親密感。我們早就知道彼此的名字，名牌只是讓他們方便而已，我們對此非常反感。他們才是不了解我們的人，也無法明白我們共同分享過的經驗。我們一起生活、一起戰鬥、一起哭泣；我們一起喝醉，也一起心力憔悴。但是，我們依然願意配合——至少，大多數人皆是如此——圍圈坐下，胸口配戴自己的名牌。

輔導員問我們有什麼「感覺」。他們到底以為我們會有什麼感覺？我們很疲倦，只想回家。我們在隨機屠殺男人、女人和小孩的戰爭殘骸中，努力工作了兩個月，我們不會溫和地接受局外人隨意挑動我們心情，動搖我們的想法。

史帝夫是我們的停屍間技術工作人員，他是一位直言不諱的格拉斯哥人，也是這次輔導的重點人物。我們嘲笑彼此配戴的名牌上的「名字」時，他的名牌直接寫著「阿福」（Alf），只要讀到這個名字，就會讓某些人開懷大笑。史帝夫是這場旅途的惡作劇之王，大多數的團隊成員都曾是史帝夫惡作劇的受害者。其中一次惡作劇中，他將一個亮粉紅色的新奇鬧鐘——外型像一座清真寺，鬧鈴聲響不是常見的鈴聲或嗶嗶聲，而是伊斯蘭教的祈禱聲響，要求信徒必須虔誠禱告——藏在一位警官的床下，並把鬧鐘時間設定為凌晨四點。當伊斯蘭教的祈禱聲響之後，米克警官從床上驚醒，並被自己的靴子絆倒，他從此發誓要報仇。這件事情似乎就是「阿福」的起因，因為米克正好負責管理團隊所使用的黑色簽字筆和標籤卡片。至於為什麼史帝夫的名字會被改成「阿福」呢？因為ＡＬＦ這三個英文字母代表「討人厭的小王八蛋」（Annoying Little F**ker）。這個小舉動讓可憐的輔導員每次一說「阿福，你有什麼感受？」時，就成了一場絕妙且相應的復仇。不必多說，輔導員只得放棄控制這個兇猛的團隊。

這種時刻讓我們得以平衡每天親眼目睹的恐懼，也成了伴隨一生的回憶。我們用充滿同袍情懷的私密語言相互分享，只有伴你左右的同伴才能理解。那是一段震撼人心的時光，但是非常珍貴，我絕對不願意拿任何事物來交換。這段經歷測試我，教導我理解自己的能力，如果我需要發揮能力，我知道自己的極限所在。在這段過程中，我們也締造一段超過二十年的友誼。無論時間過了多久，不成文的團隊規則依然適用：只要科索沃的夥伴需要你，你就會做出回應。

若像巴爾幹半島戰爭這樣改變整個世界的事件，成為了你的個人經驗，就會在你身上留下無可抹滅的印記。你可能開始感謝自己的福氣，可能因此決定追求理想並投身政壇，你也可能完全浸淫在全新的文化中。無論你的反應為何，有一件事情是肯定的：你再也不會是過去的那個人了。我想在科索沃的那段歲月，改變了許多事情，但我不願意用任何事物交換。在生命、死亡、我的職業和我的人格方面，我學了很多，另外也學到了終身受用的寶貴教訓：絕對不可以切斷藍線。

第十一章

災難來襲

讓我看到一個國家照顧死者的方式，
我就可以用數學般的精確，衡量該國人民所擁有的溫柔慈悲、
他們對國家法律的尊重，以及他們對崇高理念的忠誠。

——相傳出於威廉・格拉斯頓（William E. Gladstone）
英國首相（西元一八〇九年—一八九八年）

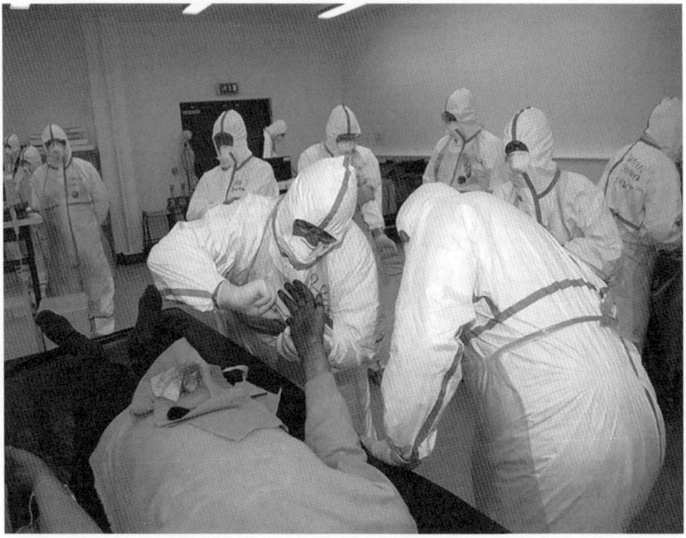

災難受害者身分鑑識中的指紋採集訓練。

二〇〇四年的節禮日（十二月二十六日），全球群眾驚恐地關注著海嘯肆虐印度洋的沿海國家，包括泰國、印尼、斯里蘭卡以及印度。在那天之前，許多人平常根本沒有機會使用「海嘯」（tsunami）這個字，而在往後的數個月，這場造成極大損害、人類有史以來最可怕的天災之一，也成為眾人的話題焦點。

全世界沒有任何一個國家可以免於災難造成的巨大傷亡，無論背後原因是天然浩劫或意外事件，例如人為錯誤、企業疏失或者恐怖攻擊刻意造成的結果。為了保持人類社會的正常運行、衛生健康和正義，我們必須妥善處理死者屍體，而最好的處理方法就是建立完善的「災難受害者身分鑑識」（Disaster Victim Identification, DVI）系統。若想要讓災難受害者身分鑑識系統成功運作，必須有妥善的練習、先進的溝通網絡、跨機構合作、災難管理能力、高效率執行緊急計畫，以及訓練人員的迅速反應。災難受害者身分鑑識程序非常複雜、難度很高，會耗費大量時間而且成本昂貴。倘若世上的某個國家領土境內發生大規模的傷亡事件，絕對無法迅速、便宜且輕而易舉地處理，這是一個不爭的事實。歷史也已經證明，如果不以妥善且有尊嚴的方式對待死者，就會有人必須為此負責，也會導致政府瓦解。這是一件非常嚴肅的事情。

大規模傷亡事件通常的定義是當緊急事故發生時，傷亡人數或部分死者人數已經超過當地的反應能力。這是一種頗具有彈性的定義方式，不去量化傷亡人數，也反應了一個事實：

特定地區能夠挪用的資源更為寬裕，可以在處理大規模傷亡事件的同時兼顧日常生活需求。英國也發生過大規模傷亡事件，幸好上蒼仁慈，傷亡人數通常不高，大多數的區域都能夠處理。在我們的記憶中，也發生過幾次重大意外事件，導致上百人罹難，包括一九三四年發生在格雷斯福德（Gresford）礦坑的爆炸案，造成威爾斯東北地區二百六十六名男性和男孩死亡；一九四三年英國皇家海軍衝擊者號（*HMS Dasher*）在克萊德灣（Firth of Clyde）發生甲板燃油爆炸事件，奪走三百七十九人的生命，迄今依然原因不明；一九六六年，惡名昭彰的阿伯凡（Aberfan）礦坑災難，煤牆坍塌的土石流淹沒了一間小學，在一百四十四名死者中，共有一百一十六名孩童。一九八八年，蘇格蘭經歷兩件重大災難：派普·阿法北海鑽油平台發生原油和天然氣爆炸，造成一百六十七名男性身亡，以及泛美航空（Pan Am）一〇三航次班機在洛克比（Lockerbie）上方受到藏在行李箱的恐怖炸彈攻擊，一共造成二七〇人喪生。

由於多國交流已經是現代社會的本質，造成大規模傷亡的事件幾乎都會涉及其他國家的公民。二〇一七年發生在格蘭菲塔[1]的惡火就是一個貼切的例子，要求我們用全球角度思

1 譯註：Grenfell Tower，是一棟公寓大樓，共有一二七個居住單位，二二七個房間，於二〇一七年六月十四日凌晨發生火災。至少兩百名消防員和四十臺消防車參與救災，根據報導指出，該大樓共有六百名住戶，確認死亡人數為七十人。

考，創造全球合作。事件發生的所在國家通常會負責領導，而其他國家的相關參與者有義務注意當地的習俗和法規。法醫專家總是急著捲起袖子，立刻開始工作——沒有任何精神狀態正常的人，願意做這種工作——雖然越過國境、將死在異國的公民屍體送回祖國是當務之急，卻也必須先克服外交、政府以及法律等等複雜的問題。我在科索沃工作時也發現，在某些國家，事情或許並無法那麼如預想地順利進行，而這個事實相當令人感到挫敗。

歷史上造成最嚴重傷亡的海嘯起因於蘇門答臘海岸的海底地震——這是人類歷史上震度第二的地震。地震導致巨大的海浪產生，在印度洋沿岸十四個國家造成嚴重的死傷與損失。如果說這樣的傷亡是因為他們措手不及，也只是低估了實際情況。在印度洋地區，這種層級的天災極為罕見，即使是火山爆發和海嘯發生機率更高的太平洋地區，也沒有使用任何的早期預警系統。這場印尼海嘯造成二十五萬人身亡，加上四萬名失蹤者，以及數百萬人流離失所。超過半數死傷發生在印尼，歐洲傷亡者多半是在冬天觀光季節前往泰國渡假的人。

那個節禮日，湯姆和我一起觀看電視螢幕的第一手報導，他看著我說：「妳可以開始打包行李了——妳知道自己一定會被派去那裡的。」事實證明，我什麼都不知道。英國境內的法醫工作人員都在等待通知，迫不及待想要登上飛機，前往災難現場發揮所長；但政府的沉默反而震耳欲聾。終於，倫敦警察廳召開了一場小型記者招待會，但毫無出征的熱情，只是淡淡地表示他們將派出協助採集指紋的工作人員。**到底怎麼一回事？**

這是壓垮我的最後一根稻草。我坐下來，開始寫下來自「凱爾特紅髮憤怒中年婦女」的一封信，寄給當時的英國首相東尼．布萊爾（Tony Blair），提醒他記得在許多情況下，法醫科學家和警政人員都非常清楚建立災難受害者身分鑑識系統的重要性——重點不是「是否」需要，而是「絕對」需要。災難發生時，英國必須立刻做好應對準備。但是英國只派出寥寥可數的幾位警官，實際上，這場東南亞的災難需要的是強大的災難受害者身分鑑識系統，就像四年前的科索沃危機一樣。恕我直言，英國簡直成了全球笑柄。

我告訴布萊爾先生，我認為一個國家妥善準備應對這種緊急事件是一件很重要的事，倘若政府不願立即回應，我會將自己的意見傳達給另外兩個主要政黨的領袖。英國政府反而愈來愈沉默，於是我言出必行，立刻將信件轉寄給麥可．霍華（Michael Howard）與柏迪．艾許頓（Paddy Ashdown），這兩位當時分別是保守黨和自由民主黨的黨魁。或許無可避免地，某人將我的信件內容洩漏給媒體，事態變得一發不可收拾——但當時我正要離開英國。我已經厭倦等待政府通知，接受了一間民營災難受害者身分鑑識公司「凱能國際」（Kenyon International）的邀請，前往泰國協助救援，留下可憐的湯姆面對記者和電視臺的致電詢問。

我在瑞士上空度過了新年，眼前所有前往曼谷的乘客，他們的旅遊目的都與這場災難有關，許多人出國尋找失蹤的家人，這是一種怪誕又悲傷的情況。當二〇〇五年來臨，機長使用擴音系統，他非常清楚今天機上乘客滿座。他說，在一般的情況下，我們會用氣泡飲料慶祝新年，但今年，他希望我們可以安靜地舉起酒杯，悼念失去生命的罹難者、失去摯愛親人的朋友，並向正在前往當地提供救援的人致敬。在那當下，每一個人的情緒都十分洶湧。

泰國當地當時正處於一片混亂。媒體和焦急的家屬蜂擁前往受到海嘯影響的區域，當地政府則疲於應付。海嘯肆意到處凌虐，大片大片的土地已經成為荒土，但有些地方可能奇蹟似地毫髮無傷。你可以看見一間完整無缺的飯店矗立在殘骸之中，而這些殘骸就是原本圍繞在飯店周圍的建築。通常在災區工作時，我們會預期自己在軍用帳篷或者帆布搭建的臨時空間過夜。因此，當我們白天在臨時停屍間中體驗大自然的掠奪與絕望之後，夜晚卻回到了奢華的飯店，享受飯店餐廳、酒吧與泳池，這種感覺很不對勁。有人邀我一起使用飯店的付費洗衣服務，我詢問對方為什麼還能心安理得地享受這種罪惡的奢侈生活。對方提醒了我一件事，泰國的旅遊業已經因為海嘯而癱瘓，但他們目前迫切地需要透過觀光獲取收入。而我們對他們而言，就是目前這段時間中最接近觀光客的對象。

我把行李箱的物品取出歸位之後，電話響了，對方是在科索沃工作時曾與我合作的倫敦警察廳朋友。「ＣＷ，妳是不是還在到處惹事生非？」他問，「但願事實如此。」我聽出他語氣中的愉悅。他說自己接獲正式指派，必須與我保持聯繫，以確定我是否真的關心英國政府必須建立災難受害者身分鑑識系統這個議題，還是只是為了引發英國群眾的不滿。奇怪的是，他並未等我回答就提醒我，我會在幾分鐘之內接到首相秘書的致電。

電話理所當然地再度響起，這一次則是英國政府來電，他們邀請我參加一次閉門會議，探討如何建立英國災難受害者身分鑑識系統的機制。唐寧街的官員彬彬有禮地向我保證，可以配合我的行程安排會議日期。我的天啊，我的用意絕對不是製造政府的麻煩，更不是打得他們鼻青臉腫。我也非常清楚，如果這件事處理失當，我可能會引火上身。我之前之所以公開表達我的想法，是因為我堅決相信在大規模傷亡事件中，只要有需求，所有具備專業技能的人都有責任提供國際協助。在這個意外事件、大自然力量以及人為惡意轉眼之間就能奪走親朋好友的世界中，我們必須隨時準備就緒並做好完善訓練，才能迅速和專業地應對危機。我們必須將彼此的差異和自尊放在一旁，用盡全力追求人類的良善生活。

但我的天啊！泰國的氣溫和濕度實在是讓人無法承受。總有一天，我一定要請求受派到一個氣候更適合紅髮人士生活的寒冷地區國家。英國第一位災難受害者身分鑑識警司葛拉漢・沃克（Graham Walker）曾經向我提到這份工作的瘋狂之處，我們甚至覺得某同事因為炙熱氣溫和過度疲勞而昏厥只是稀鬆平常之事。發生這種情況時，我們會如何處理？我們扶著同事靠在牆上，請對方喝水，靜待對方覺得身體好轉，並可以繼續工作。這裡視線所及都是不尋常的人物、不尋常的事件環境，以及超凡的奉獻。

在溼熱國家進行受害者身分鑑識的最大敵人，就是遺體的急速腐化過程。因此，立刻進行反應處理並注意遺體的保存狀態成了我們的首要任務。記錄死者屍體的發現地點可以大幅加快鑑識身分過程，尤其是當受害者死於合理推論的地點，如自家或者登記入住的飯店時。但就這兩個層面看來，泰國都讓我們的工作更加艱困難解。

在泰國各個城市找到的遺體，都會送往當地的寺廟。我們抵達第一個鑑定現場是泰國的考拉（Khao Lak），寺廟外的場景令人望而生畏。為了幫忙，有車輛的民眾將全國各地的屍體一起送到寺廟入口，卻沒有任何指標幫助我們識別每具屍體分別是在何處由何人發現——民眾將屍體高疊在古老的平板拖車後方，放置於寺廟前門等待整理，期待屍體最後或許能順利由家屬認領。民眾將屍體搬下車後，會在寺廟庭院拍攝死者臉部照片並存入電腦中進行分類，但請大家記得，此時距離海嘯發生時間已有一週，屍體浮腫、變色和分解的程度相當嚴重。

急於尋找親人的家屬開始將失蹤者的照片貼在牆上並附上訊息，請任何曾經看過親人的民眾聯繫他們，希冀失蹤的家人還活著，好端端地待在某個醫院。隨後，家屬前往寺廟庭院，坐在電腦前翻閱數百張難以辨認的腐爛屍體照片，尋找他們兒子、女兒、母親、父親、丈夫或妻子的臉龐。現場一片混亂，不僅令人痛苦，也相當沒有效率。起初的幾天，認領屍體的依據僅僅是民眾自認為自己從某張照片認出了家人。但在使用更科學化的鑑識系統後，我們毫不意外地發現許多家屬認錯了屍體，也不得不召回被錯領的屍體。這顯然是我們無論如何都應避免的錯誤。

抵達寺廟後，我們立刻做了三件事。第一，要求使用冷藏卡車，降低屍體溫度以暫緩分解過程；其次，我們停止讓家屬瀏覽照片；第三，在我們用科學方法確認死者身分之前，家屬暫時不能領取屍體。

直到冷凍貨車抵達之前，屍體被並排放在寺廟前院。當地的工作團隊搭建帳篷，想藉此避免屍體直接受到陽光直射。甚至一度在屍體周圍使用乾冰，希望藉此保持低溫。但這種方法不會奏效，因為最靠近乾冰的屍體將因此被凍傷，而我們團隊成員在觸碰屍體時也會受傷。現場的惡臭已經超越文字所能描述的範圍，隨著日子一天天過去，屍體繼續浮腫，體內氣體和液體造成腫脹，四肢開始「浮起」，形成相當悲傷的畫面。你低頭望著長排的屍體，死者屍體就好像在舉著雙手或雙腿，希望吸引你的注意。寺廟幾乎沒有自來水，炙熱的天氣讓人窒息，而蒼蠅和囓齒動物的活動頻率彷彿瘟疫。倘若但丁描述的地獄真的出現在地球上，泰國經歷海嘯後的初期階段已經非常、非常接近了。

泰國的狀況並不是任何人的錯。災難發生後的初期通常是負擔最為沉重的階段，人心徬徨，而考慮到這次天災的規模，實際處理的難度必定相當嚴峻。最後，終於由挪威的救援隊提供資金，建立了中央臨時停屍間。雖然建設還需要一些時間，與此同時我們必須竭盡所能地有效使用資源，提出周全思慮和即刻應對，才能妥善處理當下情況。雖然這時環境艱困，卻是我最喜歡的調查階段，因為在這段政府官僚和政治考量尚未介入的空檔，經驗和巧思才是重點。正是在這個時候，你才覺得自己可以做出些真正的貢獻。我喜歡進行建立並確保系統運作順利的挑戰；一旦所有的功能都順利運作，我很快就會覺得無聊。我相信我們在泰國的初期階段做出了真正的改變，但政府相關部門的繁文縟節也很快就出現了。

來自英國和其他國家的團隊在災區待了將近一年，持續試圖鑑識死者的身分與名字。許多遺體順利地回到家人身邊，但少數難以處理的個案依然無法找出身分。光是泰國的死亡人數就高達五千四百名，在某些地區也有全家人罹難的案例，沒有家屬可以回報失蹤情況，也沒有親人可以提供死前資訊讓我們進行比對。其他地方也有整個社區都被夷為平地的情況，連同居民資訊一起被埋沒，沒有留下任何人想念他們或替他們哀悼。泰國打造了一道紀念牆來悼念所有的死者，這也成了無名死者唯一的墓碑。對於災難受害者身分鑑識系統而言，泰國救援是一次革命性的行動，展現了國際團隊和各國政府齊心協力完成的成就。

回到英國之後，政府在水師提督門（Admiralty Arch）舉辦了先前曾邀請我參加的災難受害者身分鑑識系統討論會議。我因為倫敦市內堵車情形而稍微遲到了，抵達時才發現所有人都在等我，這實在不是一個好預兆。與會者包括政府、警察單位和科學政策的最高層級代表人，有些面孔很熟悉，其他人則似乎不是非常歡迎我。現場氣氛尷尬，我就像兒童動物園中的犀牛一樣受到圍觀。很明顯地，政府認為我想要製造麻煩，而官員在聽取簡報之後也打算安撫我。但是，我在倫敦警察廳的老朋友也在場，對著他的老朋友CW流露出鼓勵的微笑，讓我知道房間裡至少還有一位真正的戰友。事實上，整個會議過程確實相當積極正面，每個人似乎都同意英國需要建立國家級的應對能力，也應整合警方、政府和科學界的支援。我們達成共識，同意當下次事件發生時，關鍵點並非英國「是否」需要行動，而是英國應該在「何時」動員。我們終於成功了！

如果還需要什麼來支持這項結論，相關證明也很快就出現了。這次會議討論可說是非常即時。會議於二〇〇五年二月舉行，而我們根本無法預料到，英國在當年立刻有了一個不得不進行全國動員和國際合作的時刻。七月七日，恐怖份子於早上的交通尖峰時刻在倫敦地下鐵發動攻擊，癱瘓了整個倫敦。埃及度假聖地沙姆沙伊赫（Sharm-el-Sheikh）旋即也發生了自殺炸彈攻擊事件。八月，卡崔娜颶風摧毀了美國的墨西哥灣沿岸地區，還有巴基斯坦的十月大地震，但我們當時還在泰國努力辨識屍體身分。二〇〇五年可說是是災難受害者身分鑑識系統頗具指標性的一年，不只在英國，全世界皆是如此。

英國終於在二〇〇六年時，召集法醫專家、警方、情治單位、家庭聯絡官員以及其他災難受害者身分鑑識工作人員，在葛拉漢．沃克警司的指揮下，成立了國家團隊，負責處理英國公民在國內或國外災難事件喪生之後的身分鑑識問題，並且與其他國家共同協調合作。顯然我們也需要建立英國的災難受害者身分鑑識訓練課程，以確保來自英格蘭南部德文郡（Devon）與蘇格蘭北部凱瑟尼斯（Caithness）的警官能以同樣的規定完成相同工作程序。

這聽起來並非難題，但有位官員曾經告訴過我：「英國擁有超過四十支警力單位，光是制服就無法取得共識，更別提工作方法了。」鄧迪大學成功地降低這個問題的難度，為英國各地警察提供了災難受害者身分鑑識訓練。在二〇〇七年至二〇〇九年之間，有超過五百五十位警察走進我們的大門，學習災難受害者身分鑑識的程序和相關科學知識。

◈

災難受害者身分鑑識系統並非火箭科學或腦部手術那麼高深的知識。基本上，它只是一個單純的配對過程。家屬聯絡政府提供的緊急服務電話，提出他們為什麼相信或擔心親人可能是大規模傷亡事件罹難者的理由。接著，災難受害者身分鑑識系統會根據該名對象實際罹難的可能性進行分類。以泰國為例，如果我們知道某個人在海嘯期間入住了當地飯店，那他（她）成為罹難者的機率就會高於另外一位正在環遊世界的人，因為後者可能根本不在泰國，只是單純數日沒有和朋友與親人聯絡。

區分優先順序非常重要，因為警方不可能給予所有案件相同的處理順序，必須透過系統進行分類，才能優先處理位於名單上較為緊急的案件。現代社會中，人人都有行動電話，所以在重大意外發生時，警方和有關當局也會接獲大量來電。二〇〇五年的倫敦炸彈攻擊事件發生之後，傷亡處理單位接到了數千通電話。而亞洲大海嘯時，據說，位於災區的英國公民人數曾一度達到二萬二千人，但最後統計的英國公民死亡人數為一百四十九人。

接受過災難受害者身分鑑識訓練的家庭聯絡官會被派去與最有可能罹難的失蹤者家人與朋友進行面談，竭盡所能地記錄失蹤者的個人資訊——身高、體重、髮色、瞳色、傷疤、刺青、配環，家庭醫師和牙醫紀錄等。他們也可以在失蹤者的家中找到相關指紋線索，從母親、父親、手足及其他有共同基因的親屬身上取的基因樣本，甚至從失蹤者的個人物品上獲得基因。雖然這個過程可能會加重徬徨家屬心中的痛苦，但家庭聯絡官員的目標是在這一次的拜訪中，就能蒐集到所有所需資訊，甚至獲得可能比所需更多的線索，避免日後再度拜訪的必要，也免讓家屬承受更大的痛苦，因為頻繁拜訪有時候會讓家屬失去信心，甚至導致家屬與政府當局之間的關係惡化。

家庭聯絡官員蒐集的所有資料會填寫至黃色的死前（antemortem）災難受害者身分鑑識表單（縮寫為ＡＭ表）。如果災難事件發生於國外，我們會將表單連同基因樣本、指紋和牙醫圖表，寄給在當地工作的驗屍團隊。那裡的停屍間工作人員也會從受害者身上蒐集同樣的資訊，並紀錄在粉紅色的死後（postmortem）災難受害者身分鑑識表單（縮寫為ＰＭ表）。我還記得講授訓練課程時，一位「天兵」問我，我們是不是在早上填寫ＡＭ表，下午填寫ＰＭ表，因為ＡＭ和ＰＭ分別是上午和下午的縮寫。有時候，訓練的挑戰難度不見得只是課程本身！

在比對中心，工作團隊會統一彙整AM表和PM表的所有資料。在理想情況下，我們可以利用主要身分指標來產生相符資料，但如果欠缺基因、指紋或牙齒等資訊，或這些資料無法協助我們確認身分時，就會採取次要方法。比對過程相當緩慢，品質控管則是關鍵。如果我們犯了任何錯，就代表著有兩個家庭無法找到親人。我們必須慢慢比對，不能犯錯，但我們也很清楚，如果無法迅速確認死者身分，一定會引發批評。

在當時，鄧迪大學的訓練課程獨一無二，在二〇〇七年一月簽下合約時，我們知道自己必須迅速製作課程教科書，才能協助警察人員學習。在復活節（四月十二日）時，我們出版了內容長達二十一章的教科書（感謝鄧迪大學出版中心和安娜．戴的鼎力相助），每位警察學員都收到一本。除此之外，我們的網路遠距課程也在復活節時上線。雖然在現在這個大規模線上開放課程（massive open online course; MOOC）的年代中，我們的線上課程看起來有些過時，但在當時仍然非常前衛。參與訓練課程的警官可以在任何時間、地點，用自己的電腦學習課程。線上課程的內容以教科書為基礎，同樣分為二十一個章節，警官必須依序完成，才能進行下一個章節。在完成每個章節的內容後，也必須進行線上複選題測驗（我們的學生則說是「複猜題」），正確率達到百分之七十以上才能繼續學習。若未通過測驗，可以另外選擇時間重考（每次測驗題目皆不同），直到通過為止。完成所有章節後，警官將參加進一步的考試，範圍涵蓋所有內容。到了這個階段，所有關鍵知識已經深植在警官腦海，幾乎所有人都是第一次測驗就順利通過。重複強化學習看來的確可以創造驚人的結果。

警官完成訓練計畫的理論課程之後，才能接受一個星期的實務訓練，我們在這個實務訓練中模擬了大規模傷亡事件的情境：一艘滿載高齡退休人士的郵輪在惡劣氣候中航行，並在外赫布里底群島（Outer Hebrides）東岸觸礁。由於乘客年事已高，身體虛弱，許多人因此喪生。我們獲得了英國解剖督察的同意，可以在訓練課程中使用捐贈者的遺體。這是全世界第一個解剖真人遺體的災難受害者身分鑑識訓練課程，所有的警官學員都獲得了非常莊嚴而肅穆的經驗。他們結業時，帶著對泰賽德地區遺體捐贈者的尊重離開，有些學員甚至希望穿著制服參加解剖學系舉行的紀念會，表達自己的敬意。

警官學會了如何記錄屍體從儲屍空間送入臨時停屍間的流程；包括如何拍攝照片、觀察記錄個人物品與屍體，以及採集指紋和其他有助於確認身分的資料。他們深入了解了法醫病理學家、法醫人類學家、法醫牙齒專家和X光技術人員在現場的角色，也在停屍間學習填寫國際刑警組織規定的粉紅色死後災難受害者身分鑑識表單，並如同漁夫般撈起由法醫人類學家負責填寫的大量黃色死前鑑識表單，試圖找出相符合的資訊。在訓練中，他們必須向一位真正的驗屍官或檢察官發表自己負責的個案結果，就像在真正的審判中提供證據一樣，證明他們的身分判斷正確。

我們與來自各個部隊的警官互動，不僅建立強烈的同袍情誼，也創造了許多珍貴的時刻——有淚水，也有歡笑，全是無價的回憶。在為期一周的實務訓練中，所有的練習團隊在各項任務中的表現都會獲得評分。有些團隊容易受到死者的行動電話干擾，因為蘇格蘭風笛的手機鈴聲既可怕又惱人。強悍的英格蘭人希望盡快關閉行動電話，但正確的應對方法是快速拿起手機記錄來電號碼，並立刻回電詢問對方想要找誰，這可能有助於確認死者遺體身分。

在實務訓練課程中，在死者的行動電話完成法醫鑑定之前，警官按照規定不能觸碰。所以我們會故意撥給死者的行動電話，只要警官發現電話鈴響，就立刻掛斷電話。等到死者的行動電話完成鑑定並放入證物袋後，我們就立刻再度撥打電話。看著警官手忙腳亂地趕在鈴聲消失前記錄來電號碼，實在是很有趣。雖然這個過程讓他們感到氣急敗壞，卻能夠有效訓練警官的反應。

我們也會在死者口袋中放入非常不可能屬於死者的錯誤個人物品——即與性別或年紀不相符的物品，例如在男性死者的褲子口袋中放入口紅，或者在禿頭男性死者的衣服中放入梳子。有些警官非常聰明，懂得如何應對我們的「曲球」攻擊，而已經完成訓練課程的同僚也會提醒他們。隨著他們開始變得狡猾機智，我們也要提出更有創意的方法，讓他們不得不張大眼睛，才能看見隱藏的陷阱。你無法訓練學員完美地應對意外事件，但你可以在訓練中增加更多意外元素。

在其中一組學員的實務訓練中，我們把假的手榴彈放在屍袋中。雖然手榴彈和「退休老人」的背景故事並不相符，但這個細節不重要；設置這個道具的重點是讓學員們分心，並評估他們的反應。我們靜觀其變，當他們發現手榴彈並向我們報告後，我們讓所有道具手榴彈的計時器開始倒數計時，在一片吵雜聲中，他們不得不從停屍間撤離。一開始，他們在撤出時還覺得這只是老套的妨礙手法，一點都不在意，穿著白色的犯罪現場調查連身服在外等待「炸彈處理小組」進入現場處理。但是，他們低估了我們的狡猾程度。時間一分一秒過去，他們還在繼續等候，卻開始變得焦躁不安。因為他們必須在時間限制內完成實務訓練，也很清楚自己的資料蒐集品質不能因此受損，因為我們會評估他們的表現。不久之後，他們開始不安地來回走動，低頭看著手錶確認時間，全身冒汗。

當我們認為警官在外枯等的時間已經夠久之後，終於宣佈檢驗現場已經排出危險，同意讓他們回到停屍間。他們一邊抱怨一邊迅速衝回停屍間，想在剩餘的時間內完成手上的工作。他們的動作現在一點都不馬虎了，在時間的壓力下變得非常專注。但現在正是時候讓他們學習另外一課。停屍間的資深管理人麥克擋住警官們的去路，問他們要去哪兒。「回到停屍間。」警官們異口同聲地說。

「我可不這麼認為。」麥克說：「你們全都穿著被外界污染的連身服，如果想進入無菌區，就要脫掉。」

他們開始哀嚎抗議（「可是我裡面只穿了內衣褲！」）。天啊，看著四十位方才還志得意滿的警官們在大樓外脫掉衣服，僅穿著內褲與內衣跑過大樓前門，我們的臉上露出譏諷的笑容（幸運的是，沒有人不穿內褲，否則我們就得重新修正策略，以免雙方面紅耳赤）。但是這樣一來，他們再也不會小看我們了。這也證明了，在大規模傷亡事件中唯一可以預測的，就是它的不可預測性。這些警官將會被派遣至空難、火車意外、恐怖攻擊和天災發生地點，也將會目睹可怕的事件和令人痛苦的災後現場，必須有效率地發揮他們的專業能力。試驗最後，他們還是欣然地接受了我們的刁難——那是因為在測驗完成之後，我們請他們到酒吧暢飲。

課程的第三階段，他們將接受碩士生等級的資格測驗，我們要求警官自行挑選歷史上的一個大規模傷亡事件，並撰寫一篇論文，評論該起事件的災難受害者身分鑑識過程：何處做得很好、哪些環節則有待改進，他們又會如何改善。你真該聽聽他們的怒吼。他們覺得自己幹嘛還需要寫論文？他們都已經不是學生了。但測驗完成後，他們卻非常感激，認為這個訓練相當實用，幫助他們強化閱讀和實務訓練中所獲的知識。而如此重要的評估測驗，也讓他們在自己早已付出許多精力的領域中，獲得寶貴的學術資格。他們是一群難能可貴的好夥伴，許多人即使現在提到當初的訓練課程，依然興高采烈。

有幾位警官的論文寫得很好，讓我們決定納入第二本教科書中——《災難受害者身分鑑識——經驗和實務》(*Disaster Victim Identification: Experience and Practice*)——並將所有的版權收入捐贈給警方慈善單位「警察重大事故生還者照顧組織」(Care of Police Survivors, COPS)。來自南威爾斯警隊的馬克・林區(Mark Lynch)和我一起撰寫了書中的一個章節,探討一九六六年的阿伯凡事件。阿伯凡悲劇、派普・阿法北海鑽油平台事件以及馬雪納斯號[2]汽船在泰晤士河上的意外撞擊事件,都是警官撰寫論文的熱門主題(也有一篇論文探討維蘇威火山爆發事件——但那裡面並沒有太多可供研究的災難受害者身分鑑識分析題材)。

阿伯凡事件不僅是一個展現當時出色實務工作的絕佳範例,也完美地詮釋了如何在沒有先進現代科技的情況下,妥善完成災難受害者身分鑑識程序。當時的處理水準依然夠格通過現代的評估標準,也感動了所有以阿伯凡事件為研究主題的學員,特別是來自礦業地區的警官。這個提醒了我們,災難受害者身分鑑識系統並非全新的領域,我們其實是在追尋前輩的腳步,而他們務實、有效率,懷抱著同情心處理艱困的任務。

阿伯凡是一個位於南威爾斯的礦業小社區,這場災難事件的起因為山上的礦坑廢石堆坍

2 譯註:*Marchioness*,一九八九年八月二十日於泰晤士河上發生撞擊的兩艘汽船之一,在凌晨一點四十六分左右沉沒,此事故導致五十一人死亡。

崩。當地的七號廢石堆中含有大量的礦渣——這是過濾處理後的廢棄物——在不經意的情況下被堆在一處地下泉的上方。一九六六年十月二十一日早晨，連日大雨讓地下泉水過度飽和，超過十五萬立方公尺的飽和泥水衝破廢石堆，以五十英里的速度衝向山下。早上九點十五分，正當潘特格拉斯（Pantglas）小學的老師與學生準備進入教室，進行期中假期前最後一天的課程時，巨大的礦泥流席捲而來，將整間學校掩埋在高達九公尺的泥漿中。

警方和緊急救難人員在早上十點抵達現場，當地所有礦工聽到警鈴之後，也立刻收拾工具前往學校協助救難。礦工到達學校後，發現有許多也是學生家長的村民已經在徒手挖開泥漿，想找到孩子的蹤跡。這是史上第一個進行即時拍攝的大規模傷亡事件：早上十點三十分，英國廣播公司進行現場直播，媒體開始群聚在現場。一位救難人員回憶道：「我想要幫忙從泥漿中救出孩子，卻聽到一位攝影師要求小女孩為死去的朋友哭泣，讓他拍攝好照片——我不知道該如何回應。」聽到救難人員轉述的故事，讓我想起自己待在科索沃的日子。

梅瑟蒂德菲爾（Merthyr Tydfil）地區的警官立刻前往災難現場，負責搜尋援救。在這個階段，尋找生還者比找出死者屍體更重要，而這個過程依據災難性質而定，可能會花上幾分鐘、幾小時甚至幾天。在現代，法醫人類學家一直要等到復原屍體的第二階段，才會參與救難過程。

阿伯凡的貝森尼亞教堂（Bethania Chapel）設立了臨時醫療中心，與學校之間的距離為二百五十碼。但在當天十一點過後，搜救人員還找不到任何生還者時，教堂也迅速改為臨時停屍間。教堂的祭服室成為志工和英國失蹤人員協尋當局的指揮中心，同時存放了兩百具棺材。由於所有人都明白罹難者的死因，所以不必進行死後驗屍，只須盡快鑑識死者的身分。在驗屍官、協同官員與當地兩位醫師共同確定屍體死亡後，會和倖免於難的教師溝通以建立一份罹難學生清單。

從泥漿中找出的屍體，都以用擔架運送至貝森尼亞教堂的臨時停屍間，並分別標記一個獨特身分號碼，就釘在死者衣物上，成為全程伴隨屍體的專有標籤。死者的「獨特身分號碼」會記錄在卡片對照系統上，其他紀錄包括死者為男性、女性、成人還是孩童等資訊。一百一十六名孩童屍體放在教堂長椅上，以毛毯覆蓋著——男孩放在一側，女孩放在另一側。三名教師協助完成初步身分鑑識，一位停屍間助理則負責清理死者臉部以利臉部鑑識。家屬在教堂外耐心等候數個小時，因為一次只有一個家庭能進入停屍間中領走親人屍體。一旦確認死者身分，屍體就會被送往加爾文循理派教堂，直到進行葬禮為止。只有十五名死者因為嚴重的外傷而導致鑑識過程困難，最後使用牙醫紀錄才完成比對。

災難之後的立即行動應該專注於尋找倖存者、復原屍體、身分鑑識以及避免進一步傷亡上，然而，從長期的角度而言，只要受害者還記得或社會大眾還在乎這起災難，這個事件仍會造成深遠的影響。阿伯凡事件距今已過了五十年，但許多受到影響的人依然活在創傷後壓力症候群的陰影之下。在當時，勞工階級社群普遍追求「堅忍」的文化價值，因此社會大眾認為倖存者應該「放下創傷」。到了現在，我們重視諮商和心理治療的價值，也明白創傷的精神迫害對健康和幸福生活產生的長久影響。災難受害者身分鑑識的工作者也比以往更清楚，他們必須避免讓倖存者和失去親人的家屬承受更多傷痛。

一九八九年的馬雪納斯號災難事件後，大法官肯尼斯・克拉克（Kenneth Clark）也認同上述原則，並負責對事件當時驗屍官所採取的身分鑑識程序進行調查。他在二〇〇一年出版報告，提出三十六點改善建議，讓英國重新檢視長達數個世紀以來的驗屍官系統。其中最大的改變，就是引入新的警察職位「資深身分鑑識管理人」（Senior Identification Manager; SIM），負責全權處理災難受害者身分鑑識過程。

馬雪納斯號悲劇的受害者登船是為了參加一場生日派對，該船隻在泰晤士河上遭到挖泥船波貝拉號的兩次撞擊。在第二次撞擊之後，馬雪納斯號沉入水中，困在下方甲板的乘客毫無生還機會。

救難小組花了兩天，才從水中的船體殘骸中取出屍體。屍體一開始被放置在警察局，其中二十五具屍體在親屬和朋友完成目視辨認之後，交還家屬。當時的驗屍官下令，禁止家屬觀看在水裡受侵蝕狀況最嚴重的屍體。這些屍體必須透過指紋鑑識、牙醫紀錄、服裝、個人珠寶和其他生理特質比對以確定身分（當時的基因剖繪技術尚在萌芽中），所有的屍體也都必須接受完整的驗屍處理。現在的我們卻會質疑當時驗屍官的決定，因為這些屍體正如阿伯凡慘案中的罹難者，死亡原因幾乎沒有疑慮，沒有必要死後驗屍。

為了協助完成指紋鑑識，西敏寺的驗屍官同意，在必要時可以從手腕切除受害者的手掌。克拉克大法官強烈批評這個決策，而這項決策也不幸地成了這次災難受害者身分鑑識程序的焦點。根據英國普通法規定，屍體的所有權屬於驗屍官，由他（她）決定屍體的處置方式。最後在五十一名死者中，有二十五人的手掌遭到切除。將近三個星期後，直到所有屍體完成身分鑑識，屍體才終於還給家屬。許多家屬因為被禁止探視死者遺體而表達不滿，除了怨懟之外，他們也開始質疑身分鑑識的必要性，並對有關當局產生了不信任感。家屬強烈要求公開調查，最後在二〇〇〇年——悲劇發生的十一年後——他們的抗爭終於成功了。

這份針對身分鑑定程序所做的調查報告中提出了許多建議，其中幾項著重於毫無必要的切除手掌部分，以及政府當局不願讓家屬自行決定是否探視死者遺體的決策。在其中三名死者的案例中，政府將遺體交還家屬時並沒有同時交還手掌。直到一九九三年，災難事件發生四年後，才在某個停屍間的冷凍庫找到其中一對手掌，並且在未知會、也未經死者近親同意之下，就逕自處理掉。由於失去親人的家屬在當時無法探視遺體，許多人根本不知道當時的政府團隊對遺體進行侵入式驗屍解剖。十餘年之後，他們才得知這個消息，這無疑是晴天霹靂。

克拉克大法官提出的另一個建議，則是強烈要求讓家屬獲得誠實且精準的資訊，並且盡可能地在事件發生後的早期處理階段，就定期提供資訊。資深律師查爾斯·哈登—卡夫（Charles Haddon-Cave QC）代表馬雪納斯號的家屬團體表示：「許多決策都基於可以理解的原因，在檯面下進行。因此，受到信賴的相關工作人員和負責督導的政府當局肩負著特殊責任，必須確保死者屍體獲得最大的照護和尊重。這是失去親人的家屬與死者有權要求的待遇，也是社會大眾的殷切期盼。」

災難受害者辨識訓練課程給了我們一個寶貴的機會，與警察討論過往經驗帶給我們的借鏡，談論艱困狀況中有哪些措施是好的、又有哪些值得檢討，並且溝通我們在現今能夠如何改善。如果阿伯凡事件是正面的例子，那麼讓我們在重大傷亡事件處理中獲取最重大教訓的，莫過於馬雪納斯號事故，尤其是當時切除死者手掌的決策。在克拉克大法官的報告中，有一段話最讓災難受害者辨識專業人員沒齒難忘：「我們必須明確表示，鑑定死者身分時應該盡可能避免侵入性手段，或造成屍體的變形及毀傷，也不該為了便於鑑識而切除遺體的任何部位，除非絕對必要且別無他法。」

法醫從業人員一直以來都努力追求內心設想的最好結果，有時候也努力避免讓家屬直視可怕的景象。如果一具屍體已經開始腐爛，或者因為火災與爆炸事件而遭受嚴重損傷、甚至碎裂，在過去，我們會建議家屬不要親自探望死者。但是我們沒有權利替他們決定，遑論限制他們探視的意願，畢竟屍體並不歸我們所有。在任何情況下、無論屍體狀況如何，你都不可能準確得知家屬和朋友在看見摯愛家人的空殼時，會產生何種反應。如果一位母親希望探望死去的孩子好握住孩子的手，或是一位丈夫希望親吻妻子的遺體，又或者弟弟希望與死去的哥哥共度最後平靜的時刻，我們所能做的就是替他們做好準備，並且隨時提供協助。

在現代，我們會將阿伯凡礦坑稱之為「封閉」意外，因為我們已經知道罹難者的名字，所有的遺體都可以找到身分，但馬雪納斯號事件則歸類為「開放」意外，而這類意外的災難受害者身分鑑識程序更為複雜，也更難處理。在開放意外中，一開始可能無法確定死者身分、死傷人數，也經常發生倖免者因為傷勢過於嚴重而無法確認身分的情況。馬雪納斯號沒有明確的乘客清單，所以他們在一開始甚至無法確定失蹤人數。

如果開放意外事件的起因是恐怖攻擊，處理事件的優先順序就會改變。雖然災難受害者身分鑑識的流程會保持完全一致，但屍體處理和證據保存的方法卻截然不同。二〇〇五年七月，倫敦地下鐵發生恐怖攻擊，三名自殺炸彈客分別在倫敦不同區域的地下鐵列車中連續引爆炸彈，第四次炸彈攻擊則位於一臺雙層公車上，一共造成五十六人死亡，其中包括四名炸彈客，以及七百八十四人受傷。鑑識受害者身分固然是當務之急，但首要目標是協助拯救倖存者，第二目標則是指認凶手。

這聽起來雖然很詭異，但在面對英國境內首起伊斯蘭自殺式炸彈攻擊時，政府乖乖地採用了標準處理程序來處理這起因恐怖攻擊而造成的大規模傷亡事件。在處理程序中很重要的一點是，確認攻擊者是否已經在意外事件中死亡，以及追查攻擊者的作業網絡，以防萬一該起攻擊事件只是連環攻擊計畫的一部分，預先做出防範。二〇〇五年的倫敦炸彈攻擊事件已經證實是連環攻擊，不幸的是，由於多起爆炸攻擊的時間非常相近，我們根本無法阻止。

二〇〇五年時，英國的災難受害者身分鑑識能力非常落後。到了二〇〇九年，我們已經是全球領先國家。我根本無法想像，我在亞洲大海嘯後向政府提出直言不諱的投書，竟然能夠產生具體的成效，或是替英國建立災難受害者身分鑑識系統盡了一分心力。我很自豪英國災難受害者身分鑑識系統所達成的美好結果，迄今也依然以國際最高標準執行程序。

我必須反覆強調，因為這是我內心深處最堅定的信念：我們絕對不能忘記，在面對災難時，災難受害者身分鑑識系統面臨的問題並非「是否需要」，而是「何時需要」。當下一次的災難來臨時，無論事件規模大小，我們都能做好準備，發揮最好的能力。現代世界面臨愈來愈多毫無道理的暴力行為，英國首位災難受害者身分鑑識系統警司葛拉漢．沃克曾提醒我們，恐怖份子可以靠著運氣完成任務，但是國內的安全調查團隊卻不能仰賴運氣——他們每次都必須獲得勝利，才能確保我們平安無虞。然而，無論背後立意何其良善，這種期待都是不切實際的，我們必須訓練專業的災難受害者身分鑑識工作人員，準備好面對所有的可能，並且持續祈禱，希望他們永遠不需要實際進行救援。然而若有需要，我們的回應動作應該可以向世界展示，人性關懷永遠可以超越人類和自然世界創造的惡意。

第十二章

命運、驚怖與恐懼症

人害怕死亡，正如孩童害怕走入黑暗。

——法蘭西斯・培根（Francis Bacon）

哲學家和科學家（西元一五六一年——一六二六年）

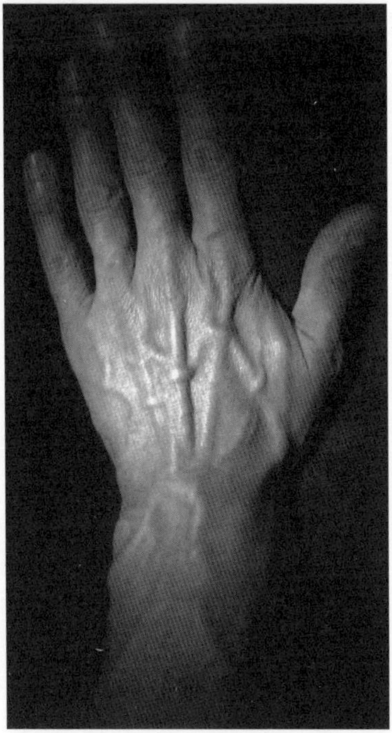

人類手部結構：靜脈的變化。

我和我的摯友兼導師路易絲・雪納（Louise Scheuer）對人體鑑識有著共同的熱情，她甚至讓我在倫敦的聖湯馬斯醫院找到第一份必須繳稅的正式工作。當我還在撰寫博士學位論文時，路易絲打電話來，提到聖湯馬斯醫院有一個講師空缺，她認為我應該申請。

我獲得這份工作時，沒有人比我自己更驚訝。評審小組主席是神經科學的資深教授，他曾明確表示希望聘請一位擁有生物化學學位的人選，而且非常輕視「資格不符的人類學家」。我知道系主任麥可・戴（Michael Day）提出的最後一個問題，讓我幸運地獲選。他當時問我，當天下午能不能到解剖教室解說臂神經叢。我說當然可以——然後這份工作就是我的了。從此之後，我經常在各個面試場合故技重施，現在技巧更為爐火純青。我在鄧迪大學面試求職者時，也會提出相同的問題，他們都說願意解說臂神經叢，於是我邀請他們到教室來畫圖教學。如果你正在思考什麼是臂神經叢，那是介於人類脖子和胳肢窩之間的神經叢，看起來就像一盤義大利麵。這難度太高了，對吧？我很高興麥可當時並未真的要求我負責教學，否則他就會發現我在吹牛。我現在知道怎麼畫臂神經叢，但當時根本做不到。

幾年以後，蓋伊醫院和聖湯馬斯醫院合併，當初認為我不符資格的教授，最後還是成為了我的上司。我在他領導的科系中教導解剖學，相處十分愉快，但我認為他不曾原諒我，因為我在一九九二年離職時，他向我感謝我的付出，卻把我的名字錯認為莎拉。顯然我並沒有在他的心中留下深刻的印象。儘管如此，我在聖湯馬斯醫院服務時很幸運地認識了一群非常棒的同事，時至今日，我們依然是好友。最重要的是，這是一個起點，讓我和一名女性建立起充滿創造力的長久合作關係，她的學識是如此淵博，甚至她忘記的解剖知識都比我能夠知道的還多。超過三十年來，她一直都是我的朋友、我的精神啟發者，也是我的老師。

路易絲和我一起在一九八六年設立英國第一個法醫人類學學程，而她一直以來對某件事情相當不滿。每一次當我們必須分析孩童的遺骨時，她都會說：「為什麼沒有任何教科書可以幫助我們？」我建議她可以自己寫一本，她則要我說話小心一點。她是全世界最善於模仿政府官員勸導迷途孩童的人（「噢！拜託，看在老天的面子，求求妳！」）。當這段對話持續了四年後，我終於決定改變說法，「我們何不合寫一本教科書？」我提議道。

於是，我們最大的寫作計畫開始了。我們希望創作一本探討人骨發展的教科書，內容包括檢視人體中的每一根骨頭，從骨頭一開始形成的階段開始，一直到骨頭發育至完整成人狀態為止。這本書的目的不是讓我們致富或者登上《星期日泰晤士報》暢銷排行榜，而是填補法醫人類學界中難以忽略的空缺。由於沒有任何一本現存書籍對兒童骨骼的研究細緻程度可以滿足我們的需要，我們幾乎是從原點開始。

這本書耗費我們將近十年的時間寫作。一開始，我們必須蒐集過去三百年來所有相關主題的作品和出版品。其次，我們必須檢驗這些書中能夠幫我們解釋特定概念的樣本，而若知識有所缺漏，就要自己進行研究。我們很快就弄清楚為什麼前人並未完成針對孩童骨頭的研究：因為你必須很有熱情，才能從事進度如此緩慢的研究。事實上，這個研究也長期佔據了我們的生活。

我們終於在二〇〇〇年出版自己的作品《青少年骨骼發育學》（*Developmental Juvenile Osteology*），篇幅極長，內容卻不一定引人入勝，因為我們必須在書中探討超過兩百根人類骨頭。但是，書寫此書的經驗如此美好，讓我們受益良多，也成為我們職業生涯的重要里程碑。我喜歡聽到路易絲興奮地在電話的另一頭說：「妳知道嗎……？」或「我終於明白為什麼……」。我們挖掘了許多這樣令人欣喜的發現，有些甚至推翻了我們過去所學的知識，而我們也緩慢地將所有成果譜寫為一本我們兩個人都引以為傲的曠世鉅作。

一九九九年時，當我正進行第一次的科索沃之旅，而教科書的撰寫也快結束時，我們卻因為其中一張圖片說明而相當苦惱。我們無法找到任何樣本，可以從內部角度呈現肩胛骨的成長中心點。

我必須承認，有一次，當我從科索沃使用機會難得的衛星電話時，聯絡的人卻是路易絲，而不是湯姆或我可愛的女兒。那時候，我在瓦利卡克魯薩的臨時停屍間看見一個樣本，能夠精準地展現我們想要說明的內容，這個發現讓我們倆都非常興奮。我獲得許可，能夠拍攝照片作為教科書的內容。但我卻沒有注意到，書中其他標本圖片上都是乾淨的乾燥骨頭，這張照片中的骨頭上卻還殘留人體組織。幸好書中圖片並非採用彩色印刷，否則人體組織就會變得相當明顯又噁心。但從教育的觀點來看，這張圖片彌足珍貴。

等到書籍完成之後，我已經從倫敦的聖湯馬斯醫院回到蘇格蘭生活多年，路易絲也退休了，而我也即將前往科索沃進行第二次的任務。在那時候，我和路易絲可能是世界上最熟悉年齡對孩童骨骼影響的人。我的祖母篤信命運，也將這個觀念傳給了我。她常說，有時候我們發現自己在某個時間處於某地，背後總有一個理由，而這個理由通常與我們的計畫、選擇和意願毫無關聯。命運將我們推到了某個地方，目的很有可能是要協助他人。前往科索沃時，我已經完全掌握了人體骨骼分析鑑識的知識，而我相信這就是命運的安排。

二〇〇〇年時，我們負責處理的其中一個滅門血案的起訴現場。在科索沃的阿爾巴尼亞人與塞爾維亞人戰爭期間，許多阿爾巴尼亞人選擇遠離城鎮與鄉村，避免面對塞爾維亞軍勢力，因為塞爾維亞人喜歡攻擊人口密集的地區。而一九九九年三月的一個早晨，這家人從鄉下地區前往附近的村莊添購日常用品。這一家人中的父親負責駕駛牽引機，其他家人則坐在後方拖車的脆弱木板上。毫無預警地，山丘上發射了一枚火箭推進榴彈，並擊中他們的汽車。男人的十一名家屬無一生還，包括他的妻子、妻子的妹妹、妻子的年邁母親，以及他的八名孩子，年紀最小的孩子還只是襁褓中的嬰兒，年紀最大的孩子則是十四歲的雙胞胎兄弟。

男人費盡力氣爬出牽引機時，火箭推進榴彈的爆炸威力卻造成了拖車與牽引機分離。此時，狙擊槍打中了他的腿。在中彈流血後，他設法爬到樹叢中尋求掩蔽。他用腰帶綁緊傷口以止血。他知道全家人已經死了，決定在此等到寂靜的日落時，再從樹叢回到攻擊現場。他只能絕望地希冀即使狙擊手到時候尚未撤退，也無法在黃昏時清楚看見他的身影。他很清楚，如果他無法取回親人的遺體，屍體就會成為流浪野狗群的食物，而他不能容許這種事情發生。

當他認為可以安全爬出樹叢之後，就開始尋找家人的遺體。除了嬰兒以外，火箭推進榴彈摧毀了所有家人的遺體，彷彿在證明凶手的攻擊何其惡劣，也描述了他無法找回家人屍體的巨大痛苦。他告訴我們，當時他只能找到妻子的遺體右半身和十二歲兒子的遺體下半身。正如我的丈夫曾想過的：一個人的心靈究竟要多麼堅強，才能完成他當時的舉動？他又要從何找到為了最親愛家人所凝聚的勇氣、力量和信念？湯姆設身處地思考之後，認為他無法承受這種悲劇，可能會當場結束自己的生命。我可以理解湯姆的反應，但是那個男人並沒有這樣做。他下定決心，即使自己因中彈流血而愈來愈虛弱，也堅持在光線昏暗的草原中尋找沾滿鮮血的家人遺體，這是多麼驚人的行為。

找到現場所有的家人遺體之後，他從汽車殘骸中找出一把鏟子來挖地埋葬家人。他選了一顆相當特別的樹作為家人的葬身之地，這樣一來，如果他能夠重返舊地，就可以找到家人遺體的位置。在辛苦挖掘數個小時之後，這個倍受折磨的男人，最後的行動就是將尚在襁褓的兒子完整屍身，放在其他家人的破碎屍塊上，再用泥土掩埋，替他們的靈魂祈禱。

一年之後，前南斯拉夫問題國際刑事法庭才將此地列為起訴現場，成為控告斯洛波丹・米洛塞維奇和高層政府官員的案件相關地點。調查人員相信，這起攻擊事件是純粹的種族屠殺，刻意瞄準了一位無辜男子和其家人，並不符合戰爭行為的定義。那位倖免於難的男人，帶著調查官員到埋葬親人的樹下，同意讓他們驗屍。他不只希望自己的家人獲得正義，也希望其他科索沃阿爾巴尼亞人的家人獲得正義。同時，他害怕因為家人的屍塊已經混在一起，他信仰的神或許無法找到家人的靈魂。直到確定家人已經安全無虞地待在神的身邊之前，他無法獲得寧靜，他希望替每個家人立起擁有自己名字的墓碑，神才能找到他們的靈魂，讓他們遠離世間的殘忍。

我並未參加當時的驗屍過程，但我知道自己的團隊即將進行一項重要的任務。我們必須在嚴重受損和腐爛的混合屍塊中，鑑識十一位受害者的身分，其中八位只是孩子，鑑識過程也必須符合國際刑事法庭承認的證據標準，同時倖存者的需要和願望，畢竟他已經失去一切了。

在停屍間，我們以為工作人員會送來十一個屍袋，結果碎裂的屍體部位只能填滿一個半屍袋，這就是男人在事發當天找到且埋葬的所有遺體。遺體已經嚴重腐化，即使特定的軟體組織還在，也早已化為附著在骨頭上的液化團塊。檢驗這些遺體是極其困難且費盡苦心的任務，更別提我們因此而沮喪的心情。由於沒有道理要求所有團隊成員站在停屍間枯等，於是我請大部分的人休息一天，我、停屍間的技術人員、攝影師和X光照相師一起熬夜想辦法。

我們在地板上鋪設了十二張白色毯子——一張毯子代表一位死者，按照倖存者回報的死者年紀開始分類遺體，第十二張毯子則用來放置沒有足夠資訊推測死者身分的遺體。在這個情況下，基因比對也無法提供協助，因為死者全都來自同一個家庭，我們沒有可以比對的參照基因。而即使取得基因樣本，由於遺體一起被埋葬在樹下，已經產生交互污染，成功抽取可靠基因樣本的機率也微乎其微。我們只能採用最老派的解剖身分鑑識方法——此外，由於八位死者還是孩子，在當時，我和路易絲大概是全世界最有經驗處理這個任務的法醫人類學家。雖然我人在科索沃，路易絲在倫敦，但只要我需要她，她就會出現在電話的另一端，讓我獲得無比的信心。

我們開始用X光掃描兩個屍袋，確定遺體中沒有夾雜其他軍械武器碎片。X光的掃描結果令人臉色變得肅穆——混亂的遺體殘骸彷彿成了一大堆可怕而沉重的人體拼圖。我們打開第一個屍袋，躺在最上面的，就是穿著藍色衣服的男嬰。雖然屍體已經開始腐朽，卻依然完整，可以直接放在屬於他自己的白色毯子上，因為我們確定遺體就是六個月大的嬰兒。

我們必須一根又一根取出其他遺體的骨頭，清理附著於上的腐朽軟體組織，鑑識骨頭並評估其年紀，按照每位死者的身分，放在白色毯子上。所幸，我們有辦法將女性死者區別出來；孩童的祖母已經沒有牙齒，骨頭出現嚴重關節炎和骨質疏鬆跡象。鑑識另外兩位年輕的女性死者則較為困難，但年紀較長的女性死者只有右半身遺體，符合倖存者的說法。因此，她很有可能就是這男人的妻子。

如果我們的分析正確，鑑識其他孩童屍體時，每具遺體的年紀都不一樣，只有在分析雙胞胎兄弟的年紀時遇到難關，因為他們的年紀一致。我們找出了十二歲女孩的下半身遺體，相對容易地完成鑑識。更為年幼的孩童遺體，包括三歲、五歲、六歲和八歲等兒童，雖然骨骸數量稀少，但足夠我非常有自信地從一團人類軟體組織中分辨出關鍵的鑑識部位。

現在，每一張白色毯子都有相對應的遺體，只剩下尚未鑑識的雙胞胎遺體。他們的遺體現在只餘兩具殘缺的軀幹，上肢也只剩下上臂而已。我們知道這些遺骸屬於這兩位雙胞胎，因為只有他們的年齡和遺體相符——但我們究竟該如何區分兩人？其中一個軀幹穿著印有米老鼠圖案的背心，於是我們請警官和通譯人員詢問孩子的父親，究竟哪一位孩子死前穿著這件衣服。我們並未特別指名是雙胞胎其中的哪一位，甚至隱瞞了死者的性別。父親回答雙胞胎中的其中一位非常喜歡米老鼠，讓我們能夠暫時區分雙胞胎的身分。

這一天非常漫長，將近十二個小時的連續工作，沒有一刻停歇。到最後，我們竭盡所能地鑑識了所有的屍體部位，十一張代表受害者的白色毯子也都放置了能夠確認身分的關鍵證據。我們請死者父親提供一張按照年齡排序的死者姓名清單，開始把這些令人同情的遺體殘骸放入個別的屍袋。有關當局拒絕讓我們將雙胞胎的屍體以他們各自的名義還給倖存者。我的資深調查警官史帝夫．華茲（Steve Watts）立刻與他們爭論。我們解釋道，沒有任何方法可以比我們的鑑識方式更能確定死者的身分，我們用理性說服當局調查人員，而他們最終也同意讓步。

因此，當我們將每個屍袋還給倖存者時，通譯人員可以告訴他，屍袋中的遺體屬於誰。通譯人員扮演了關鍵的角色，讓當地居民願意接納我們，可說是居功厥偉。他們必須和家屬交談、聆聽他們的訴求、回報我們的調查結果，同時也要極力避免讓家屬承受殘忍的痛苦，在科索沃工作的每一天也都善盡溝通交流的職責。

雖然我曾定下規則，絕對不會牽涉個人情感——否則我無法妥善完成工作——在這個案件中，我認為所有團隊成員都以毫釐之差越過了界線，替雙胞胎的身分鑑識做出必要的舉動。但是當我們在這個案件中處理雙胞胎的問題時，我差一點點就越界了。我們對受害者的身分鑑識產生了特殊的聯繫感與責任心，也許部分是因為這個案件的受害者大多是孩子，另一部分則是因為他們的父親在已經面對如此巨大的痛苦之後，還能再度用偉大的勇氣和堅定的尊嚴承受所有的折磨。這是我們能夠提供最微小的撫慰，除此之外，我們也非常清楚，再怎麼精細的科學鑑定也都無法提升鑑識意見的準確度了。

即便如此，我們依然必須經由通譯人員，溫柔但誠實地向死者父親說明情況，為什麼屍袋並未裝滿？為什麼第十二個屍袋又會裝著混合的遺體殘肢？死者父親展現無比的通情達理，再用宛如來自另一個世界的冷靜理解，接受我們的說明。那是極其撼動我們情緒的一天，令我們身心俱疲。他向所有團隊成員握手表達感謝，我們發現自己難以理解他怎麼有辦法傳遞自己的感激。但是正如祖母所說，命運的安排從來不是為了配合人類的方便。

我們無法讓死者父親得到整齊放入死者遺體的十一個屍袋，也無法讓他知道我們成功地完成使命這點，讓我們的心情十分沈重。但是，這次任務的主旨並不是人道救援，而是戰爭罪的法醫調查程序。如果我們動搖了，為了「整齊」或「撫慰家屬」的理由而恣意分派遺體歸屬，我們就是執業不當的罪人。我們必須確認，倘若未來重新檢驗這些人體跡證，我們放入各個屍袋的遺體，就是正確屬於該名死者的骸骨。

倘若不是因為撰寫教科書而對青少年的骨骼發育知識有著深刻的了解，我們當時就無法完成這份工作。那一天，我將自己和路易絲十年來的書寫知識充分發揮於實務工作中，也因此明白了為什麼教科書是我們必須承擔的重要課題。雖然在科索沃工作的人是我，但路易絲時時刻刻都在我的腦海中，我反覆確認資訊、撰寫筆記並彙整清單時，她也在腦中不斷提醒我注意細節。完成最後的鑑識之前，我已經竭盡所能地確認了所有環節，並對此感到非常滿意。

我們在科索沃的任務是雖然責任重大，但非常有意義。我剛好負責處理這個案子的機率又有多少？或許，祖母的態度是正確的：萬事萬物的道理從來不是純粹機率，所有的安排——我任職於聖湯馬斯醫院、與路易絲共事，並且合力撰寫教科書——都是為了這一刻才發生的。除此之外，我們的書或許也可以在未來，幫助另一個人在另一個惡劣狀況中撫慰其他人。我確實相信，即使我們以後再也不需要這些知識，光是二〇〇〇年在科索沃首都普利斯提納（Pristina）的重要身分鑑識成果就已經足夠了。每一次當我翻閱教科書，看見肩胛骨的圖片時，都會想起那些孩子的父親，而這本教科書在我心中永遠都是這次事件的最大功臣。

◈

法醫人類學家最常被問的其中一個問題，就是我們如何適應自己必須目睹的一切和作為。我常以笑話回應，說自己必須酗酒或者用藥，但真相是我一生不曾使用非法藥物，雖然偶爾小酌幾杯，卻不會酗酒來逃避這一切。我是否曾在夜裡驚醒？是否難以入眠？工作時見到的畫面是否在腦海裡揮之不去？上述所有問題的答案都是非常枯燥無聊的「不」。面對媒體詢問時，我早已準備好各種解釋，說明為什麼我必須保持專業中立、專注於證據，而不是從個人或情感層面去理解事件等等。但老實說，死者從來不曾讓我感到害怕。我只害怕活人，相較之下，死者更容易預測也更樂於配合。

近日，一位不同領域的同事用充滿質疑的語氣告訴我：「妳談論這些事情時非常輕鬆，就像在泡茶一樣。但對我們來說，這些事物卻是非比尋常。」但是，甲之蜜糖，乙之砒霜，世事不就是這樣嗎？或許，法醫人類學家就是現代世界的食罪者[1]，專門處理令人不悅且無法想像的艱困任務，好讓其他人不必面對。但這並不代表我們沒有弱點。

每位法醫人類學家都會害怕——畢竟，害怕是人類最原始的情緒——也會畏懼某些事物。在職業生涯中，我也曾經數度面對自己唯一真正害怕的恐懼。我自孩童時期以來，就已經和這份恐懼共處，儘管竭盡所能地去適應，卻從未克服。唯有接納自己的焦慮和缺點，率直面對恐懼，才能真正的認識自我。我的恐懼就是荒唐可笑地害怕齧齒動物。我害怕所有的齧齒動物：小老鼠、大老鼠、倉鼠、沙鼠、水豚（南美無尾大水鼠），所有種類都怕。

不久前，本地一間慈善單位送給鄧迪大學解剖學系一個聖誕節禮物：他們贊助了一隻大老鼠，名字叫做契瓦（沒錯，牠還有名字）。牠是一隻三英磅重的非洲巨鼠，專長是嗅出肺結核。他是一隻老鼠英雄，拯救了超過四十條人命。沒錯，我很佩服、我真的非常佩服，但

1　譯註：Sin-Eater，指英格蘭、蘇格蘭與威爾斯地區民俗信仰而產生的特殊職業。他們在葬禮中，藉由宗教儀式，洗淨死者的罪。食罪者通常是社會底層的窮人或無家可歸的遊民，在葬禮上吃喝，家屬甚至支付小費。民眾相信，這種方式可以讓食罪者承擔死者的罪行，讓死者安息。歷史上最後一個明文記載的食罪者在一九〇六年過世。至此之後，英國地區並未有正式的食罪者紀錄。

無論他多值得我尊重或喜愛，很抱歉，我沒辦法——因為他是一隻大老鼠！

法醫人類學家有這種恐懼症聽起來可能很奇怪，因為我們每天都要面對令人反胃的屍體、遺骸部位及腐爛物質，卻擁有如此不理性的老鼠恐懼症。我同意，但請務必理解，上述說法並無法慰藉我的恐懼，更難以減少囓齒動物的可怕程度。囓齒動物恐懼症是我一生需要不斷面對的難題，從許多層面而言，我認為這項恐懼甚至幫助了我踏上這條職業道路。

這一切起源於蘇格蘭西岸充滿田園風光的洛赫卡倫（Loch Carron）海岸，我的父母當時在斯特羅姆費里（Stormeferry）經營一間飯店，直到我十一歲之後才搬回因佛內斯。某個夏季，清潔工（在蘇格蘭，清潔工稱為scaffies）發動罷工示威，黑色垃圾袋堆積在飯店後方。盛夏時節，不必過太久，擁有三十間客房的飯店空氣中開始充滿酸臭氣味，毛茸茸的囓齒動物很快就找到免費的腐敗食物來源。我記得很清楚，我當時才九歲，在一個陽光明媚的下午與父親走到飯店後方，他平靜地要求我拿起靠在牆上的掃把，我毫無猶豫地立刻照做。

我的父親總是信誓旦旦地發誓以下事情並未發生，但請相信我，這是真人真事——我知道真相，因為在這次事件後，可怕的回憶揮之不去，只要我不得不面對囓齒動物，就會想到當時的情景。當時，父親看見了一隻大老鼠，他將那隻老鼠趕到牆角。我看到那隻老鼠的體型龐大，因而感到十分害怕。老鼠受到驚嚇，挺起身體準備戰鬥；每當我閉上眼睛，依然可以看到發亮的紅色雙眼、裸露的黃色牙齒，以及急速擺動的尾巴；我向天發誓，我真的聽到了老鼠咆哮的聲音。因為太過害怕，我只能目瞪口呆地看著牠四處逃竄，我的父親親手打死牠，我卻擔心牠跳到我身上咬我。父親兇狠地毆打老鼠，直到水泥地被牠的鮮血染紅，牠才終於停止抽搐。我完全不記得父親撿起老鼠的屍體丟到垃圾堆，或許是因為我承受了過多刺激。我再也不曾獨自走到飯店後方，自此以後，我也開始懷有一種不健康的深層恐懼，討厭所有的囓齒動物。

回到因佛內斯的郊區生活之後，我的囓齒動物恐懼症依然是一個問題。我們的屋子非常古老，以磚瓦砌成牆壁，被一條小溪和原野夾在中間，這代表冬天時，所有可怕的爬行小怪物都會從冷風中進入我們溫暖的屋子，想要掠奪食物。我會在夜裡跳上床，擔心大老鼠從床下抓住我的腳踝。我躺在床上時，還能聽見牠們在屋簷上蹦蹦跳跳。可能突然之間，其中一隻踩錯腳步，摔落在屋頂隔層空間中，開始急促奔跑。我深信那隻老鼠會衝進我的房間，因此連忙將毛毯拉至耳旁，把自己全身連頭捲起，這樣那些畜生就沒有辦法侵襲我了。

我總是在夜裡摸黑著從臥室走向洗手間。有個夜晚，當我輕輕踩上樓梯，腳卻突然碰到一隻移動中的毛茸茸生物，還對著我尖叫，你可以想像我有多害怕。我嚇死了，往後的數個月之中，無論如何緊迫地感到內急，我也不曾在夜裡離開臥室。

求學時，我在動物學課程中再度碰上老鼠；這一次是一整桶必須解剖的死老鼠。我可以解剖世上任何生物，但沒有任何理由足以說服我自願觸碰老鼠的屍體，更別提從桶子裡拿出一隻。我請解剖課的同學葛拉漢替我挑選一隻老鼠，將屍體黏在蠟板上，用紙巾蓋住牠的頭部及噁心的尖銳牙齒，再用另外一張紙巾遮住牠的尾巴，因為我連牠的尾巴都無法直視。這樣做之後，我才終於可以用解剖刀切開牠的胸腔和腹部，從體內取出肝臟、胃或腎臟。

丟棄屍體時，葛拉漢也必須替我從蠟板抓起老鼠，丟入桶子（他真是一位好朋友）。不必多說，我絕對不可能成為動物學家或任何以動物實驗為主的研究人員。正如我在本書稍早回顧的，在選擇大學優等研究計畫主題時，我投入人體鑑識領域的原因就是避免日後需要處理囓齒動物。

在聖湯馬斯醫院工作的期間，囓齒動物恐懼症對我來說依然是個無可避免的問題，因為這間醫院位於泰晤士河南岸。第一天走進辦公室，當我看見所有辦公室的牆邊都放置了捕鼠陷阱和裝著毒鼠藥的小碗時，就知道此處可能不太適合我。總有一天，我會在這裡無可避免地和這種毛茸茸的生物來一次近距離接觸。而這正發生在某一天早上，當我抵達辦公室後，走向靠窗的桌子，看見一隻可怕的囓齒動物屍體躺在地板正中央。事實上，牠可能只有四英寸長，但我感覺牠跟契瓦一樣大隻。

我立刻致電給技術員約翰，在電話中對他尖叫，請他立刻到我的辦公室幫忙。他飛奔上樓，顯然以為我遭受到攻擊，卻發現我坐在桌子上，全身發抖、淚流滿面。我指著死老鼠，解釋著自己無法跨過牠離開辦公室。牠讓我有如囚犯般地被困在這兒。他大可以嘲笑我的荒唐，但他是個體貼的人，只是安靜地將老鼠屍體帶走，之後也從未向我提起此事，或是跟任何人透漏隻字片語。事實上，我認為他定期巡視我的辦公室，因為那之後我再也不曾在辦公室看見老鼠。雖然我自己也覺得我的反應荒謬可笑，但這種恐懼症已經根深蒂固。

後來，還有我在科索沃的歷險。位於塞希的臨時停屍間原本是一座穀倉，也就是吸引齧齒動物的大磁鐵——這裡藏了很多、很多老鼠。每天早上，我必須好聲好氣地請求荷蘭軍隊的安全人員替我打開大門，進入建築物中製造大量噪音，驅趕所有的齧齒動物。一想到牠們還待在停屍間中，就讓我受不了。我彷彿聽見那些可怕的生物在水管裡爬行，發出尖銳的聲音，抱怨人類打擾牠們的生活。荷蘭軍人對我很友善，從未抱怨此事。或許，看到我為了工作所做的準備，他們就知道我並非瘋子也不是膽小鬼，雖然我的恐懼不合邏輯，卻是真實存在的。

我最可怕的經驗發生在普利斯提納北方的波杜耶沃（Podujevo）。據說在一九九九年初，塞爾維亞的議會軍隊組織「天蠍」殺害了十四名科索沃阿爾巴尼亞人，多數死者為女性和小孩。根據情報指出，死者的屍體被埋葬在當地的肉店下方。這是一種常見的手法，只要凶手將屍體藏在牛馬屍體下方，當我們挖掘時，發現非人類的屍體時，就會假設此地只埋葬動物，而不會繼續深入追查。

我們開始挖掘肉店的那天，氣候炎熱難耐。我們使用的是挖掘機，一寸一寸緩慢清除表層土壤，負責觀察挖掘過程的人員如果發現異狀，就會立刻停止機器運轉。我站在新挖的坑洞旁，於後車廂的陰影中等待，卻聽見一陣騷動。我走向洞口想一探究竟，一位士兵緊急呼喊我的名字，阻止我繼續前進。士兵在成功吸引我的注意和視線之後，指著我大喊：「待在這兒，不要看！」而我也聽從了他的指示。

原來，挖掘機發現了我們原先預期的馬匹屍體，但在挖掘過程中打擾了土壤中以馬屍為食物的老鼠洞穴。當挖掘機撞擊鼠穴時，鼠群為了保住小命而狂亂逃竄，擺脫眼前的危機。當老鼠完全消失之後，士兵面帶微笑地同意讓我繼續前進。「好了，女孩，妳可以進去了。」沒錯，洞裡臭死了；沒錯，我也忙於處理馬屍造成的血跡。但這兒沒有老鼠，我快樂似神仙。

這些士兵非常照顧我和我的感受——如果有需要，我可以毫無疑慮地表達自己如同小女孩般的一面——但他們也不曾過度寵溺我，而我為此非常尊敬他們。事實上，「寵溺」是我們團隊最欠缺的資源。雖然我知道馬味香水絕對不會成為百貨專櫃的暢銷商品，但我聞過最臭的氣味還是坑洞中的味道。每到午餐時間，我都會有禮卻堅決地要求自行用餐；老天，這種臭味簡直可以熏死人。

◈

考慮到我們工作的極端性質及科索沃的生活環境，每個人的恐懼或弱點，難免偶爾會出現。如果我們無法面對眼前的狀況，也沒有關係，最重要的是我們彼此照應。

接觸大規模傷亡事件或泯滅人性的罪行，必定會對你的生命產生無可抹滅的影響。我和暢銷犯罪小說家薇兒．麥克德米（Val McDermid）一起參加過許多公開活動，也結為好友。薇兒是一位觀察入微的聰明女性。她告訴我，在這種公開活動中，若我表現得肆無忌憚，觀眾反而會不禁莞爾，甚至哄堂大笑。當我們開始討論科索沃之後，她察覺到有一層隔閡將我和她拉開了距離。她說，我的聲音流露出一股沉思，周圍的氣氛也沾染悲傷的氣息。我雖沒有察覺過這點，但也不意外。

我猜想，這是為了保持洞察力而產生的潛意識反應。刻意地區分理性和感性是一種認知抉擇，可以經由自行訓練獲得。我不認為自己是冷血無情，但我覺得自己頭腦冷靜。只要有需要，我會變得很堅強，特別是在工作時，我必須打開一扇想像的門，進入一間抽離的臨床研究室，將內心反應和情緒投入降至最低限度。倘若法醫專家放縱自己沉溺在人類的巨大痛苦和眼前的可怖景象之中，就會變成毫無用武之地的科學家。我們不可以承擔死者的痛苦，這不是我們的工作，如果我們不盡本分，就無法幫助任何人。

美國演員兼溝通科學倡議者亞倫．艾達（Alan Aida）曾說，有時候，偉大就差臨門一腳，而我們必須有意識地跨越門檻，在心中想像自己從一個世界進到了另一個世界之中。那裡或許潛藏著幾個獨立的空間——我將它們稱之為「房間」——而我非常熟悉每一個房間的性質，甚至可以按照當天的工作內容自動切換。

處理腐朽的人體遺體時，我會進入無法聞到氣味的「房間」；面對謀殺、肢解或創傷事件，我一整都會天待在冷靜安全的柔和房間；檢驗孩童受虐證據時，我將自己帶往缺乏感官聯繫的房間的一角，才不會讓自己看見、聽到但無法理解的駭人事件轉化成自身生活經歷。進入每個小房間時，我努力成為不受影響的觀察者，儘管積極應用科學訓練，卻不會變成內心敏感的參與者；這幾乎可說是一種自動反射模式。真正的我被留在小房間之外，獲得保護，遠離工作對內心深處造成的感官轟炸。

檢驗、記錄、提出意見，完成工作之後，我會打開房門，再度跨過門檻、鎖上大門、回到平凡的生活。我回到家後繼續做我自己——擔任母親、祖母、妻子、以及正常人的身分——可以坐著觀看電影、外出購物、在花園播種，或者烘焙蛋糕。最重要的是，我必須確保心裡的那扇房門緊閉，不讓任何人撥弄我的心情，也不允許公私生活相互混雜。它們必須保持徹底分離，並且受到周延保護。

只有我知道門鎖的密碼；只有我知道小盒子裡的祕密以及潛藏其中的惡魔，它們都在我工作時悄悄窺探。當我身處法醫世界時，我可以自在地與這些經驗共存；但當我離開那個世界時，就必須將它們重重深鎖。我從來就不希望將它們釋放出來，也不認為自己必須「處理」它們或尋求心理諮商協助。我不會將它們訴諸筆墨，或用任何方式記錄它們；這一切只會停留在我的法醫筆記中。在某些情況下，我受限於保密條款，但即使我並未受到限制，我認為自己依然有責任保護他人的弱點，無論他們是生是死，都不能透露他們的祕密。我曾親眼目睹或親手完成的某些行為，並不必要、也不應該讓我的家人和朋友知道。本書的所有內容已經是公開資訊，但我並未透露的故事，將繼續被關在屬於它們的盒子中。

這麼做同時也是為了保護我自己。在法醫世界中，我們不得不去提防潘朵拉之盒崩毀的可能性。如果房門沒關好，某個人不請自來、暗自窺探，盒子內的某些惡魔、甚至全部的惡魔都有可能逃走。幸運的是，迄今為止我依然能成功區分現實和法醫世界的差別。如果有朝一日這兩個世界互相衝擊，使我成為創傷後壓力症候群的受害者，我就會立刻辭職，因為我知道自己再也無法擔任客觀中立的觀察者。

我們必須尊重法醫工作對自己造成的潛在影響，不能低估臨床症狀的可怕本質，這樣的影響可能突然之間會毫無預兆地顯現，而我們也不該認為自己對此免疫。或大或小的意外事件都足以觸動我們的反應，沒有人可以事先預見。我曾經親眼目睹創傷後壓力症候群在同仁身上造成極為嚴重的破壞效果，他們無法擺脫自己經歷的痛苦，再也不能工作，甚至摧毀了他們的生活、情感關係和職業生涯。我們需要定期注意自己的精神健康，以保持良好狀態，同時也必須保持警戒，防範深鎖在內心的惡魔。但即使其中一、兩個惡魔逃脫了，它們造成的浩劫，也絕對不該僅歸咎於法醫工作者本人的軟弱。

因為我相信自己不必害怕死亡本身，所以在我看來，所有潛伏的惡魔都與生者的犯罪行為有關。過去僅有一次經驗，讓我感覺法醫工作威脅到了自己的私生活，而觸發點可能是人類對其他人犯下的惡行在我的潛意識中留下的可怕印象，而不是死者的鬼魂。

這件事情發生在一位男孩邀請我的小女兒安娜參加學校舞會的時候。安娜漂漂亮亮的穿著禮服、梳著成熟的髮型。湯姆和我都出席了這場盛大的宴會，加入家長監護團，確保孩子的行為得宜，沒有暗中飲用酒精飲料，會場內唯一冒煙的物品只有烤肉爐。舞會期間的某個時刻，當我眼光掃過舞池尋找安娜的身影時，卻發現她正在與一名我不認識的中年男子跳舞。這間學校很小，我以為自己認識所有人，但沒有人可以告訴我他究竟是誰。

我感覺自己的心跳加快、壓力高漲，臉色開始泛紅。我用盡了所有的意志力才阻止自己衝進舞池、質問那個男人是誰，為什麼跟我的女兒跳舞。我強迫自己留在舞池邊緣，監視他的每一個舞步。當他與安娜跳著旋轉的華爾茲時，我注意著那個男人雙手擺放的位置，也觀察兩人跳舞的距離，仔細檢查他與安娜的肢體互動，他們有說有笑。那名可憐的男人從未踏錯腳步（或者手擺錯位置），卻依然無法阻止我腦海中的警鈴響起。

在我明白自己過度反應，甚至不符合我平常的性格後，我慢慢恢復冷靜，開始回歸平常的理性思考，但心跳速度依然不聽使喚。我告訴自己，我們參加的是一場有秩序的學校活動，家長和教師都在舞會現場，我與女兒之間只有幾公尺的距離，安娜也沒有任何身陷危險的跡象。但是這些想法無法阻止我在舞會結束之後，盡可能地以平常心詢問安娜是否開心，還有，方才與她跳舞的男人是誰？原來是邀請她參加舞會的男孩的父親。我覺得自己相當不理智，但依然非常不安。

這就是創傷後壓力症候群的感受嗎？我不知道，但我體驗到了過去不曾有的威脅和恐懼感，幸運的是，無論是過去或未來，這種事不曾再發生在我身上。你可以認為這是母親過度保護女兒而產生的正常心情，但我非常清楚自己當時情緒不佳，那也不是我平常會有的反應。那是相當瘋狂的一刻，但我身陷其中後還能立刻看清真相的事實，反而讓我覺得安心，倘若有一天我真的受到創傷後壓力症候群的侵襲，也可以立刻察覺。

在那個星期之間，我們處理了四起戀童癖鑑識案件，這或許可以解釋我的異常反應。雖然我們的工作多半是面對死者，但法醫人類學的範疇現在已經延伸至鑑識生者身分。我在鄧迪大學的團隊提供了創新研究成果，在國內外協助處理兒童性侵案件。之所以進行這項研究，是為了解決我們曾經手的一個特殊案件中所面臨的問題。

研究身分鑑識的動機通常來自於調查中遇到的問題，而這也是令我們興奮不已的機會，因為我們或許能在相當偶然的情況下，找到尚未問世的嶄新領域。由於身分辨識的許多早期方法已經廣泛應用超過一個世紀，新興研究成果的出現不僅相當罕見，也非常神奇；其中，最重要的例子就是基因剖繪。基因剖繪是由萊斯特大學的亞歷克・傑佛瑞爵士創造且發展的方法，最後不僅成為了全球法醫的標準程序，也永久改變了我們的工作領域。其影響重大到甚至讓我們忘記，直到一九八〇年代為止，教科書根本都尚未開始討論基因分析。

就我個人而言，當警方聯絡上我們，並請我們協助處理一件複雜案件時，一條嶄新的道路就這樣開啟了。雖然我們使用的方法和基礎原則都是既有的，卻找到了創新的應用方式。有時候，我們的社會環境必須先有改變，才能重拾某種失落的藝術，或者讓特定的行事方法成為「當代熱門」。而這正是法醫領域中經歷的改變。

二〇〇六年，曾一起在科索沃工作的倫敦警察廳攝影技術組組長尼克・馬許（Nick Marsh）找上了我。他手下的某個案件十分棘手，希望我可以幫忙。倫敦警察廳當時正在調查一位女兒起訴父親性侵自己的案件。他們手上握有一些照片，雖然覺得可能有用，卻不知道如何從中獲取證據——坦白說，我們也不清楚。

女孩指控父親半夜進入她的臥室，趁她熟睡時以不合宜的方式觸碰她。她將此事告知母親，但母親不願相信她，甚至指責她只是為了獲取關注而說謊抱怨。但是，這位聰明勇敢的年輕女孩決定證明自己所言屬實。她在電腦上安裝了攝影機，拍攝深夜的情景。清晨四點三十分，攝影機拍攝到一位成年男子的右手和前臂，他進入房間騷擾躺在床上的女孩——就如同女孩的描述一樣。

在黑夜中，攝影機切換至紅外線模式拍攝出黑白的影像。用這種方式記錄活人身體影像時，淺靜脈的去氧血液吸收近紅外線，侵入者的靜脈血管就會呈現清楚的輪廓，彷彿一張以黑色緯線繪製的地圖。警方想問我們的問題是：我們是否能夠藉由前臂和手背靜脈的輪廓，辨識一個人的身分？我們現在當然不知道如何處理，但我們可以思考，透過探索過去的研究結果，試著找出解答。

市面上人體構造變異的相關著作可說是汗牛充棟，這個領域在醫學、外科和牙醫學都有重要地位，其價值也可以轉移至法醫領域的身分鑑識。一五四三年時，安德雷亞斯・維薩里已經知道，靜脈在人體末端的位置和分佈模式相當多變，特定的上半肢靜脈血管在介於肘前窩（antecubital fossa）和手指之間的位置因人而異，無法確切定位。在三百五十年後，即將進入二十世紀之際，帕瓦多大學（Padua University）的法醫學教授亞瑞戈・塔馬西亞（Arrigo Tamassia）主張，世上沒有任何人的靜脈分佈方式與另外一個人完全相同。

塔馬西亞對貝蒂榮（Bertillon）人體測量系統持批判態度，當時此種記錄罪犯生理特徵和長相的方法正開始盛行。貝蒂榮測量法和指紋採樣法，主導了當時的犯罪科學調查世界。由於靜脈分佈無法假造、不會隨著年齡改變，更無法摧毀，塔馬西亞認為靜脈分析可以作為鑑識罪犯身分的方法。由於指紋分析需要漫長的訓練時間，而靜脈分析只有六種基礎模式與各種次級變化，經由照片或紙筆繪製就能進行觀察，因此塔馬西亞主張，靜脈分析檢驗是更容易進行鑑識的執法工具。

塔馬西亞的新技術很快就被美國人接受了。一九〇九年的《維多利亞殖民地報導》（*Victoria Colonist*）、隔年的《紐約時報》和《美國科學》（*Scientific American*），都將塔馬西亞的技術譽為革命性的發展。

塔馬西亞相當武斷地將靜脈血管描述為「無法造假、不可摧毀、不能消除」，或許有些魯莽，因為他的觀念旋即成為亞瑟·瑞夫（Arthur B. Reeve）犯罪小說中的不朽名言。瑞夫創作了一系列以克雷格·甘迺迪教授為主角的偵探故事，有些人認為甘迺迪是美國版的福爾摩斯。在一九一一年的作品《毒筆》（*The Poisoned Pen*）中，甘迺迪與犯人正面對質，說道：「你可能不清楚這個事實，但人類手背的靜脈分佈都是獨特的——無法造假、不可摧毀，也不能消除，就像指紋和耳朵的形狀。」

不知道為什麼，科學界不再厚愛靜脈分析，這項方法的光芒也隨之消逝。正如所有絕佳的觀念，靜脈分析並未死去、只是沉眠，等待著機會與正確的時間來臨，才能從冬眠中甦醒。一九八〇年代初期，英格蘭的自動機械控制工程師喬·萊斯（Joe Rice）相信自己發明了靜脈鑑識系統。但發明人當然不是他，因為維薩里和塔馬西亞早已首開先河。但是，萊斯確實發明了應用紅外線科技的血管生物鑑識條碼讀取機，能夠儲存他自己的手背靜脈分佈圖，而這當然也可以應用至其他人身上。萊斯之所以想出這個概念，是因為他的銀行卡片遭竊，導致身分被冒用，才發展出一套他宣稱比密碼更安全的新身分鑑識方法。

萊斯替自己的靜脈讀取機申請了專利，但這個世界依然熱愛指紋鑑識，於是萊斯的發明就像塔馬西亞的理論一樣，遭到棄置不用。到了二〇〇〇年千禧年之後，生物鑑識與保全成為蓬勃發展的產業。這時萊斯的專利已經過期，日立和富士通公司推出新的保全產品，使用靜脈生物鑑識，公開讚揚靜脈分佈圖是最穩定、最易區分也最準確的生物鑑識特徵。現代的安全專家也認為血管分佈辨識（vascular pattern recognition）是非常有價值的生物鑑識基礎。他們說，因為靜脈血管無法摧毀、無法模仿，也不會隨著年紀而改變。歷史總是異曲同工，很有趣吧？

若想要將靜脈分佈圖作為身分鑑識的基礎，就必須先將之記錄並儲存在資料庫中。當一個人將手掌放入紅外線掃描機，機器就會立刻記錄他（她）的手背靜脈，再比對資料庫中的所有分佈圖資料，找出其身分。由於手部通常都暴露在外，使用紅外線比對較不會引發健康疑慮，而相較於身體其他部位，露出手部也較無文化禁忌問題且更為方便。

若想觀察人體靜脈分佈的多樣性，只要觀察自己左手手背，比對自己的右手手背，再和其他人相互比較。倘若你的手掌體毛較多，或者較為豐腴，觀察手腕內側或許更能清楚地看見血管分佈。所有人的血管分佈都不一樣，即使同卵雙胞胎也不例外，因為血管在人類出生前就已經形成固定的分佈方式，讓我們變得獨一無二。在胚胎中，一小「團」獨立的血液細胞會逐漸形成血管，當心臟開始收縮和舒張，血液細胞團就會隨之融合，成為動脈和靜脈。動脈的位置和分佈方式較為一致；靜脈則相當多變，與心臟的距離愈遠，變化程度愈高。因此，維薩里觀察靜脈分佈時，才會發現手掌和腳掌的變化程度高於腿部和手臂。

到了二〇〇六年，我們已經可以享受維薩里（人體樣本的結構）、塔馬西亞（法醫調查），以及萊斯、日立與富士通生物鑑識科技所累積起來的成果。但我們能不能將上述成果轉化為答案，處理警方調查性侵案件的問題呢？

我們現在欠缺的是一個機會，將「從照片、圖片上擷取的靜脈分佈圖」與「資料庫儲存的靜脈分佈圖」進行數學演算法比對。我們必須比較女孩電腦攝影機拍攝的圖片以及遭拘留父親的手臂與手掌照片。因此，我們的方法比較接近塔馬西亞本人的手法，而不是其後繼者的方法。如果靜脈分佈比對結果不吻合，我們就能確認兩張圖片的手臂和手掌分屬於不同人，排除父親涉案的可能性。但倘若分佈圖案吻合，我們也無法以相同的肯定程度，確認兩張圖片中的男人就是同一個人，因為我們沒有足夠的資訊完成統計推斷，不能確認人類的靜脈分佈差異程度，也無法確定兩人的靜脈分佈是否完全吻合。我們不能直接詢問維薩里，畢竟他已經在五百年前過世，塔馬西亞則在一百年前就已死亡。因此，我們的鑑識結果只能確認父親是否涉案。我思忖著，不知道維薩里或塔馬西亞有沒有答案。有時候，我認為我們集體遺忘的結構知識，其實遠遠多過於我們所記得的。

在法醫科學的領域中，我們絕對不能高估某項技術的能力。我們的職責不是決定一個人無辜或有罪，而是不帶情感地檢驗證據、坦承表達自己的專業意見、仰賴法醫研究方法和檢驗結果，並建立精準和可重複操作的流程，這才是我們的使命與責任。

比對了電腦攝影機拍攝的侵犯者右手靜脈分佈圖與女孩生父的右手靜脈分佈圖之後，我們帶著分析結果和專家意見出席法庭，雖然可能毫無幫助。這是英國法庭審判中第一次出現這種證據，法官和法學團隊開始討論是否能夠採信。法官要求陪審團成員離席，才能進行預先審查（*voir dire*）——預先審查是指法官或律師評估是否應該接受證據有效。最後，法官認為，由於靜脈分佈分析是基於確實存在的人體結構知識進行判斷，在生物鑑識產業中也已有先例（雖然程度有限），因此同意接納證據，繼續進行審判，而我們也在法庭提出手上的證據結果。可以理解的是，辨方團隊因此提出相當猛烈的交互詰問，但我們還是成功回答了所有問題。

陪審團判決女孩的生父無罪，這令我們相當驚訝。試想一下，一個手掌和手臂淺靜脈分佈與女孩父親極為相似的人，在凌晨四點三十分出現於女孩房間的機率，究竟有多高？但我們只是專家證人，沒有資格說服陪審團或質疑他們的想法。陪審團才是事實審理者，在法官的引導下完成最後的審判決定。

我們能做的，就是詢問辯護律師，她是否認為科學研究成果或我傳遞的科學知識有任何問題。我們也確實問了。或許，我並沒有清楚地將所有資訊確實地傳遞給陪審團？結果相當詭異，律師認為陪審團並未將我們提出的證據當成做出判決的重要關鍵。就她的印象來看，陪審團只是不相信那名女孩。陪審團可能認為那女孩的態度不像遭到性侵，因此女孩的行為舉止在他們心中種下猜疑，導致陪審團不相信她說的是真話。因此，被告得以無罪開釋、自由生活，與控告他性侵的女孩住在同一屋簷下。

我永遠不會知道那女孩後來怎麼樣了，但時至今日，我依然擔心自己當初是否做得不夠多。我們只有一個方法可以提升證據的可信度以及證據在案件中的重要程度，那就是增加科學檢驗的穩定度和正當性，而這也是我們現在的目標。塔馬西亞的研究成果顯然還有值得借鏡之處，我們希望將它應用至現代世界的兒童猥褻圖片分析（indecent images of children；IIOC）。

拍攝並分享兒童猥褻圖片是千禧年後快速蔓延的一種犯罪，也是背叛孩童對成人信任的野蠻行為。我們決定追隨維薩里和塔馬西亞的腳步，開始研究人類手背的靜脈結構，因為加害者經常在照片中拍到自己的手背。在因緣際會下，鄧迪大學也於二〇〇七年至二〇〇九年間為警方進行災難受害者身分鑑識訓練課程，讓五百五十名警官進入校園。我們詢問他們是否願意協助我們建立一座資料庫，調查人體手背靜脈結構的變化，所有警官都欣然同意。

我們不只觀察靜脈分佈，也開始考慮傷疤、痔的分佈、雀斑，以及手指關節周圍增生的皮膚——所有被視為「軟性」生物鑑識的項目。藉由整合分析結論，我們發現這些各自獨立的變項非常有助於準確鑑識個人身分。我們用紅外線和肉眼光線拍攝所有警官的手掌、前臂、上臂、腳掌、小腿和大腿，創造獨特的「基準真相」（ground truth）資料庫。事實證明，這個資料庫非常有價值，證明我們的研究確實有效。

我們申請經費補助，完成研究並撰寫論文，協助警方完成超過一百件兒童性侵案件的調查，排除誤遭指控的無辜人士，或提供檢方起訴證據。我們與絕大部分的英國警隊有合作，也與歐洲各地的警察單位共事，範圍甚至遠達澳洲和美國。當警方將案子交給我們調查時，通常已經有了明確的嫌疑對象，也通常握有充分的證據能協助檢察官起訴。然而，被告通常都不會認罪，或者會在律師建議下，於審訊時表示「無可奉告」。而我們接手處理的案件中，有百分之八十二的被告在看見科學研究團隊提出的額外資訊之後，都會決定認罪。

這是非常重要的進展，因為這代表了不必進行完整的法庭審判程序，不但能夠節省大量公帑支出，受害者也不需要在法庭上提出證據，指控可能是他（她）的父親、母親的男友、或者熟人的加害者。在這些案件中，法院一共判處了數百年的刑期，甚至是無期徒刑，而能夠在此其中略盡棉薄之力，讓我們感到非常自豪。而我認為無期徒刑的犯人犯下的罪行最令人髮指，他們攻擊了人類社會最珍貴的寶物，也就是我們的孩子；沒有任何人有權偷走孩童的純真童年。

我們所完成的這些成就，絕大部分都得歸功於人體解剖學，在這門學問中，死者真的能繼續教導生者——不僅是供我們使用的死者遺體，維薩里和塔馬西亞傳承下來的研究成果也讓我們受益匪淺。

第十三章

最佳解

我必須承認，我學習並且教導解剖的根源不是書本，
而是解剖屍體；不是哲學家的教條，而是大自然的紋理。

——威廉·哈維（William Harvey）
出自一六二八年出版的《心血運動論》（*De Motu Cordis*）

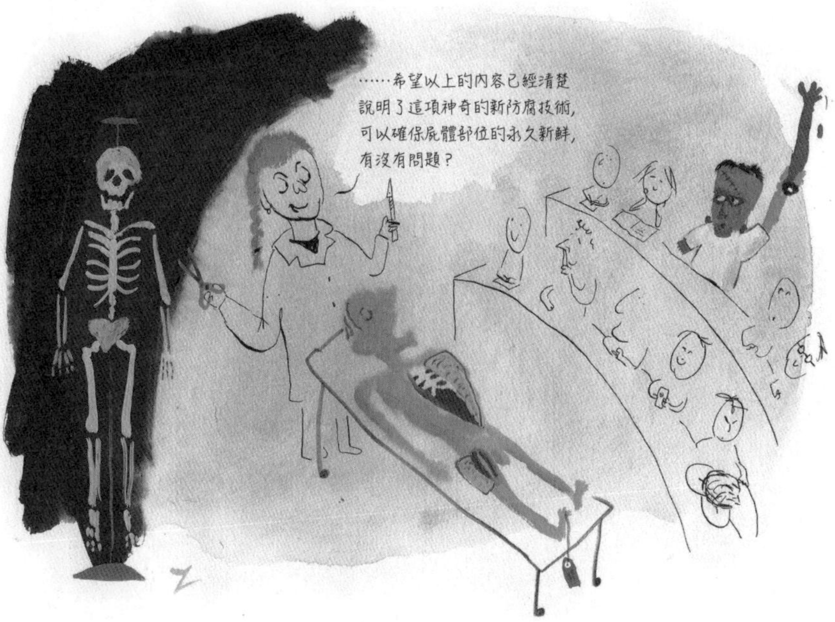

捐贈給「百萬停屍間」（Million for a Morgue）活動的漫畫。

死者的屍體在前往最後安息地之前，必須先在某處稍作停留，而將遺體捐贈給鄧迪大學解剖學系的人，選擇了一間平靜的等候室，這裡所有人都在乎他們。解剖學系的許多同仁為了表達自己對工作的信念，也簽署了捐贈表格，等到他們的時候到了——我們希望是在享受長久快樂的退休生活之後——他們就會回到工作崗位，重新成為「教師」。這種方法可以讓他們繼續參與解剖學，將生前的工作，也變成死後的職責。

有些人或許認為，我們在充滿死亡的領域工作，非常可怕病態，但實情絕非如此。我們的遺體捐贈者通常具備著絕佳的幽默感，一位老先生被「像妳這樣的年輕蘇格蘭姑娘，依然渴望得到我的老邁身體」的笑話逗笑的情況，也絕非罕見。許多捐贈者強烈地相信，他們的遺體應該用於更有價值的地方。請容我分享泰莎．鄧路普（Tessa Dunlop）的文字，她在信裡向我們提到她的父親，一位嚴肅正直的柏斯郡（Perthshire）農夫。

> 我的父親唐納（Donald）因為骨髓癌末期，已經受苦四年了。曾經魁梧強壯的身軀，也因此飽受蹂躪。我無法想像為什麼科學研究需要他的身體。事實上，我根本不知道為什麼科學研究需要使用人類的屍體；從來沒人說過科學研究欠缺屍體。難道電腦無法取代屍體的角色嗎？但是，父親仍固執地想要將遺體捐贈出去。「屍體並不迷人，妳也不希望把我的屍體放在家裡，我也不想舉行葬禮。醫學院應該會接受我的屍體吧？」

幾張表格，一份見證同意書，數個星期之後，他終於得到自己渴求的答覆。鄧迪大學……接受他「慷慨的捐贈」。他笑得很開心。

鄧路普先生一生努力工作，他相信唯一合適的死亡之道，就是在死後可以繼續付出。但是，捐贈者或許能夠坦然面對自己的決定，他們留在人世的家屬卻未必如此。一位寡婦曾經來到解剖學系，她的先生生前希望在死後將屍體捐贈至此，她懇求我「照顧」她的先生，因為她無法理解先生的決定和願望。

你用一生愛一個人，卻要將他的遺體交給陌生人，這必定讓人非常煎熬，而我們也會嚴肅看待照顧死者遺體的責任。事實上，人體構造及屍體世界是解剖學系所有教學活動的核心，我們每天的首要任務就是熱心捍衛並保護所有決定在死後繼續為社會付出、協助我們學習人體知識的捐贈者。這位寡婦與解剖學系接觸之後，顯然也被這趟經驗說服。因為在為她的先生舉辦葬禮時，她也簽署了表格，決定死後將屍體捐贈給我們。這種事件經常發生，深深地鼓舞了我們。

我決定到鄧迪大學任職時，校方向我保證，所有的學生都可以接觸到完整的人體解剖課程。在大多數的學院院長眼中，解剖學是一門已經死亡的學科，沒有辦法替校方創造財務收入，是一種奢侈的花費。因此，許多醫學院都將解剖學系視為節流重點。學校行政管理人員可能受到流行的擴增實境或虛擬實境現代科技所誘惑，認為這個方向才能符合現代教育界追求速效、無法長期專注的現象。但是，如果他們認為解剖學的研究無法提供任何學習價值，也不能修訂或者發展新的操作方法，就是在低估解剖學對眾多學科的重要性。在一個懶散的世界，直接宣布一個學科的死亡，比起檢視重新復甦該學科或擴展學科所需的條件，來得更為簡單輕鬆。

電腦、書本、模型或模擬，都不能取代實際解剖屍體這個黃金學習標準程序。許多大學的解剖學系已經接受潮流，剝奪學生實際探索人體的機會，但我個人認為，這將會讓他們的大學經驗有所欠缺，並且讓未來的醫師、牙醫師和科學家面臨更多問題。他們以後都是各個領域的專家，理所當然地應該用最好的方法學習。每個學生在解剖教室都會學到一件事：世上沒有人的身體結構是完全相同的。人體有如此變化萬千的差異，如果學生無法妥善學習和理解這一點，往後受苦的人，將是完全信任醫學與從業人員的病患。在所有涉及手術失當的醫療訴訟中，據信將近百分之十的過失就是因為醫療人員對人體結構的不了解。

一八三二年，英國議會通過《解剖法案》來管制國內的解剖行為。立法行動的主要起因，就是對當時格雷伯爵（Earl Grey）率領的輝格黨政府對伯克與哈爾在愛丁堡西港區（West Port）犯下殺人案所做出的即刻反應，試圖藉此阻止非法屍體交易，提升解剖職業的倫理標準，法案允許教師解剖罪犯和無人領取的窮人屍體，也可以接受死者遺贈或家屬捐贈的屍體。

直到《解剖法案》最近一次修訂之前——英格蘭在二〇〇四年修訂法案，蘇格蘭則在二〇〇六年完成修法——法案中一直有一條自相矛盾的條款，禁止外科醫師使用屍體練習或測試手術流程。他們可以前往解剖室，切開遺體的皮膚，取出肌肉組織或者鋸斷股骨，但是不能填補各種人造義體（義肢）進去，因為這種行為將被認定為「進行手術流程」。這個限制條款已經非常久遠，也象徵著外科醫師和解剖學家之間的緊張歷史關係。我們的好夥伴伯克與哈爾必須為此負責。

許多解剖學家、外科醫師和臨床醫學從業人員都向政府的相關委員會提出證據，向他們保證這條長達一百七十年的禁令想要防範的可怕商業行為已經不復存在——我們現在的外科醫師值得信任，應該準許他們在人類遺體上鍛鍊手術技巧，而不是犧牲無助的病患。手術學和解剖學的古老合作關係終於再度開花結果，但在此之前，還要克服一個小小的困難。修法完成之後，外科醫師很快就背棄解剖學家了。因為他們發現，福馬林防腐劑會讓屍體過於僵硬，無法滿足他們的需求。他們希望使用更接近活體病患的組織觸感與反應，因此決定支持「新鮮／冷凍」屍體的選項。

我已經不只一次明確表達過，自己反對解剖學界轉向「新鮮／冷凍」屍體處理方法。請容我解釋。為了配合外科醫師偏愛的方法，從收容所、醫院或者捐贈者死亡地點收到的新鮮屍體，必須切成數塊（肩膀、頭部、肢體和其他），手法近似肢解，而英國刑法將肢解視為對屍體的加重攻擊。隨後，他們將屍塊冷凍，在需要配合手術用途時，將屍塊從冷凍庫取出解凍，交給手術學生、實習外科醫師或者其他相關團體。解凍之後，屍體部位實質上恢復了「新鮮」，但幾天之後就會失去新鮮度，正如所有的有機物質，再也經不起反覆冰凍解凍的過程。因此，在第一次解凍使用之後，屍體部位對其他人的學術研究價值將會受到限制，甚至毫無價值。除此之外，許多已知的病原體可以存活在冷凍環境中並保持冬眠狀態，等到人體組織恢復溫度之後，就能再度活躍。這樣一來，疾病傳染和感染的可能性大幅提升，讓我們必須採取謹慎的防護措施，不僅學習的人要注意不要切傷自己，也要接種最新的預防疫苗。

法律規範的改變，也讓我們能合法從海外各地將屍體進口至英國；而這才是讓我最緊張的重點。舉例來說，你可以向美國的某間公司訂購八條人腿，並且全部都能附帶健康無虞的保證書，這點已經非常糟糕了；而當遺體部位使用完畢後，就會成為臨床廢棄物，遭到焚化處理，我個人認為這樣做非常不尊重死者，也無法接受。這種方法將人類遺體視為廢棄商品，並未考量到死者的感受。

因此，我相信某些機構使用「新鮮／冷凍」遺體處理機制不只浪費珍貴的資源，也有道德上的瑕疵。此外，我更不想承受健康安全上的風險。我能想像到可能的結果：如果一位外科醫師或學生不慎在過程中切到自己的身體並遭到感染，我們就會被他們指控，因為這個傷口導致了他們的醫學生涯終結。我們的大學經由一群資深的管理人員率領進行了適當的研究後，當他們做出建議，認為鄧迪大學不應該採用「新鮮／冷凍」遺體處理機制時，我非常高興，也鬆了一口氣。如果鄧迪大學決定使用該機制，我就會離開。

然而，繼續使用福馬林也會因為以下幾個原因而有其問題，第一個問題就是成本。從實習外科醫師的經驗來看，我們知道，經福馬林防腐處理的人體組織可能不是所有學術訓練所需的理想教材。除此之外，保持健康和安全也是維繫醫療品質和院所名譽的關鍵所在。人類軟體組織必須保持在無菌狀態，雖然福馬林或多或少符合此標準，但我們也知道福馬林濃液是潛在的致癌物質。事實上，許多國家已經開始嚴格控管福馬林。二〇〇七年，歐盟通過一項法案鼓勵減少使用福馬林，甚至考慮降低法規許可的福馬林濃縮程度。如果未來法律規定必須稀釋福馬林，它在解剖學界就會變成多餘的無用物品。我們必須開始親自尋找一個能夠符合所有人需求的解答。

我記得自己曾經聽過在奧地利有人使用了一種新技術，這項技術是由一位充滿魅力且啟發人心的解剖學教師華特・泰爾（Walter Thiel）所研發的；我開始思考，這個新技術是不是我們所要的答案。泰爾是格拉斯解剖研究所（Graz Anatomical Institute）的所長，曾經在布拉格求學，並於二戰中接受徵召。由於臉部遭受槍擊，他離開軍隊，並在克服傷勢後重新學習醫學。二戰結束之後，他在格拉斯解剖研究所服務了五十年，並且在一九六〇年代初期發現了我們現在致力於解決的問題，決定用一生尋找解答。

泰爾的目標是尋找更好的屍體保存方法，可以保持軟體組織的彈性，又不會縮短屍體的保存期限，同時讓解剖學家和學生擁有更健康安全的工作環境。泰爾發現，他家附近肉品店所販賣的「醃漬火腿」質感品質比他在防腐室製作的所有成果都更為優越。火腿浸泡在鹽解液之後，可以保持色澤與彈性。泰爾因此認為，解剖學界或許能夠師法食品產業。

肉販使用的化學藥劑必須符合食用標準，不能毒害消費者。華特・泰爾則沒有這個限制，畢竟他的防腐手法絕對不會傷害他的顧客。他開始一連串痛苦的試誤流程，試圖製作完美的防腐溶解液——基本上，就是「醃漬」液——在水中加入酒精、氨鹽基（銨）、硝酸鉀（保存軟體組織）、硼酸（防腐抗菌）、乙二醇（增加軟體組織彈性），以及足夠的福馬林作為殺真菌劑。

泰爾先從同一間肉品店購買的牛肉切片開始進行實驗，最後進展到在動物全屍上進行測驗。他發現，光是將動物屍體浸入溶解液是不夠的，必須長期浸泡以確保液體確實進入屍體內外。如此一來，動物屍體的軟體組織將會維持穩定，無須冷凍也可以保持色澤與彈性。更重要的是，屍體沒有任何潛藏細菌、真菌或病原體。他用了三十年，試驗超過一千具動物屍體，終於找到了自己滿意的溶解液配方，足以將所有軟體組織維持在理想解剖狀態一段時間。泰爾製作的最後一種溶解液同時也是最好的版本，完全無菌、完全無色，幾乎完全無味，不僅滿足所有要求，生產成本也相對低廉。

華特．泰爾的生活格言是「只有最好，才是剛好」，他的樂觀態度感染了許多人，他不願屈服的精神，也全部反應在他決心想在自己選擇的領域中創造進步的舉動上。他並未替自己的發明申請專利，或許這點讓他任職的大學機構相當不悅，但證明了泰爾的無私慷慨，以及奉獻於人類集體研究和學習的堅定承諾。他選擇向全世界公開自己的成果，是因為他相信科學發展必須向所有人開放，不適合用於替特定學校創造利益或製造優勢。泰爾的精神也引起了我們極大的共鳴。

上述的發展實在是美好得不切實際。但有時候，我們確實不必從零開始。某位前輩早已經替我們準備好了，我們需要的就只是按照自己的需求，量身修訂計畫並且繼續研究——就像我們應用塔馬西亞的靜脈鑑識理論一樣。我們不必要求每個人都是天才，只需要成為務實的應用者與調適者就好。最重要的是，我們必須誠實，不能侵佔並非自己原創的理念。

我派出羅傑和羅斯這兩位團隊工作人員，前往格拉斯研究所進行泰爾防腐技術的訪察任務。他們回來時，因為泰爾防腐技術提供的願景而振奮不已。他們談到泰爾防腐技術保存的屍體擁有相當驚人的彈性，保存期限非常長久，而且沒有瀰漫於英國所有解剖學系中的福馬林臭味，而且泰爾防腐劑也能防止細菌、黴菌和真菌滋生。他們沒有發現什麼明顯的缺點，而且泰爾防腐技術的成本甚至不比福馬林昂貴……除了一個非常、非常微小的細節。若想要使用泰爾防腐技術，就必須打造完全不同的停屍間環境，這也代表必須投入大量資金，而這也正是大學校方在面對他們認為即將死亡或已經死透的學系時，最不希望花費的資金。

這是我們必須跨越的橋樑。首先，我們說服了鄧迪大學的校長亞倫・朗蘭茲爵士（Sir Alan Langlands），請他提供了一筆大約三千英鎊的研究發展資金，因為我們需要找出概念驗證（proof of concept）的證據。我們決定在兩具屍體上試驗泰爾防腐法，屍體分別為一男一女，內部同仁稱呼他們為「亨利」與「菲羅菈」（為什麼我總是將男性屍體命名為亨利？或許《格雷解剖學》在我的靈魂留下了根深蒂固的痕跡，甚至進入了潛意識）。由於我們當時欠缺必要的訂製設備，我們必須自行創造一個合適的停屍間實驗環境。我這個世代的人都是兒童節目《藍色彼得》（*Blue Peter*）和情境喜劇《老爸大軍》（*Dad's Army*）的忠實觀眾，我很驕傲自己有辦法設計出一種方式，使用自黏塑膠紙、清潔劑空瓶和廁所衛生紙捲筒製造出決大部分的所需物品。至於無法製作的物品，我們就即興發揮、請人幫忙，或者商借（但絕不偷竊）。

我們在廢棄的動物學教學大樓找到一個被丟棄的老舊大型魚缸，將它改裝為浸泡艙，能夠同時放入兩具屍體，讓兩者舒適地並排。我們借用了水管和幫浦，再將舊門板做成缸蓋，還學習了些基礎化學知識。此外也要說服當地警員，我們購買大量的硝酸鹽不是為了製造炸彈，而是進行屍體防腐處理。

亨利第一個準備好接受泰爾防腐處裡。我們使用幫浦，輕柔地將防腐液體注入亨利鼠蹊部的靜脈，也在亨利頭部的靜脈竇切了一刀，從腦部抽取血液，整個過程不到一個小時。隨後，我們將亨利放入浸泡艙。幾天之後，菲羅菈也加入亨利的行列，兩具屍體一起浸泡了兩個月。我們每天檢查他們的狀況、轉動屍體，確保所有表層皮膚都浸泡在防腐液中，檢查是否出現分解或浮腫跡象。看起來沒有什麼需要擔憂的問題。但我們確實發現，每次想要轉動亨利或菲羅菈時，他們的屍體一直都很有彈性，就像水桶中的濕滑的魚一樣難以抓緊。這個現象也鼓舞了我們的士氣。

逐漸地，屍體肌膚原有的粉紅色轉白，死去的皮膚開始脫落，他們的指甲和頭髮也掉落了。更令人驚訝的是，在他們的皮膚略為膨脹之後，皺紋消失了，亨利與菲羅菈變得更年輕。很抱歉的是，我們並沒有因此發現重返青春的靈藥——這些化學物質非常危險，而且躺在浸泡艙兩個月可能對活人來說有點不方便。數個星期過去了，一切似乎沒有任何問題，但我們還是經常暗自祈禱萬事順利。

我們寫信給鄧迪大學與泰賽德地區的所有外科醫師，詢問他們是否願意使用泰爾防腐方法製作的屍體，試驗各種手術流程並提出回饋，好讓我們知道，從他們的觀點來看，這些屍體有什麼優、缺點，而他們也非常樂於提供時間和建議。羅傑和羅斯像策劃軍事行動般規劃了相關流程，確保醫師先進行侵入性質較低的手術，最後才處理侵入性質較高的手術，藉此讓亨利和菲羅菈發揮最大的協助價值。每位外科醫師都在報告裡提到，泰爾防腐方法處理的屍體組織比福馬林防腐方法處理的更好，既保有新鮮／冷凍處理方法的優點，但處理起來更愉快。事實上，他們認為泰爾防腐處理的屍體與真人病患之間的差別，只有屍體是冰冷的，又無脈搏。這是個新的挑戰嗎？

雖然我們無法提高遺體的溫度，但我們的一門手術課開始嘗試提供人造脈搏。如果我們限制住遺體動脈系統的某個特定區域，注入性質與血液相符的液體後再連結循環幫浦，就能創造有如脈動的血流。我們能夠藉此模擬病人出血狀況，並且安裝倒數計時器，讓外科醫師可以面對現實中的手術狀況，在病人因流血過多死亡之前，設法止血。這是一種非常美好的學習經驗，讓外科醫師感受搶救病患的即刻重要性，同時鍛鍊手術技巧，特別是在戰場上進行手術時，時間就是一切。我們也找到方法讓遺體與通風機相連，藉此模擬病人呼吸，但是我必須承認，就連我第一次在解剖室看見遺體「呼吸」，都會有些緊張。

我們的實驗計畫完全成功了。我們寫信給當時已經非常虛弱的威廉．泰爾，想讓他知道我們成功模擬了他的偉大成就。我必須重申，我們並未發明出什麼新事物：我們只是聆聽老舊的唱片，學習其中的旋律。鄧迪大學的大學法庭[1]邀請我參加會議，報告實驗結果。最後，會議一致同意我們應該在實際情況允許時，立刻規劃將福馬林防腐系統全面轉換為泰爾防腐系統。我們認為折衷方案毫無價值，校方也承認了打造英國國內唯一採用泰爾防腐系統的大學是相當值得的一件事，能夠讓鄧迪大學成為解剖學領域的領導者。

校方完成決議之後，我們也提出自己內心的小小擔憂：現在的停屍間不符使用目的，而且空間過小，已經無法符合既有需求，遑論實現未來計畫。既然我們不可能在重新整修停屍間時停止接收屍體，唯一的解決方法就是建造新的停屍間。就在此時，英國解剖督導加入討論。督導表示，我們現有的防腐設施亟需重新整修，如果校方希望讓鄧迪大學保持實際解剖的教學模式，就必須考慮將防腐設施的升級視為優先選項。我知道這種事先安排好的刺激言論稍微踰越分寸，但毋庸置疑地，大學校方必須下定決心，而解剖督導的建議可以協助他們堅定立場。他們想讓鄧迪大學繼續保持以實際解剖為基礎的教學模式嗎？倘若如此，他們會希望向其他大學一樣，在重新整修老舊的停屍間後還繼續使用福馬林，還是他們會在脖子繫上超人披風，將內褲拉至高腰處，勇敢踏出一大步，興建新的停屍間，並抓住機會成為英國解剖學的領導先驅？不用多說，我認為他們做出了正確決定。

◈

1　譯註：大學法庭是英國大學的行政體制。在英格蘭，大學法庭可以進行有限制的法律功能，但在蘇格蘭，大學法庭是大學的最高行政體制，性質類似董事會或信託人董事會。

新停屍間建造計畫的預算高達兩百萬英鎊。校方準備提供一半的資金，另外一半必須由我們團隊支付。我們要用什麼方法才能讓民眾捐款資助興建停屍間？在超級市場拿著紙袋或在車站敲打錫罐都不會成功的，我們必須面對現實，若是沒有規劃完善的募款活動，我們必然無法對抗與我們競爭的眾多慈善單位，感動慷慨且充滿同情心的社會大眾。我們必須跳出框架，再度發揮創意。

我向一位好友克蕾兒・里奇（Claire Leckie）請益，她是經驗老道的慈善募款者。她建議我彙整一份清單，列出多年來曾經「使用」我們服務的人，因為現在可能正是要求他們回報這份早已積欠良久人情的好時機。舉例而言，誰曾經請過我幫忙，現在又能協助我們呢？我開始提筆寫下每個人名，發現這張清單很長，而其中一人的名字跳了出來：倍受讚譽的犯罪小說作家薇兒・麥克德米。

十多年前，薇兒和我曾經在廣播節目上「相遇」，但她當時在曼徹斯特，而我在亞伯丁的錄音室。節目開播之前，我依照往常習慣，一時心血來潮地告訴薇兒：「對了，如果妳需要任何法醫建議，隨時歡迎打電話給我。」她確實聯絡我了，還聯絡了非常多次，我們也因此建立起相當溫暖真摯的友誼，對此我非常自豪。如果我必須尋找一位勇敢且瘋狂的夥伴協助我進行這項計畫，那個人必定是薇兒。

我們一起絞盡腦汁思考，最後終於擬定精彩無比的「百萬停屍間」募款計畫。我們一致同意，新的停屍間需要一個名字，而這個名字必須要能引起社會大眾和媒體的共鳴。無論是奧運自行車選手或藝術家，都會認為賽道或藝廊以自己命名是一種榮譽，但誰會希望自己的名字與停屍間相連？答案就在眼前：犯罪作家就是最合適的人選。我們何不利用新停屍間的冠名權，邀請社會大眾選擇一位人士獲得這項「可疑」的殊榮，同時提升募款活動的能見度、衝高募款金額呢？

薇兒說服了幾位熱情的犯罪作家夥伴，加入她的行列，一起支持我們，包括史都華．麥克布雷德（Stuart MacBride）、傑佛瑞．迪佛（Jeffery Deaver）、泰絲．格里森（Tess Gerristen）、李．查德（Lee Child）、傑夫．林賽（Jeff Lindsay）、彼得．詹姆斯（Peter James）、凱絲．萊克斯（Kathy Reichs）、馬克．畢林漢（Mark Billingham）以及哈蘭．科本（Harlan Coben）。我們發起了線上募款活動，讓喜愛犯罪文類的讀者在提供小額捐款之後，可以投票支持他們喜愛的作家，獲得新停屍間的冠名權。我們在這段過程享受了許多樂趣，而作家的慷慨和足智多謀簡直是毫無極限。

傑佛瑞．迪佛鼓勵讀者投票支持他，因為他看起來最像屍體；雖然我絕對不能擅加評論，但沒有人挑戰他的論點。除此之外，迪佛也是一位才華洋溢的音樂家，他捐贈了一張私人創作的CD作為拍賣募資用途。我們唯一的擔憂是，倘若李．查德獲選，新停屍間的名字就會變成查德停屍間（Child Mortuary），與「小孩停屍間」的英文相同，而這可能讓外界產生錯誤的印象。李．查德本人是一位紳士，他替我們解決了這個難題。他提議，倘若他獲選，就將停屍間命名為傑克．里奇（Jack Reacher）停屍間，也就是他筆下最知名的人物。我當下並未將我和湯姆．克魯斯之間的人脈好好利用，但我決定藏一手，以後有機會再說。

極富巧思的蘇格蘭犯罪小說家卡蘿．拉姆齊（Caro Ramsay）集合多位犯罪小說作家的食譜，編撰成《殺手烹飪手冊》（*Killer Cookbook*），並將銷售金額捐贈給停屍間興建計畫。在此之前，從來沒有任何一本烹飪手冊與解剖學系有關——我想理由非常明顯。我可以告訴各位讀者，這本烹飪手冊的廣告行銷過程相當謹慎，但十分成功。我們在全國各地舉行試吃之夜與廚藝展示，而這本書甚至入圍了二〇一三年的全球食譜大獎。

其他的小說家則將下一本書的角色命名權拿出來「競標」，出價最高的讀者可以在自己喜歡的犯罪小說家作品中，成為一位酒保或無辜的旁觀者。史都華．麥克布雷德在亞伯丁各地舉辦巡迴演講，他筆下的羅根．麥可雷（Logan McRae）系列故事讓亞伯丁千古留名。史都華也捐贈了自己替姪子羅根創作、繪製的一套三本兒童故事集《骷髏鮑伯的健康大冒險》（*The Wholesome Adventures of Skeleton Bob*），這一系列的故事描述一位穿著粉紅色毛衣的骷髏，和女巫以及他的父親死神一起捲入各式各樣的麻煩事件。我們非常感動，也很榮幸史都華信任我們，讓我們代表他出版這些故事。

我們為了百萬停屍間募款計畫奔波了十八個月，不僅參加了哈羅蓋特和史特靈等地舉行的犯罪故事創作嘉年華會，甚至還在會場上唱歌。我們舉辦演講，接受採訪，在電視、報紙和雜誌文章中表達自己的使命。我們安排研討會，也親自參加。最後，我們成功了。我們募集到足夠的資金，可以開始建造採用泰爾防腐設施的新停屍間。

我們專注打造新的停屍間時，卻發現了募款計畫導致的「副作用」。鄧迪大學的遺體捐贈管理者薇芙抱怨，只要我參加一次募款相關活動，系方就會接到大量民眾詢問遺體捐贈事宜。在接觸百萬停屍間計畫之前，他們從來不知道解剖學系至今依然需要遺體作為教學和研究用途。他們踴躍簽署遺體捐贈表單，不只願意捐贈給鄧迪大學解剖學系，也願意捐給英國各地的解剖學系。

我們從來不曾將募款活動用於呼籲遺體捐贈，卻意外創造了積極正面的副產品。事實上，在募款活動結束很久之後，民眾仍持續表達捐贈意願。時至今日，我們每年會接受超過一百名民眾的遺體捐贈，幾乎全都來自鄧迪大學周圍和泰賽德地區，我們與本地居民之間建立了堅強的信任關係。

除了興建新的停屍間設備之外，我們不曾要求其他支持，但或許我們早該如此。為什麼我們總認為，社會大眾在提到死亡時會把自己捲成一顆團，也不會想要討論死亡？聯繫我們的民眾發現自己可以將死亡視為一項客觀事實來討論後，都鬆了一口氣。而且也知道了，在決定死後應如何處理遺體時，除了埋葬和火葬之外，還有第三個選項。他們毫無猶豫地討論死亡，提出直接的問題，也不害怕接受直接的答案。

一位可愛的女士從英格蘭南岸的布萊頓致電鄧迪大學解剖學系，希望捐贈自己的遺體。出於專業倫理，薇芙公平地告訴這位女士，她的居住地附近還有其他醫學院可供捐贈，甚至比鄧迪大學更近。我們當然也可以接受她的捐贈，但是她死後留下的遺產一部分必須支付運送費用。她說她不在乎，她不想要捐贈給其他醫學院，因為她希望成為最優秀的遺體——她想被「泰爾化」。華特在二〇一二年過世，無緣看到鄧迪大學新停屍間的啟用儀式。倘若他還在世，發現自己的名字已經變成「動詞」，必定非常自豪，也會覺得相當有趣。

我們與犯罪作家共同舉行募款晚宴時，遇到一位心煩意亂的女士。她身染重疾，決定捐贈遺體作為解剖學術研究用途，但她的丈夫極度反對。她不想讓丈夫不快樂，卻又希望丈夫可以尊重她的決定，替她實現遺願。經過漫長的對話，我們才明白，原來她無法讓丈夫理解捐贈行為的意義，也是造成身體壓力的來源。我們可以理解該名丈夫，他害怕解剖學系私下對妻子的屍體進行不敬的行為，而他唯一關心的，就是必須保護好妻子死後的遺體尊嚴和完整性。她問我，是否能夠寫一封信清楚解釋解剖學系的遺體用途，以及我們為何需要遺體，她希望這封信可以當作起點，舒緩夫妻之間可怕緊張的氣氛。

這封信很難寫，我用了相當漫長的時間才完成，但她的回應讓我覺得非常值得。她說，丈夫現在覺得自己「終於明白」，雖然「不高興」，但還是尊重她的決定。我只能期盼她在實現遺願之後，會被送到蘇格蘭中部的一間解剖學系，而她的丈夫可以獲得寬慰，因為妻子將會教育一個世代的學生，讓他們能夠用超越她想像的漫長歲月，為染病與臨終之人做出貢獻。

無論遺體捐贈者親自前來鄧迪大學，或者請我們協助他們與其他學校的解剖學系聯絡以完成他們的最後心願，幫助他們實現「死亡計畫」都是我們的榮幸和殊榮。無論他們生前的職業或工作地點，無論富裕或貧困，無論高矮胖瘦，無論身染重病或擁有新潮髮型與漂亮乾淨的指甲，無論英年早逝或安享晚年，這群善良的人都因為一個相同的決定而團結在一起：他們為了寶貴教育的利益，而決定捐贈遺體。

身為解剖學系的教師，我們認為自己的職責就是替死者發聲、捍衛死者代表的信念，並且保護他們的尊嚴。上蒼仁慈，電視喜劇已經不再將遺體塞入計程車中、將死者手指藏在某個人的早餐、將死者遺體塗繪成狂歡惡作劇的道具，或醫學院學生的不敬行為等惡劣行為當作表演的橋段。我絕不允許解剖室出現任何對死者不敬的行為，英國解剖督導官員也採取相同的立場；違反《解剖法》甚至可判處監禁徒刑。考量捐贈者相信解剖學系的理念，信任我們和學生的努力，我認為這樣做相當公允。

這種對死者遺體的責任感，構成了我個人對人體公開展覽的態度，最不能讓人認受的是，將這種展覽美其名為以教育為目的，其實不過只是噁心的偷窺癖而已。以教育為名收取高額入場費用，卻讓群眾瞠目結舌地觀賞遺體擺出下棋或騎乘自行車的姿勢，或者將遺體在懷孕後期的模樣毫不設防地暴露展示，這樣的展覽內容絕對不屬於教育範圍。我認為這種小把戲相當噁心，而我在任何情況下，都絕對不會支持這種商業行為。在解剖督導官員的許可之下，我們偶爾會將完成防腐處理的遺體——存放在玻璃或壓克力盒中——送到各地科學中心或其他地點進行特殊展覽，不收取任何費用，只專注於教育用途；但是，我們絕對不會、也不能為了娛樂而展覽遺體。展覽必須具備明確的教育意義，雖然我們的堅持只會讓解剖學系的募款難度猶如登天。

我們相信，解剖學並非死寂或瀕死的學科，反而差之甚遠。解剖學依然活躍在世界各地，支持者報以熱情的承諾維持解剖學的存在，並促進解剖學的成長——而世上沒有任何地方，可以與鄧迪大學的熱情相提並論。我非常以所有的捐贈者、系上工作同仁、學生與贊助支持者為傲，讓這間非比尋常的教育研究機構成為世上最好的解剖學系。二〇一三年，我們榮獲享譽全球的罕見榮耀，英女王高等與前瞻卓越教育大獎（Queen's Anniversary Prize for Excellence in Higher and Further Education）認同了我們對人類解剖和法庭醫學的研究成果。但我們的腳步不曾停下。在我執筆書寫此書的當下，我們正在規劃二〇一八年鄧迪大學解剖學系創立一百三十週年紀念，準備發起第二次的募款活動，在我們的大樓中興建公共事務參與中心。

至於我們那嶄新的停屍間？在二〇一四年正式啟用了。毫無意外地，薇兒・麥克德米成為停屍間的冠名人。她擁有廣大的讀者群，以及她對我們目標所展現的充沛活力與全力支持，幾乎所有人都相信薇兒會獲選。除此之外，我必須「露骨」地表示，小骷髏鮑伯無疑也留下重要貢獻，獲得了第二高票。因此，史都華・麥克布雷德成為解剖室的冠名人。

為了感謝在募款活動期間，慷慨貢獻名望、時間和努力的各位作家，我們決定讓其中九名主要參與人士成為泰爾防腐浸泡艙的冠名人。第十個浸泡艙則獻給解剖學系過去的首席解剖學家羅傑・索亞梅斯（Roger Soames）。他一直非常支持解剖學系，以及我們在鄧迪大學完成的所有目標。停屍間落成之後不久，他就退休了，我們用他的名字命名其中一座泰爾浸泡艙，作為送別禮物。其他人在浸泡艙上看見他的名字，還以為他就在其中；但事實並非如此。羅傑正在享受快樂健康的退休生活，也許有一天，我最喜歡的解剖學家和最親愛的朋友還會回到這兒，繼續教導學生。若真是如此，我們當然歡迎，但我希望時間點是在遙遠的未來。

我們一共有十一個浸泡艙。我不禁幻想，倘若我的時間到了，浸泡在布萊克紀念艙中，一定是件很酷的事。

結語

死亡將會是一場壯麗的冒險。

——J.M. 巴里（J.M. Barrie），《彼得潘》（*Peter Pan*）

生命的沉思。

在簡單探索死神曾向我展現的各種面容後，我希望這足以顯示，我和她之間存在一種舒適的同袍情誼關係。

我並非研究生死學——就是探討死亡的科學——的學者，但我認為自己對她的「手工藝品」擁有足夠的認識，能夠健康地理解自己最終的可能死亡方式。然而，我絕對不會用果斷的態度，魯莽地預測自己生命終結時的行為。我猜想，經常沉思自己臨終情境的人和毫無準備的人相比，面對死亡的態度一定很不一樣。正是因為對死亡的未知，才會催生生死的哲學思辨，而隨著年歲經過，距離生命中的巨大坑洞邊緣愈來愈近，這樣的思辨也會逐漸增加。既然從未有人從死後的世界回到人間，告訴我們知道死亡的真實模樣，所以沒有任何準備或規劃，可以保證屆時出現在我們面前的道路將會平坦順暢。唯一能夠肯定的，就是我們遲早會走上這條道路。雖然其他人可以陪伴我們走過一小段，但我們終究要在這趟旅途中，獨自與死亡相依。

我猜想，每個人認為生命結束、死亡就要降臨的時間都有所不同。對許多人來說，還沒死亡，就表示我們還沒活夠。我們是否可以阻礙死亡降臨的腳步？或許，她會願意聆聽我們的生死主張。只要我們的辯論內容具備充足的說服力，加上強烈的心智支持，或許就能和她講道理、討價還價？我們有多常聽見某位臨終的病人，下定決心要度過人生最後一次的聖誕節、參加孩子的婚禮或其他重要節日、戰勝臨床預後評估的生命期限以完成遺願，最後卻在幾天後就離開了人世？預後最大的問題——畢竟，預後也只是一種推測——就是容易成為自我實現預言。有時候，預後可能讓我們在自己預設的死亡時間過後，剝奪我們想要繼續奮鬥下去的意志力，讓我們開始放棄生命，走向死亡；或者讓我們費盡力氣，在抵達特定的里程碑後精疲力竭地死去。

相較於專注於特定目標，保持對抗死亡的不懈而堅定的意志，會是另一個可能選項。美國政治記者諾曼・考森斯（Norman Cousins）就是一個啟發人心的例子。他於一九六四年經確診罹患可能造成癱瘓的結締組織疾病僵直性脊椎炎，醫師認為考森斯只有五百分之一的康復機率。考森斯一直相信，人類的情緒是對抗疾病的關鍵，於是他開始服用大量的維他命C、搬到一間旅館，並買了一臺電影投影機。他發現，反覆觀看《隱藏攝影機》（*Candid Camera*）節目或馬克思兄弟（Marx Brothers）的喜劇影片而開懷大笑，就能讓他享受至少兩個小時沒有病痛的睡眠。

在六個月之內，考森斯就可以用雙腳走路；兩年之內，他重返工作崗位。直到確診罹患僵直性脊椎炎二十六年之後，他才因為心臟病發過世——距離他發現自己有心臟病，也已經過了三十六年。他拒絕接受醫師所說的死亡日期，而他的解藥就是歡笑。如果我們選擇放手，也沒有任何問題，但如果有人尚未準備離開人世，考森斯的經驗就是寶貴的一課。

已有許多因素被證實能夠對人類壽命產生良性或惡性影響。健康的飲食、運動、結婚，以及身為女性都可能帶來更長久的生命。女性壽命長度比男性多出百分之五的這項事實，幾乎在所有國家都獲得研究證實。有人猜測，可能是女性擁有兩個X染色體，而男性只有一個，倘若基因出問題，女性還有備用方案。雖然上述的想法很不錯，但男性壽命較短的可能因素，其實是因為睪酮素造成的負面副作用。

研究韓國朝鮮帝國（一三九二年至一九一〇年）宮廷太監的報告指出，太監的平均壽命比未去勢的男人多出二十年。有趣的是，唯有在十五歲以前就移除睪丸的人，才適用於上述統計數字。青春期開始後才接受絕育者，由於睪酮素已經產生生理化學效應，他們與一般男性之間的壽命差距並沒那麼顯著。然而，倘若男性為了延年益壽而選擇絕育，可能有點極端，更別提會對人類種族的未來造成何種重大影響。

我們經常用週、月、年來評估生命與構成生命的種種環節。但如果利用風險來測量，結果其實更有趣。有許多「正負」因素會影響我們的預期壽命，如果慎重選擇的話，也會改變可能的結局。

一九七八年，史丹佛大學的唐納・霍華（Donald Howard）教授在《社會風險評估：多安全才夠安全？》（*Societal Risk Assessment: How Safe is Safe Enough*）書中的一篇文章引入「死亡風險單位」的概念，從一到十萬進行量化分析，並將這個單位命名為「微死亡」（micromort）。霍華理論的原則非常單純，如果一個活動的微死亡值愈高，代表危險性愈高，造成死亡的機率也愈高。他的分析可以適用於日常活動和更冒險的行為，也能分析即刻死亡危險或累積死亡危險。舉例而言，一個單位的微死亡值等同於騎乘機車行駛六英里，或搭乘火車旅行六千英里，而其中的意義為，作為一種運輸模式，火車的安全程度比機車高一千倍。因此，這種評估方式讓我們可以比較各種活動的內在風險，有時候，也讓我們可以三思而後行，決定某個特定的行為是否值得冒險。全身麻醉手術的風險值是十單位微死亡值，每次跳傘的風險值為八單位微死亡值，而參加馬拉松則是七單位微死亡值。真正的冒險家能夠累積相當可觀的微死亡數值——登山客每次爬山，都暴露在四萬個微死亡值之中。

由於上述活動具備即刻死亡的危險，霍華教授將它們定義為立即風險（acute risk）。而必須經過一段時間累積效果，才會變成真實風險的活動，則被稱為慢性風險（chronic risk），例如飲用半公升的紅酒，或者與吸菸者共同生活兩個月，都會讓你得到一微死亡值。

往快樂的層面思考，我們也可以替自己爭取「微生命」（microlive），買回即將失去的時間。微生命是劍橋大學的大衛．史賓格特（David Spiegelhalter）爵士提出的量化指標，意指一天得到或失去三十分鐘的壽命。我們都知道各種活動會增加或者損失微生命，但坦白說，具有正面效果的活動通常不太有趣。男性獲得四單位微生命值和女性獲得三單位維生命值的方法，就是每天食用五份蔬菜水果；沒錯，中餐只能吃生菜。

我認為我們應該設計新的風險評估指標，也就是「微歡笑」（micromirth）。無論生命的長短，倘若我們用愉悅、開懷大笑和荒誕的笑話進行評估，我們的人生究竟會有多少歡樂？微生命可以累積壽命，微死亡帶來致命的後果，但微歡笑是無價的。我想，諾曼．考森斯必定會同意我。

◈

那麼，我又如何看待自己的臨終、死亡和死後？

我目前對於死亡和死後時刻相當能夠輕鬆以對——這兩個環節其實不可怕，死後世界的種種可能性，甚至讓我有些興奮。我這一輩子已經非常清楚自己身體的缺陷與強項，我希望可以在最後關機之前，見證身體如何面對生存的種種任務。我和一般人一樣，並不是個英雄，我希望可以迅速省略「臨終」這一階段。詭異的是，我對區隔「臨終」與「死亡」的分水嶺相當有興趣，當最終時間來臨，我希望可以親身體驗那道分水嶺，只要別太久就好。正如古羅馬哲學家賽內卡（Seneca）所說：「智者只活到應有的年紀，而非能活的年紀。」

如果為了活下去就代表必須耗費年輕人需要的醫療資源，那我從來不奢望活得太久，特別是如果我已經無法創造任何價值，也成了所愛之人的負擔。我希望自己在地球上的最後一段時間依然能保持獨立自主和行動力，為此我願意犧牲時間以換取品質。我想要活力旺盛地離開人世，而不是悲傷啜泣地死去。我已經做好心理準備接受年紀增長帶來的身體不適，但不要讓我的思緒變得糊塗；不要讓我在沒有靈魂的照護中心或醫院枯萎凋零，更不要讓失智症偷走我的人生、故事與回憶。我不希望自己的臨終時刻和我的父親一樣。

曾有人問我，為什麼決定寫這本書，又為什麼是現在寫？真正的答案是，這是一個機會，替我的女兒寫下一些關於我的故事，讓她們可以永遠從我的文字中了解故事，不必經過他人的話語。我的父親是一位很會說故事的人，在我成長過程中總是反覆聽著他說的故事。最近，我發現了一封葛蕾絲和安娜在一九九七年寫給我父親的信。她們在聖誕節時送了他筆和日記本，請他寫下自己的故事，這樣他的故事就永遠不會消失。遺憾的是，我的父親並未寫下隻字片語，大多數的故事就這樣隨他而逝，還有更多的故事將會跟著我一起死去。我希望在我死後，這本書可以讓貝絲、葛蕾絲、安娜以及後代子孫，能夠稍微理解我和我的人生。

丈夫和孩子對我很灰心，因為上一次我主動看家庭醫師，已經是二十年前懷安娜的時候。我從來不吃處方藥，但我猜想如果我接受全身健康檢查，一定會被要求定時服藥，改善血糖、血壓、膽固醇或者各種健康指數。健康狀況一旦開始走下坡之後，一輩子都要服用藥物。

五十歲的時候，你會在家門口地毯上收到一張泯滅人性尊嚴的排便測驗通知書……真是太羞辱人了！我當然清楚預防藥物可以拯救生命，也知道許多人樂於接受這種健康檢查，每個人都有自己的選擇。但是我本人無法理解，如果身體並未出現任何症狀，為什麼要求助於醫師，請他們檢查自己健康是否有問題？我的各種疼痛症狀都是我這個年紀的人預料之中的事，不需要請家庭醫師進行徹底健康檢查和六分鐘的諮詢時間，才能知道我的體重超標，必須多做運動。我只要請丈夫每天替我準備一片阿斯匹靈，就能解決問題。

祖母總是警告我要遠離醫院。根據她的經驗，進入醫院只是增加自己躺在棺材裡被扛出去的機率。我不希望自己的生命受到醫師診斷或預後通知的妨礙、因為疾病而受到限制，或成為醫學統計的其中一個樣本。只有命運能夠決定我可以活得多久，以及我何時應該離開；我不需要預防死亡。我們每個人各自都有不同的觀點和性格，至於我們願意付出多少心力對抗疾病和死亡，也應該是個人選擇。我的答案是，或許要等到情況變得嚴重時才會願意去對抗。但我不希望自己的臨終和離去都要接受醫學控制。

我的人生很完整，不僅有目標，也非常快樂。我認識了許多美好的朋友，我的丈夫就是我的摯友，我們也擁有可愛的孩子與孫子，而且我活過的年歲已經超越了我的父母。倘若當年保守估計的預期壽命依然有效，那麼我還有十七年可以活，但坦白說，我依然覺得從現在到那天起，每一天的人生都是額外的獎勵。我當然希望盡可能地維持自己的生活，但我最重要的死亡心願是遵守生命周期的自然規律——換言之，我希望比自己的孩子和孫子更早離開人世。我已經看過失去孩子的父母承受何等痛苦，我不希望任何人遭到這種折磨。

現在我眼前的時間，已經少於我曾經擁有的時間了，我開始專注在未來三十年之內必須跨越的「分水嶺」之上，而我並不害怕一個人面對。事實上，我認為自己更希望獨自死去——隱密且安靜，並且按照我希望的方式與步調進行。我不想在臨終時分心擔憂家人承受的痛苦和悲傷，我必須確保整個流程井然有序，也不希望為任何人造成工作負擔和困擾。我希望自己的離開可以乾淨俐落，只是進入了人生自然而然的下一階段，不想要製造任何麻煩。

我希望自己如何死亡？即使我不希望自己的死如父親一般，但我接受同樣的方法：準備就緒後，轉過身迎接死亡。我不認為自己有自殺的勇氣，只能耐心等候死亡的降臨。如果可以的話，我會不會服用協助死亡的藥物？在特定的情況下，或許我會，但我不用擁有和我的「遺體實習生」亞瑟一樣的勇氣。我很有信心，在我「擺脫生命和人世間的紛擾」之前，社會大眾就會開始理性思考，讓我們可以規劃自己的死亡，而不是將生命的終點交給本意善良的醫療照護人員。我希望自己可以自然離開人世：我不要器官移植、心肺復甦、靜脈點滴，或者在生命的最後階段接受鴉片麻醉。雖然我這樣說可能只是在欺騙自己，或許一體驗到臨終前的痛苦，就會大喊自己需要嗎啡；但我對此保持疑慮。我不喜歡失去自己的感官或控制能力，向來也可以忍受痛苦（生了三個孩子，從未使用止痛藥物），但只有時間才能證明我是不是對的。死亡來臨時，我希望自己保持活力，與她進行私人對話，不要受到藥物的妨礙。

雖然威利姨公死的時候並未承受痛苦，但過程太快了，我不喜歡。我也不想在沉眠中死去，死亡是我最後的旅程，我不希望被奪走絲毫時間。畢竟，人的一生只有一次死亡。我希望可以認出死亡，聽見她到來，看見她、觸摸她、嗅聞她、品嚐她，承受死亡對所有感官的攻擊，在生命最後的一刻，以人類的方式徹底理解死亡。我的一生都在準備迎接死亡，絕對不想錯過在第一排觀賞的機會。

或許，我能幸運地和湯馬斯·厄奎特爵士（Sir Thomas Urquhart）擁有相同的死法。他是十七世紀四處遊歷的博物學家、作家和翻譯家，來自蘇格蘭東北的克羅默地（Cromarty），曾經參與因佛內斯的保皇黨起義，因而遭議會判處叛國罪。他並未承受可怕的懲罰，卻因為在伍斯特戰役（Battle of Worcester）中加入保皇黨軍，而被囚禁在倫敦塔和溫莎。厄夸特是一個非常極端的怪人，他提出眾多詭異的說法，例如他的前一百〇九代祖母特繆斯（Termuth）在蘆葦中發現摩西，還有他前八十七代祖母是席巴女王（Queen of Sheba）。奧利佛·克倫威爾釋放厄奎特之後，他回到歐洲大陸生活。據說，厄奎特聽聞英王查理二世重返王位後，因為大笑不已而死。微死亡遇見微歡笑——真是美好的死法。

可惜的是，我不覺得這會是我的命運。但我可以在讀者面前預言一下：我猜我將在七十五歲前死亡，原因可能與心臟疾病有關，雖然心肌梗塞的發病巔峰顯然是在星期一的上午十一點，但我預計我的死亡時間會是星期三中午。

明顯地，我不會真的知道如何死亡，因為以前不曾死去。但我可以肯定死亡並不艱難：

在我之前活過的許多人似乎都能順利完成；只除了少數贏得達爾文諷刺獎的可能例外，他們都成功地用荒唐可笑的方式創造了自己的死亡經驗。我不能事先練習死亡，也無法尋求已經成功死亡者的建議；因此，擔心死亡真的毫無意義。但我知道自己不會孤單。無論屆時是否有別人在場，死亡總會在我身邊，她比任何人都有經驗，我確定她會告訴我應該怎麼做。

在我的想像中，自己的死亡很有可能就像全身麻醉，眼前一片漆黑，你失去知覺，然後一切就完成了，你終於死了。如果死後只有一片漆黑，我也不會記得，真是遺憾。然而，或許死亡僅是如此：在一個漫長的故事結束之後，稍縱即逝的片刻，宛如一個句號。

不過，我確實準備了詳細的死後計畫。我希望確保遺體能夠完全用於教育和研究用途，所以我將把自己的遺體捐贈給某個蘇格蘭大學的解剖學系。如果可以選擇，我想把遺體交給科學學系的學生，而不是醫科或牙醫系的學生，因為我一向避免和醫師接觸，而且沒有人喜歡牙醫，對吧？成為另外一個學生的女性版「亨利」老師，對我而言就像是完成了我的生命循環。我最近領取了器官捐贈卡片，準備在六十五歲生日時簽署遺體捐贈表格，前提是我可以活這麼久的話。到了那個時候，我已經虐待自己的器官太久，它們對活人的移植價值已經所剩無幾。

湯姆對此不太高興，他不希望我的遺體遭到解剖。雖然湯姆也是解剖學家，卻是一位迷人的老派人士，希望我可以擁有一場平靜莊嚴的葬禮，在某個地方安息，如果女兒想念我，就能探望我。如果我先走了，他可以按照自己的方式安排我的遺體和葬禮，因為我從來不想強迫他做任何不快樂的事。但如果他先離開，我會謹慎地實現他的遺願，然後確定自己的計畫順利完成。

在理想的情況下，我希望在自己的解剖教室中被解剖，但我也理解，讓解剖學系的工作同仁負責處理我的防腐過程確實對他們不太公平。他們都是專業人士，若我表明這是我的遺願，我認為他們絕對可以進行處理，但我不想讓任何同仁因此感到難過。然而，若我想接受泰爾防腐處理，鄧迪大學是唯一選擇。福馬林防腐既不吸引人，我也絕對不願意接受「新鮮／冷凍」處理。我喜歡讓自己的遺體四肢還能有點彈性——或許還比現在更有彈性——而泰爾防腐處理不僅可以做到這點，還能撫平我的皺紋。我也可以待在自己的浸泡艙，沉浸在漆黑冰涼的防腐液休息數個月，在臨終前的各種荒唐後享受平靜。我開始猜想，我的解剖結果會不會出現異常，導致學生咒罵我的遺體？我又會不會成為媲美亨利的大體老師？

解剖完成之後，我希望我的遺骨進行「清理」（用水煮沸，去除所有的軟體組織和脂肪）。我願意火化所有的軟體組織和器官，雖然這樣一來，我的孩子能撒的骨灰就不會太多。至於骨頭的部分，我則另有計畫。我想將骨頭存放在鄧迪大學的教學人體骨架收藏盒中。我會留下和骨頭相關的完整鑑識指標紀錄，像是受傷紀錄、病理紀錄與其他相關資訊等。我樂於見到自己的骨頭被組合起來後，懸掛在解剖教室或法醫人類學教學實驗室裡，讓我即使在離開人世很久之後，還能繼續教導知識。骨頭的保存時間很長，無論學生們喜不喜歡，我都還可以在學校「晃來晃去」數個世紀。

如果我實現了目標，我就永遠不會死，因為我活在想學習解剖學、熱愛解剖之美與邏輯的人心中，正如過去的我一樣。這是我們在自己的專業領域中可以追求的永生。我從來不想得到肉身的永恆，即使我相信那是可能達成的。

有些人選擇否認個體徹底死亡的必然性。許多人相信，他們的靈魂、精神或個人身分最重要的元素，會用某種方式活在世界上，或他們想像的天堂中，即使肉身已經腐朽。其他人則認為，自己的靈魂有一天會重返肉身。篤信輪迴者則主張，靈魂會居住在下輩子的肉身中。還有少數人選擇將自己的遺體進行低溫冷凍，等待醫學科技擁有讓他們復活、重生的技術。以上這些觀念都不適合我。

死後還會有另一段人生嗎？誰知道。鬼魂這種事情真的存在嗎？迷信的祖母一定認為鬼魂存在，但我的一生已經用了許多時間與死者相處，所以我可以明確地表示，屍體不曾傷害我，讓我覺得遭到冒犯的屍體也微乎其微。屍體並不難以管束，反而通常行為得宜，而且彬彬有禮。沒有任何一具屍體曾在我的停屍間中起死回生，也不曾在我的夢境徘徊。總而言之，屍體比許多活人更令人輕鬆。我們只有一種方法可以確認臨終、死亡和死後的真相，那就是親自體驗，而我們終將會面臨那一天。我希望，屆時我已經準備好迎接盛大的冒險。

我的天堂會是什麼模樣呢?我不要天使和豎琴——太煩人了。我的天堂很安詳、平靜、溫暖,而且充滿回憶。

至於我的地獄?就是律師、藍線還有大老鼠。

附錄：巴爾摩的無名男子

（英國當地的品牌、商店資訊保留原文，以利讀者直接查詢）

如果您握有相關資訊，有助於辨識第八章所提到在巴爾摩地區發現的男性遺體的身分，請聯絡英國失蹤人口調查中心。

聯絡電子郵件為：missingpersonsbureau@nca.x.gsi.gov.uk。您也可以在此閱覽這個案件的調查史：http://missingpersons.police.uk/en/case/11-007783

遺體描述：

遺體發現時間：二〇一一年十月十六日，可能已經陳屍六到九個月

地點：東鄧巴頓郡，巴爾摩，高爾夫球場路附近的林地

性別：男性

年紀：介於二十五到三十四歲之間

族裔：北歐人種；淺色頭髮

身高：介於一百七十七公分（五呎八吋）到一百八十三公分（六呎）之間

體型：纖細

顯著特徵：臉部可能有外傷；鼻子曾經斷裂（已康復），或許仍留下明顯的傷痕；下顎承受嚴重傷害，部分康復；上排牙齒斷裂；可能不良於行

服裝：

■ **Polo衫**：淺藍色、短袖、V領，衣服正面為白色印刷的文字和標籤，從右肩至左下擺有一條深色的印刷斜線

品牌：Topman，英國常見品牌

衣服尺寸：S號，歐洲48號；胸圍介於三十五吋至三十七吋

材質：100%棉

製造和其他標籤資訊：於模里西斯（Mauritius）製造，標籤包含兩組序號：22242781117026與71J27MBLE

■**外套**：深藍色、長袖、水手領、前方有拉鍊、側面有口袋，領口與口袋上方皆有兩條直線。左胸口處的白色皇冠圖案上印有「SOUTHERN CREEK PENNSYLVANIA」字樣，以及字母G與字母J。白色皇冠下方則有「RIVER ADVENTURE」的商標圖案

品牌：Max，似乎只在中東地區販售

尺寸：S號

材質：100%棉

製造資訊：孟加拉製造

■**牛仔褲**：丹寧布料、鈕扣式

品牌：Petroleum，這個品牌在英國境內以平實的價格，提供男性「精華」年齡層服飾產品（Petroleum'68系列）與青年流行服飾產品（Petroleum'79系列），只在Officers Club連鎖服飾店、Petroleum直營店和線上商店販賣

尺寸：30L

材質：78%棉、22%聚酯纖維

其他標籤：Petroleum品牌商標與「Don't Blame me I only work here」標語

■**內褲**：彩色四角褲，紅色鬆緊帶上連續印刷「Urban Spirit」字樣

品牌：Urban Spirit，是英國常見的中價位品牌

■**訓練鞋**：鞋帶設計，鞋身為黑色和灰色，紅色鞋底，側面印製「Shock X」字樣，鞋底則有「Rubber Grip」、「Flex Area」、「Performance」和「Brake」字樣。

品牌：經過研究調查之後，鞋子的註冊商標為德國品牌Crivit Sports，廣泛出現在Lidl以及其他平價商店

尺寸：45號／11號

材質：100%聚酯纖維

■**襪子**：沒有品牌資訊的深色及踝襪

謝辭

回想一生中的故事時，總是有可能忘記提及某個非常重要的人物，而不慎冒犯他們。因此，我決定感謝和我一起搭乘生命這班公車的所有珍貴夥伴。有些人只搭了一到兩站，其他人則和我一起經過了漫漫長路。無論如何，我們都擁有一趟美好的旅程。我不需要一一細數各位的名字，因為你們知道自己是我的同伴，也明白你們對我的意義。我珍惜你們的陪伴、你們的友誼、你們的智慧，還有你們的善良。

如果我忘了某個重要的關鍵，或者我敘述的某個故事與你的記憶不同，還請見諒。倘若我們共同的經歷並未出現在書頁中，可能是因為我覺得過於私密，不願分享，或者篇幅不夠，無法完整探討。我願意為所有的疏失負責。

我的生命持續邁進，而這本書的內容有限，我希望在此感謝所有對我無比容忍的朋友，他們鼓勵了我，也以誠實話語讓我保持清醒，給予大力支持。

首先，我要感謝麥可．艾爾庫克（Michael Alcock），他展現了宛如聖人的耐心，傾聽我長達二十年的漫談，終於等到這本書付梓。我很幸運能夠認識他，也非常崇拜他。

卡洛琳．諾斯．麥克伊爾凡尼（Caroline North McIlvanney）比任何人都清楚，我無法找到適當的文字感謝她接受的巨大任務，也敏銳又優雅地完成了使命。

蘇珊娜．魏德森（Susanna Wadeson）展現非比尋常的勇氣，僅聽過我這位業餘作家在一場研討會上的發言，就接受了我。在這場創作旅程中，她啟發我、撫慰我、消除我的疑慮，並且提供堅定的指引。沒有她，這本書的出版計畫絕對無法成功，我的家人也因她而受惠，因為她成功地讓我說出了這些故事。她真的非常了不起。

我誠摯地感謝公關總監派西．艾爾文（Patsy Irwin）、出版經理潔拉婷．艾利森（Geraldine Ellison）、負責版面設計的菲爾．羅德（Phil Lord），以及負責原文版書衣設計的理察．夏勒（Richard Shailer）。

最後，我希望向本書原文版封面上的無名男子表達敬意。他沒有名字，因為他只是理察筆下才華洋溢的藝術作品。但倘若他有生命——哪怕只是剎那之間，我們就能從下恥骨的凹陷銳角、骨盆入口的形體、薦骨寬度與骨翼尺寸的相對比例、恥骨的三角形體，以及坐骨切痕的尖銳變形，判斷他是一位男性。他的年紀超過二十五歲，因為S1和S2腰椎骨已經融合，髂骨稜的骨骺也融合了。他的年紀可能小於三十五歲，因為腰椎骨腹側邊緣尚未出現骨贅唇增生的跡象，軟肋骨也沒有顯著鈣化問題。

這還真是炫耀！

圖片來源

第六章開頭的羅斯馬基人及第八章開頭的巴爾摩男屍，兩人的臉部重建結果均獲得克里斯・瑞恩博士的重新印製授權。

第十章開頭，蘇在科索沃的照片，由大衛・格羅斯（David Ross）拍攝。

第十三章開頭的插畫，由澤本第・赫德（Zebedee Helm）所繪。

結語開頭的蘇畫像，由珍妮斯・亞特金（Janice Aitken）繪製。

巴爾摩無名男子的服飾照片由簡・畢克博士拍攝。

其他圖片均來自蘇本人的收藏。

臉譜書房 FS0110

解開死亡謎團的206塊拼圖

搜尋骸骨中的致命線索，英國爵士勳章級法醫人類學家在解剖室、災區與戰地的工作紀實與生死沉思

ALL THAT REMAINS: A Life in Death

原著作者	蘇・布萊克 Sue Black
譯　　者	林曉欽
書封設計	陳恩安
責任編輯	廖培穎
編輯協力	張郁笛
行銷企畫	陳彩玉、薛　綸
業　　務	陳紫晴、林佩瑜、馮逸華
出　　版	臉譜出版
發 行 人	凃玉雲
總 經 理	陳逸瑛
編輯總監	劉麗真 城邦文化事業股份有限公司 台北市民生東路二段141號5樓 電話：886-2-25007696　傳真：886-2-25001952
發　　行	英屬蓋曼群島商家庭傳媒股份有限公司城邦分公司 台北市中山區民生東路141號11樓 客服專線：02-25007718；25007719 24小時傳真專線：02-25001990；25001991 服務時間：週一至週五上午09:30-12:00；下午13:30-17:00 劃撥帳號：19863813　戶名：書虫股份有限公司 讀者服務信箱：service@readingclub.com.tw 城邦網址：http://www.cite.com.tw
香港發行所	城邦（香港）出版集團有限公司 香港灣仔駱克道193號東超商業中心1/F 電話：852-2508 6231　傳真：852-2578 9337
新馬發行所	城邦（馬新）出版集團 Cite (M) Sdn Bhd. 41-3, Jalan Radin Anum, Bandar Baru Sri Petaling, 57000 Kuala Lumpur, Malaysia. 電話：603-9056 3833　傳真：603-9057 6622 讀者服務信箱：services@cite.my
一版一刷	2020年3月 版權所有，翻印必究（Printed in Taiwan）
I S B N	978-986-235-816-0 售價420元 （本書如有缺頁、破損、倒裝，請寄回本社更換）

城邦讀書花園
www.cite.com.tw

國家圖書館出版品預行編目資料

解開死亡謎團的206塊拼圖／蘇・布萊克（Sue Black）著；林曉欽譯. -- 一版. -- 臺北市：臉譜, 城邦文化出版：家庭傳媒城邦分公司發行, 2020.03
面；　公分. --（臉譜書房；FS0110）
譯自：All that remains: a life in death
ISBN 978-986-235-816-0（平裝）

1.布萊克（Black, Sue）　2.法醫師　3.傳記

784.18　　109001790